陪孩子一起玩乐童年

[童年离不开玩乐　玩乐见证了童年]

张振华◎著

中国轻工业出版社

图书在版编目（CIP）数据

陪孩子一起玩乐童年 / 张振华著. —北京：中国轻工业出版社，2013.2

ISBN 978-7-5019-8905-8

Ⅰ.①陪… Ⅱ.①张… Ⅲ.①家庭教育 Ⅳ.①G78

中国版本图书馆CIP数据核字（2012）第160983号

责任编辑：王秋墨　　责任终审：张乃柬
策划编辑：王　庆　　责任校对：吴大鹏　　版式设计：奇文云海
内文排版：锋　尚　　责任监印：马金路　　封面设计：一尘书装

出版发行：中国轻工业出版社（北京东长安街6号，邮编：100740）
印　　刷：北京民族印务有限责任公司
经　　销：各地新华书店
版　　次：2013年2月第1版第1次印刷
开　　本：720×1000　1/16　印张：20
字　　数：350千字
书　　号：ISBN 978-7-5019-8905-8　定价：35.00元
邮购电话：010-65241695　传真：65128352
发行电话：010-85119835　85119793　传真：85113293
网　　址：http://www.chlip.com.cn
Email：club@chlip.com.cn
如发现图书残缺请直接与我社邮购联系调换

111325Y1X101ZBW

前言

你的孩子快乐吗?

“池塘边的榕树上，知了在声声地叫着夏天，操场边的秋千上，只有蝴蝶停在上面，黑板上老师的粉笔还在拼命唧唧喳喳写个不停，等待着下课，等待着放学，等待着游戏的童年……”这是人们耳熟能详的经典老歌，欢快的旋律唱出了无数孩子的心声。

童年应该是“游戏”的童年、快乐的童年，但是，你的孩子快乐吗?

不缺吃、不缺喝，就缺玩儿，这就是当今中国孩子普遍存在的问题。不会玩儿，没时间玩儿，父母不让玩儿，让孩子们自出生没多久就失去了童年应有的快乐。

假如童年是一个跷跷板，当一头被特长班、早教班、奥数、考试、作业等沉重地压下去时，另一头的快乐就显得那样无足轻重。

玩，是孩子的天性，他们在玩中健康成长，进行好奇探索；在玩中学会人际交往，磨炼坚强的意志；在玩中建立快乐的个性。

德国诗人席勒说：“只有当人充分是人的时候，他才游戏；只有当人游戏的时候，他才完全是人。”可以说，如果父母限制孩子去玩耍，其实就是在扼杀孩子的天性。

曾几何时，重重的书包压到了孩子稚嫩的双肩；曾几何时，各式各样的特长班占据了孩子所有游戏的时间；曾几何时，无忧无虑的天真烂漫与孩子绝了缘……

有的父母认为，既然孩子来到了这个世界，就有责任把他培养成才，结果导致每个孩子大同小异，个个都被培养成了“神童”，小小年纪琴棋书画无所不通无所不晓，英语说得非常流利，能解出成人都解不出的奥数题，古文诗词倒背如流……但是，你的孩子快乐吗?

细心观察你会发现，如今有的孩子脸上早已退却了稚气，有的孤独，有的内向，有的面对沉重的学习压力苦不堪言……我们不能否认，从孩子小时候培养他们的一些专长，对他们以后的人生会有所帮助，但因此剥夺了原本属于孩子的快乐，是否得不偿失?

很多父母回忆起自己的童年时代，脑子里总会出现这样的画面：春天里，上山摘野花，下河摸鱼，在一望无际的草坪上放风筝；夏天里，去明澈的小溪游泳嬉戏，坐在秋千上荡来荡去；秋天里，爬到高高的树上摘果子，小伙伴围成一圈丢手绢；冬天里，趁着月光嘻嘻哈哈捉迷藏，跑到雪地里堆雪人、打雪仗……

想到这些，一丝微笑就会挂在我们的嘴角，快乐充满了整个心田，于是无数人感叹：“多想再回到童年！”

回到现实中，站在孩子的角度，他们的童年是否充斥着你童年时候的快乐与欢笑，抑或他们的欢笑早已被各种压力所代替?

当他们在你面前嬉戏，脸上有着花一样灿烂的笑容；当他们一边放着风筝，一边笑着向你招手：“爸爸妈妈，看，风筝飞得好高啊！”这样的场景是多么的亲切而放松。但是，你有多久没有带孩子一起玩儿了？孩子又有多长时间未曾享受这般快乐了?

有人曾以欧洲一年级的孩子和中国同龄孩子为对象做过一项调查，结果显示，欧洲的孩子每周用于玩耍和运动的时间平均每人为18.4小时，而中国的孩子人均仅有9.2小时，是欧洲孩子玩耍时间的一半。

你时常抱怨自己上班辛苦，可曾想过孩子也很辛苦，我国孩子每天在学校的时间平均为8.6小时，有的孩子甚至长达12小时，即便是周末，也有60%的孩子需要参加各种兴趣班和学习班，而有35%的孩子直接表示过得不开心、不快乐。

也许你会说：“如今社会竞争如此激烈，孩子不学点东西，打好基础，就会

被别人超过，出现生存危机。现在不让他玩，是为了他的未来更加精彩！”于是，“让孩子赢在起跑线上”被广大父母所推崇。但孩子是如何想的呢？

有一位家长为了让女儿成才，在孩子上幼儿园时就对她进行各种特色教育，孩子五岁时就能背诵70首唐诗，100多个成语，记忆力惊人。一天，她接孩子放学后，女儿突然仰头说：“妈妈，我一点也不开心。”这样的话从一个五六岁的孩子口中说出，有多少家长不感到震撼与痛心？

到底是什么让孩子像陀螺一样不停地旋转，没有停下来喘息的机会？是谁让孩子像只蜗牛，背着重重的壳度过原本应该快乐的童年？作为父母，你可曾想过，高学历、充裕的金钱、令人敬畏的权势并非意味着快乐，“神童”也不一定有着精彩的未来。

一般人理解的“神童”都是那些早慧儿童，智力超群，据说智商在140以上，但现代儿童教育学家认为，早期教育造就的应该是聪明可爱、天真活泼、有自己个性的孩子，并非小大人似的“神童”。

每个人的童年只有一次，童年应该是快乐、无忧的代名词，任何人都没有剥夺孩子玩耍的权利，所以想让孩子顺利成长，幸福地度过一生，就要遵循他们的个性，还他们一个快乐的童年！

作者用了一年的时间，对新时代爸爸妈妈们展开调查，深入幼儿园探求孩子喜欢玩儿的游戏，同时对游戏知识进行了大量研究，在掌握充足第一手材料的基础上写成本书。本书将孩子喜欢玩儿的、爱玩儿的、能促进他们成长的游戏汇集起来，包罗万象，推陈出新，并贯穿于实际生活当中，易操作，易亲子共同玩耍，更能促进亲子关系。在此过程中，要特别感谢中国轻工业出版社王庆老师给予的细致指导，除此之外，还要感谢对此书提供帮助和支持的朋友们，他们分别是徐玉霞、魏敏、王昂、王四新、朱琳琳、贺辉、杨雪，在这里也向他们表示感谢。

CONTENTS 目录

chapter 1 健康成长篇
——玩，是让孩子可以自由飞翔的翅膀

chapter 2 人格修养篇
——玩出魅力，做有人格魅力的儿童

chapter 3 愉快社交篇
——玩中交友，找到快乐“玩伴”

chapter 4 探索学习篇
——边玩边学，疯玩也能长知识

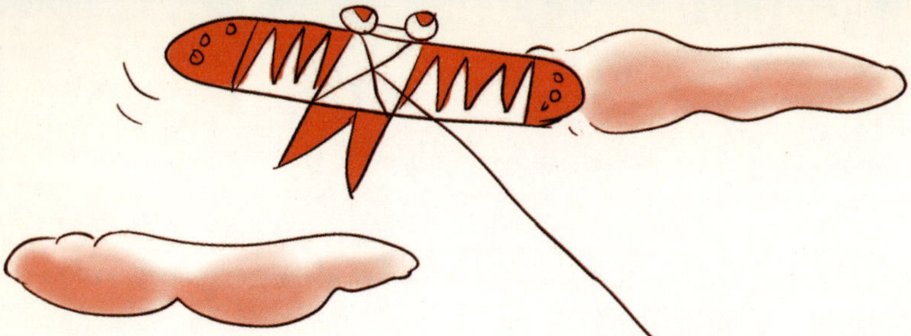

chapter 5 独特个性篇

——玩出自我，让孩子做回自己

chapter 6 特殊才能篇

——玩出个性，会玩的孩子与众不同

chapter 7 习惯养成篇

——玩出好习惯，好习惯决定好未来

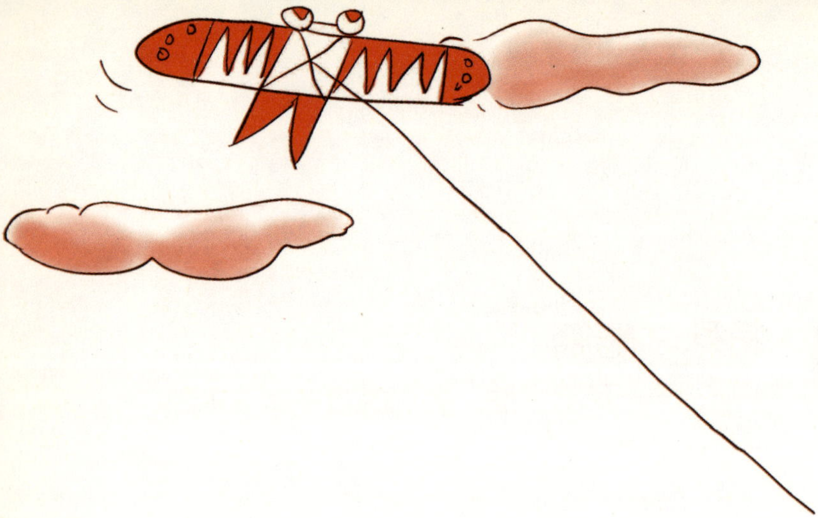

chapter 8 美好童年篇
——玩玩玩，玩出一个快乐童年

chapter 1

健康成长篇

——玩，是让孩子可以自由飞翔的翅膀

“亲亲”大自然：在大自然中体会生命的丰富多彩

大自然赋予了人类美好的日光、空气、水和田野，生活在大都市的孩子很少有亲近大自然的机会。让你的孩子拥抱大自然吧，在泥土的清香中尽情嬉戏，在大自然中体会到生命的丰富多彩，从而拥有与大自然般质朴、神秘的独特个性。

有人说城市的孩子最“可怜”，因为他们对昼夜的理解只是天色的明暗而非日月交替，对四季的感觉只是衣服的增减而非四季变化。很多孩子长大后对童年的回忆只有不计其数的玩具、读不完的书等，与大自然有关的非常少，而他们所谓难忘的快乐童年，无非就是压岁钱、游戏机、汉堡包之类的模糊记忆。

孩子的快乐童年不只是由水泥地、高楼大厦、电视机组成的，那里应该有月夜的蛙鸣、枝头的鸟儿歌唱，还有花蝴蝶漂亮的衣裳。

国内外的儿童教育学家和心理学家通过实验发现：大城市的孩子感知能力很低。有一位小学老师曾讲述过这样一件事：

有一次我带孩子们去春游，那天阳光明媚、春风拂面，鸟儿在树林里啁啾，溪水在脚边淙淙。我被眼前的美景惊呆了，问孩子们：“你们听到溪水的声音了吗？今天的风不错吧？小鸟唱什么呢？”结果大多数孩子的答案是“不知道”。

由此，这位老师感叹道：“儿童的知觉应该比成人更敏感，对周围的一切充满了好奇心，然而在这些孩子的身上已经找不到了。”

是的，现在的孩子似乎只习惯从图画书、卡通片和动画中了解、感知那些不真实甚至并不存在的世界，对真正的自然界感觉迟钝和麻木。

其实孩子更渴望到户外去，他们喜欢蹲在地上花几个小时看蚂蚁搬家，喜欢触摸小河中鹅卵石奇怪的纹理，喜欢眯缝着眼看蓝天白云，喜欢听小鸟轻快的歌唱，喜欢和花蝴蝶一起舞蹈……

让孩子“亲亲”大自然，是孩子认识世界、陶冶情操、锻炼身体、增长知识的有益活动，对孩子的身心发展以及良好个性的培养有着极其重要的作用。

曾经看过一套很有创意的有关育儿奶粉的广告，内容发人深思：

> 一个小男孩睁着一双大眼睛观察树枝上爬行的毛毛虫，并耐心地画了下来，接下来的日子里，无论刮风下雨，这个小男孩雷打不动地观察毛毛虫的变化，并一点点画下来……
>
> 开学那天，男孩拿着自己的画册羞答答地走上讲台，当他翻开第一幅画时，孩子们只看到一枝绿色的树枝和一片叶子，顿时发出了刺耳的嘲笑声，接着当第二幅、第三幅、第四幅画呈现在孩子们面前时，他们被画里的变化惊呆了，教室里一时鸦雀无声。
>
> 随着画册不停地翻动，孩子们看到绿色的毛毛虫变成了美丽的蝴蝶在画册上翩翩起舞……顿时，台下发出了雷鸣般的掌声。

这套广告还分了蝌蚪篇、手影篇、多米诺骨牌篇，每则都与一个与众不同的男孩有关，让人记忆犹新并由衷喜欢上这个小男孩，男孩出色的表现源于他对大自然耐心、细心的观察，男孩的优秀来自于大自然。

大自然是孩子最好的老师，是一个丰富多彩的世界，它的千姿百态深深吸引着富有好奇心的孩子，如果家长有意识地让孩子亲近大自然，引导孩子学会观察，就能够打开孩子向大自然探索知识的心扉。

一位外国教育学家说：“大自然是世界上最有趣的教师，它的教益无穷无尽，然而，世界上有很多孩子却没有机会与这位教师亲近，实在遗憾。”

那么，在孩子不同的年龄阶段，如何才能让孩子在与大自然的相处中变得与众不同，并留下美好的童年回忆呢?

妙招一：玩味大自然

适宜年龄：0~6岁

准备动作：竖起耳朵、敞开心灵、尽情想象

玩法1：倾听大自然

到郊外或者在外玩耍时，和孩子一起闭上眼睛，用心听听大自然的声音，蝉鸣、鸟啼、风声、虫叫，小朋友的欢声笑语……孩子天性好动，刚开始时，大多数孩子很难安静下来，但是只要你静静聆听，并示范给他们，告诉孩子自己听到的声音有多美妙，他们也会像模像样地去听并努力寻找声音的来源。

玩法2：与大自然对话

当听到自然界各种美妙的声音，就可以用模仿和转换角色的方式“活化”动植物，比如听到鸟叫，父母可以启发会说话的孩子想象小鸟一家在窝里的生活，让孩子学着鸟宝宝的口气来回答问题，还可以演一出小鸟一家的情景剧。

妙招二：观察大自然

适宜年龄：2~6岁

准备物品：镊子、望远镜、虫虫养殖箱、纸笔等

玩法1：观看白云

天上的白云是最方便的观察对象，其不断变化的姿态让孩子们十分喜欢，还能激发他们无穷的想象力，父母可以引导孩子看看白云像什么，观察它们如何行走，在早晨和黄昏时颜色有何变化，最后让孩子将自己所看到的说出来、画出来，涂上五彩的颜色。

玩法2：辨识小鸟

小鸟的歌声丰富了我们的生活，给了我们无穷的快乐，父母要从小告诉孩子：鸟儿是我们最好的朋友。对鸟儿的生活作息、不同种类、喜好天性等，引导孩子用望远镜

观察，另外还可以带孩子去动物园、鸟乐园等地方近距离观察，丰富孩子的鸟类知识。

玩法3：认识虫虫

对孩子进行了正确的引导和有效保护孩子的安全后，父母可以放心地让孩子观察或饲养一些虫虫，比如蚂蚁，父母可以让孩子用放大镜观察蚂蚁的身体结构，行动路线等，并进一步介绍蚂蚁的生活状态，告诉孩子蚂蚁王国的严密分工和极强的筑穴的本领，让孩子不但了解到蚂蚁的知识，还能从它们身上学到顽强、勤奋、团结的精神。

TIPS：在带领孩子观察和进行必要讲解的同时，父母要尽量让孩子自己发现问题和寻找答案，可以要求孩子写写观察日记，以便训练孩子的条理性，开发孩子的智力。

妙招三：寻找大自然

适宜年龄：4～12岁

准备物品：捕虫网、显微镜、剪贴本、镊子等

玩法1：制作标本并进行分类

准备一个剪贴本，让孩子搜集各种动植物的图片，并引导他们进行分类。带孩子去公园等地方搜集各种植物的叶子、花朵、果实等，教孩子制作标本的常识，将户外成果制作成标本，让孩子寻找资料，了解这些动植物的习性和特征等。

玩法2：搜集自然信息

当孩子对某些动植物不太了解时，可以让他们观看有关大自然的影片，然后进行欣赏讨论，也可以去图书馆、书店等查阅资料，寻找问题的答案。

TIPS：如果父母缺少发现的眼睛，没有远见、不用心，也培养不出懂得生活情趣、自然智能很高的孩子。因此，父母不要怕耽误时间，带孩子一起亲近大自然，并和孩子一起学习进步。

妙招四：打造大自然

适宜年龄：2岁以上

准备物品：花盆、土壤、种子、宠物小伙伴

玩法1："开辟"自然区

父母可以利用院子空地、阳台、顶楼等地方的某个角落，给孩子开辟一个自然区，摆放一些花草树木的模型，让年龄小的宝宝在里面玩耍嬉戏，和动植物朋友进行自然交流；让年龄大一些的宝宝种植花草蔬菜等，让他们每天给花草浇水施肥，并观察它们的变化，写简单的观察日记，体会生命的蓬勃生机和奇迹。

玩法2：养宠物

父母帮孩子买小狗、小猫、小鱼、小鸟等宠物作为孩子的玩伴，在这之前，带孩子去宠物店等地方了解动物的习性和正确的饲养方法，让孩子学会照料和呵护宠物玩伴，这不但让孩子有了独立的能力，还培养了他们的责任心和爱心，并享受到被别人需要和依赖的成就感。

TIPS: 养殖花草和宠物，不但让孩子能够观察事物，获得精神层面的滋润，还能让孩子明白"人和大自然是相互依存"的道理，以及要懂得尊重生命。

妙招五：走进大自然

适宜年龄：5岁以上

准备物品：沙滩玩具、垃圾袋、清洁手套等

玩法1：乐游大自然

父母可以在假期带孩子到郊外、草原、海边等，尤其是海滩，是孩子们的快乐天堂。无论是堆砌城堡、嬉水还是各种水上运动，都能让孩子乐开怀，父母可以让孩子观察渔舟点点的美景、渔夫捕鱼的情形，潮起潮落的壮观，还有夜晚繁密的星星，并给他们讲述月亮为何会出现圆缺，潮水为何时起时落等自然现象。

玩法2：做个小小环保志愿者

父母首先要以身作则，在家里节约用水、不浪费粮食等，并带着孩子对垃圾进行分类，将环保的意义告诉孩子，带他们参加一些环保活动，郊游或者去公园时，随身携带垃圾袋，把地上被人丢弃的垃圾捡起来放到垃圾箱，让他们懂得保护环境要从身边做起。

TIPS： 带孩子捡拾废弃物时，一定要注意卫生和安全。父母要鼓励大一点的孩子多参加野营、攀岩等活动，对环境的挑战更能激发孩子的动手、动脑能力。

旅行：开阔孩子的视野

有人说，旅行是对日常生活的一种反抗与补偿；有人说，全面认识一个人的方式就是和他一起去旅行；有人说，旅行能激发一个人的心灵感知能力……

无论你是想带着孩子逃离这现实而琐碎的生活，享受放松而充满爱的亲子时光，还是你期待用旅行的方式重新发现孩子和自己，或者你仅仅是想和孩子一起用心体会这个世界更多未知的可能性，更好地开阔孩子的视野，那么就请你拉上孩子的小手，一起去旅行吧。

如果你的孩子从小就开始旅行，他不但开阔了视野，增长了见识，还会发现一些更符合自己内心愿望的兴趣和爱好。亲眼见过的比只是在书本上读到、看到，或者听别人讲过的更有直观性与触动性。

子藤的爸爸妈妈经常会利用假期带他出去旅行，每次假期开始时小子藤白白胖胖的出去，回来后就已经有些黑瘦了，最重要的是他懂得了很多，还会给爷爷奶奶讲一路上的见闻。

去年寒假，爸爸妈妈带子藤去了趟云南，在这次旅行中子藤见识了穿着各式服装，说着不同民族语言的人，这引发了他的极大兴趣，一路上不住地问起爸爸妈妈有关各个民族的知识和风俗人情，当导游讲解的时候，子藤听得格外认真。特别是每到一处，对男女的称呼都不尽相同，并且游人都由当地的导游亲自来接待。

除此之外，子藤还发现了一个奇怪的现象，从北京出发的时候，天上下起了鹅毛大雪，大家都穿着厚厚的羽绒服，还是感觉很冷，但是随着火车越往南开就越暖和，在云南，人们只穿着薄薄的外衣，因为那里气候温暖。

对这一现象，爸爸一边让子藤感知，一边给他讲形成这种现象的原因，聪明的子藤毫不费力地就理解了。

对此，子藤的妈妈说："我们老祖宗说的'读万卷书不如行万里路'这句话真的不假，我们带着孩子每到一处接触到实实在在的地理风貌、风土人情等，这些都比读书真实得多，而且孩子读书的时候，当时记住了，但很快就会忘记，通过旅游他们会将这些知识全部刻在脑海中，而在其过程中他的精神是愉悦的。"

在旅行的路途上，随手捡到的一根树枝是孩子的宝剑，他一路不停地挥舞着冲向山脚下，父母在让孩子充分玩乐的时候，应注意安全；穿上不同民族的衣服，和一群人围在篝火旁起舞，孩子的笑声也格外爽朗；摸着清凉的泉水，或者一家人在水中嬉戏，这也是最幸福的时刻……

在孩子三四岁的时候就可以带上他去旅行，但因为孩子比较小，对陌生的环境还不太适应，比如温度、人际关系、饮食等变化，所以在出发前要帮孩子做好充分的准备。8岁以下的孩子每年的长途旅行一次到两次；到了8岁旅行的频率可以适当提高，8～12岁可以每年两三次，而13岁以后可以每年三四次。

带着孩子去旅行，有哪些父母的经验比较丰富呢?

不完全旅行档案一

淘淘：3岁5个月

妈妈：徐慧，杂志社摄影师

淘淘旅行记事本

从周末的郊区旅游逐步过渡到距离较近的其他城市；

近3岁时，第一次出国旅游，目的地是日本；

最近的一次旅行是去皖南的古村落，还在未进行计划的情况下随爸爸妈妈爬了一次黄山，成了当天黄山上最小的“登山客”。

“驴”妈问答

问：在带淘淘出行之前，你都需要做好哪些准备呢?

徐慧：很多父母带孩子出行前仿佛如临大敌，吃喝住行面面俱到，大张旗鼓、兴师动众地列上一沓清单，临走前还生怕落下什么，甚至还随身带上一本《出行手册》，我觉得这大可不必，带好孩子的换洗衣物和他随时不离身的东西比如他特别喜欢的玩具，再带上儿童常备药品就可以。

现如今没有什么地方是荒无人烟、穷乡僻壤的，很多旅游区都已被开发，什么都能买到，带太多的东西是累赘。

问：淘淘这么小，如果他尚不能去的地方，你又觉得以后他有必要去一趟，怎

么办?

徐慧： 我会给他带一张明信片回来，并在上面写上“妈妈希望你有一天亲自站在这方土地上”，尽管他现在看不懂，但等他慢慢长大，我相信这对他来说会很有意义。

问： 有了淘淘之后，你的旅行与之前有什么不同吗?

徐慧： 有很大不同，就选择目的地来说，我喜欢到可以探险的地方，向往有一天登上喜马拉雅山，但这对淘淘来说是不可能的，所以我会有意识地选择适合他的地方，这很重要，并且要根据淘淘不同年龄段进行选择，我希望他长大后，我还能有体力与精力和他一起登上喜马拉雅山看雪。

不完全旅行档案二

贝贝：5岁7个月

妈妈：海蒂，自由撰稿人，亲子户外旅行及户外养育的体验者

贝贝旅行记事本

40天时，被幼儿安全座椅固定在汽车后座上，由妈妈带着外出；

4个月时，跟着妈妈去郊区；

8个月时，由妈妈带着去北戴河看海；

1岁时，在泰山被妈妈“强制性”独自爬了100个台阶；

2岁时，来到云南体验民族风情；

3岁时，被妈妈带到西藏挑战5000米的高度；

4岁时，跟着妈妈闯大漠，体验极限户外活动；

5岁时，飞行几万里来到非洲，与鸵鸟、长颈鹿、土著人等进行了第一次亲密接触。

“驴”妈问答

问： 在你怀上贝贝之前，你就对怎样带孩子旅行进行了周全的计划吗?

海蒂： 没有，我一向不会想得那么遥远，只是我本身喜欢旅行，所以贝贝出生后，我去哪儿都想带着她，有什么好玩儿的地方总想与她一起分享，我想这也是母爱的一种。

问：带着孩子旅行和你一个人旅行有哪些不同呢？

海蒂：带着孩子旅行不能背上她抬腿就走，一个人的时候可以带上几件衣服塞到背包里立即出发，但是有了贝贝，我就要考虑去的地方是否适合她，需要帮她带什么。

问：旅途中，贝贝有让你抓狂的时候吗？

海蒂：当然有，去北戴河时，我忘记了带上她每天抱着入睡的芭比娃娃，结果到了晚上她失眠了，哭闹不停，非要吵着回家。

问：旅行前，贝贝需要做些什么呢？

海蒂：在她3岁前，我都象征性地让她自己找她要带的东西，长大一些后，出发前我们都要举行一次“研讨会”，一起提前翻阅资料，了解目的地的各种情况，包括当地的气温、天气情况等。

问：贝贝最喜欢哪次旅行呢？

海蒂：我觉得应该是去年去非洲的那次，贝贝见到了很多在动物园都不曾见过的动物，在那里贝贝每天都很兴奋，甚至还跟土著小孩交了朋友，回来后，贝贝的幼儿园老师说，她经常给孩子们眉飞色舞地讲述所有的见闻，相当兴奋。

问：你们最喜欢哪种旅行方式？飞机，火车，还是？

海蒂：自驾游，因为如果贝贝对路上的某件事情或者东西非常感兴趣，我们就可以停下来多待一会儿。比如有一次来到一个山寨，贝贝看到那里的妇女在编花篮，她拿着漂亮的花篮爱不释手，于是我们在那里停留了一天，贝贝认真地和她们学了很久，最后贝贝终于做了一个属于自己的花篮，现在那只花篮还挂在她的床头。

问：您认为旅行会给贝贝带来哪些益处？

海蒂：我觉得最重要的是开阔了孩子的视野，让她发现外面的世界更精彩，还有很多她不知道的东西和事物存在，未来需要她继续去探索，让她更加直觉地感知到，原来生命是如此有意义。

看电影：让孩子品尝美味的“精神食粮”

每个孩子都是父母最得意的作品，他们是美丽可爱的天使，当命运将他们送入我们手中，我们不仅有义务让他们活得健康，更有责任给他们创造一个丰富的精神世界，让孩子品尝美味的精神“食粮”。

一部电影，尤其是经典的儿童电影，与其倡导的价值观是紧密相连的，它们之所以能够广泛流传，是因为它们不仅仅能给孩子带来快乐，而且能让孩子在精神放松的过程中学习到更多的东西，因此，电影也是通俗易懂与寓教于乐的重要载体。

我们一定还记得《小兵张嘎》中聪明的嘎子，他勇敢机智，经过努力，终于成为一名八路军战士，这部电影已成为新中国几代人童年记忆中最灿烂的一部分；还有家喻户晓的《闪闪的红星》里那个爱憎分明、不畏艰险的潘冬子，也引得很多人向他学习……

电影，尤其是优秀的儿童电影，给我们的童年增添了很多色彩，伴我们快乐、健康地成长，一直到现在还给很多人不小的影响。李岚清同志也曾经说过，他小时候看过一部叫《一曲难忘》的电影，让他终身难忘，影响了他的一生。

电影是声情并茂的综合艺术，是孩子们比较喜爱的一种娱乐活动，而且接受起来比较容易，看后印象较为深刻，是帮助孩子健康成长的重要手段。

除此之外，电影可以促进孩子抽象逻辑思维的发展，经常看电影的孩子思维比较敏捷，语言表达生动、丰富，具有一定的推理及判断能力；电影还可以塑造孩子心中的英雄，让孩子找到一个好的学习对象；电影还能激发孩子丰富的想象力。

泽泽的爸爸妈妈就在他小时候经常带他去看电影，有动画片、儿童剧等，这给泽泽带来了很大影响。

在泽泽记忆中，有一部影片对他影响非常大，这部电影叫《海底总动员》，电影讲述了这样一个故事：

在美丽、广袤的海底世界里，小丑鱼妈妈生了400个蛋，她高兴地对小丑鱼爸爸说："400个蛋，总有一个喜欢你。"

然而不幸的是，小丑鱼妈妈最后只孵出了一个小丑鱼，它的名字叫尼莫。因为只有一个儿子，所以爸爸莫林非常爱尼莫，生怕儿子有一点闪失，所以在尼莫长大的过程中不敢放手让儿子做自己的事，溺爱变成了限制，这让尼莫很不高兴，导致父子矛盾一天天激化，最后尼莫气愤地游向一只船，却不幸被牙医捉去。

为了把心爱的儿子救出来，原本胆小如鼠的爸爸游遍了海底世界，在路上遇到很多困难，鲨鱼设下了派对陷阱，电鱼亮出光明的诱饵，水母群撒下了天罗地网……但是爸爸最终依靠海洋和空中朋友的帮助，跨越了几千里的海洋，成功地找到并救出了儿子。

父子相见热泪盈眶，尼莫从最初对爸爸喊出的"我恨你"变成了"我爱你"，他理解和接受了父亲深切的爱。

看完电影后，4岁的小泽泽一脸泪水，抱着爸爸的脖子不肯撒手，睡觉前在爸爸的脸上亲了一口，有些害羞地说："爸爸，我爱你！"

此后，泽泽跟爸爸的关系更加亲密了，现在泽泽说："不管爸爸对我管教多么严格，甚至有时候朝我大吼大叫，我都不会怪他，因为我知道爸爸是爱我的。"

对此，泽泽的爸爸也深有感触地说："和泽泽一起看的这部电影，想不到对儿子的影响如此大，其实这部片子也给了我们做父母的很大启示，我们要相信并鼓励孩子能够独立面对世界，对他说'去吧，你能行'！"

电影与电视成为一种大众传播媒介，尤其是电视这种被人们称之为家庭影院的娱乐形式，更是早已进入寻常百姓家，普及率非常高。电影和电视把世界缩小了，同时也把世界变大了，孩子从中学到了不少知识，得到了不少乐趣，也拥有了充足的精神食粮。但同时也带来了令很多家长头疼的问题，最主要的就是现在

电影类型种类繁多，新电影频频上映，很多电影中有一些不适合儿童观看的情节，比如吸烟、打架、性爱、血腥等镜头等都会给孩子带来不良影响。

于是，很多家长有了这些顾虑：如何指导孩子看电影？哪些电影适合孩子？

家长必做功课

充分了解所看的电影。一次，有部战斗片热映，观众反映良好，琳琳的妈妈觉得这样的影片会对孩子起到很好的教育作用，但是没想到，电影演到一半时，由于镜头血腥，琳琳吓得哇哇大叫，连续几个晚上做噩梦。

之所以出现这样的结果，就是琳琳妈妈没有对电影做充分的了解，忽略了电影中的某些镜头可能会给孩子带来的不良影响。

因此，家长带孩子看电影前，一定要通过上网或者咨询影院工作人员、看过此片的朋友等，询问是否有不良镜头会对孩子产生影响。

选择适合孩子年龄特征的影片。不同年龄段的孩子心理特征不尽相同，因此家长要有的放矢选择与孩子年龄特征相匹配的电影，孩子才会对此感兴趣，并从中受益。例如，年龄比较小的孩子比较爱看动画片、童话片、神话片和儿童故事片；年龄大一些的孩子比较喜欢观看科教片、战斗片、科幻片和故事情节稍微曲折的影片。

但是，不管哪种题材的影片，都要选择主题积极、内容健康，艺术上动人的影片，使孩子受到正面教育，切忌让孩子看那些情节荒诞、格调低下，令人感到恐惧的影片。

生活中有些家长把很小的孩子也带入影院看时下流行的电影，但由于影片成人化，孩子不但不理解其内容，导致哭闹，还会因为里面有吓人、让人紧张的场面而使得孩子情绪激动，刺激到孩子。

观看前适当介绍影片内容。在看电影前，家长可以先把影片的故事大致给孩子讲一遍，让他有一定的知识背景和思想准备，便于理解故事情节，以防在看电影时不断提出问题，影响了自己的注意力也影响到其他人。越是年龄小的孩子，家长越应该将故事的脉络跟孩子详细介绍，否则他会看不懂，失去兴趣，对孩子起不到积极作用。

观看中给孩子必要的指导。孩子在看电影时往往急于知道“谁是好人，谁是坏人”，幼儿分辨力差，对人物身份搞不清楚，容易对电影的情节产生偏差和混乱，看不出个所以然。

所以，父母要适时给孩子略加指导，帮助孩子分辨好坏、美丑、善恶，这不但能让孩子很好地理解故事情节，还能给孩子的心灵撒下真善美的种子。

观看后进行讨论。电影结束后，在回家的路上可以与孩子讨论电影内容及人物的言行举止，分析“好人”为什么好，哪些地方做得对等，这样不但可以加强孩子的记忆力和理解能力，还能帮助孩子树立是非观，使得电影中的积极因素对孩子产生好的影响。

做好时间限制。家长不能让孩子有电影必看，更不能因为电影而耽误了学习、休息和其他游戏的时间。带孩子看电影的时间最好在休息日，每周不要超过1次，通宵电影不适于孩子观看。

适合儿童观看的20部经典电影

《怪物史莱克》——相貌丑陋并不可怕，有一颗善良的心就会获得幸福

《超人总动员》——超人也有烦恼，平凡的人也能做大事

《钢铁巨人》——美好不多得，要珍惜友谊和青春

《星球大战》——给孩子视觉上的奇观，引领孩子强大其内心

《海底总动员》——父母与孩子互相理解包容与爱

《公主新娘》——给孩子的心情放个假

《狮子王》——不管生活多么艰难，只要有希望就有机会

《小鬼当家》——给孩子思考的空间，让他们重新审视自己的生活

《杀死一只知更鸟》——不要随便伤害任何人

《小猪宝贝》——不畏艰难，直面挑战

《小妇人》——让孩子很好地思考人生，感悟生活

《千与千寻》——只有付出努力，发掘内在潜力，才能有立足之地

《回到未来》——充满了想象空间，有诸多的乐趣细节

《ET外星人》——只要有童心，一切开始熠熠生辉

《夏洛特的网》——会让孩子产生深刻的感悟

《欢乐糖果屋》——启蒙人生的教科书

《音乐之声》——给孩子带来最纯净、最纯真的爱的教育

《天生一对》——讲述了一个离奇而温情的故事

《绿野仙踪》——丰富孩子的想象力

《哈利•波特》——展开孩子的想象力，正义终会战胜邪恶

做家务：让孩子收获自己的劳动成果

一位教育家说：“教育不但要发展孩子的智力，还应燃起孩子对劳动的渴望。没有少年儿童劳动的幸福，就没有教育的一切；教育的理想在于使所有的少年儿童都成为幸福的人。”

劳动可以创造一切，让孩子收获自己的劳动成果，可以让他们感到幸福与愉快。和孩子一起做饭，让孩子在做饭中既动手又动脑，不仅学会了生产、生活知识，掌握基本的技能，而且还能开发智力，使得孩子越来越聪明。

根据我国目前独生子女状况调查结果显示：我国有60%的独生子女从未做过或者很少做家务，孩子平均每天只有半小时的劳动时间。这直接造成了很多孩子依赖性强、懒惰自私的个性。分析其主要原因，就是有些家长的教育观念及态度存在误区，家长的观念是直接影响家教质量的因素之一。

有些家长认为，孩子的主要任务就是学习和成长，劳动由大人来做就行，而且孩子尚小，没有什么劳动适合他们，搞不好还会对他们的身体造成伤害。

对此，乖乖的妈妈并不这么看，她说：“劳动，让孩子做家务，对于三四岁的幼儿而言，并不是和成人所想的家务范围一样，其实还应该包括生活处理能力，父母可以按照孩子的身体发展情况试着让他们学习做些游刃有余且觉得非常有乐趣的事。”乖乖的妈妈是这么说的，也是这么做的。

乖乖在一岁前，妈妈就让他自己拿汤匙吃饭，拿拖鞋或者物品给家人，帮家里收集垃圾，把衣服、玩具等物品放在篮子里。

乖乖两岁的时候，妈妈就让乖乖帮自己擦桌子，吃晚饭后洗自己用过的餐具，帮着妈妈扫扫地、擦擦地板，或者将同一种款式、颜色的衣服叠好放在一起等。

三岁时，乖乖上幼儿园了，需要过集体生活，所以妈妈有意识地教乖乖把用过的毛巾、牙刷放好、放整齐，将自己吃完饭后的桌面等清理干净。由于乖乖在学校能够自己穿衣、吃饭、叠被子，自己的事情大多能处理好，所以乖乖成了最让老师省心的学生。

乖乖妈妈说："乖乖之所以能够坚持完成我分配给他的任务，就是因为每完成一件事我都会让他收获自己的劳动成果，比如他会自己吃饭了，我就会奖励给他一粒糖果，会自己叠被子了，我就会把他叠好的被子用相机拍下来，并挂在育儿论坛上，他为此感到非常骄傲。"

对于一岁半到三四岁的孩子而言，正是他们自理能力发展的重要阶段，如果培养得好，孩子的自主性会大大提高，有利于建立自信的人格特点，因此在孩子这个阶段应尽量让孩子自己动手做。

斯特娜夫人说：“要想把孩子的精力引向好的方面，必须尽早开始让孩子对工作、劳动感兴趣。”

朱德同志在他的《回忆我的母亲》一文中，就阐述了自己从小参加劳动对他一生的巨大影响。朱德在四五岁的时候就开始帮助母亲干活，八九岁时不仅能够帮助妈妈挑东西，还能下田种地。

朱德每天放学回家后总是把书包一放，帮助妈妈挑水或者放牛，有时候上午他去读书，下午就种地。农忙时节，朱德便每天跟着母亲劳动。

对此，朱德满含深情地写道：“我应该感谢母亲，她给了我与困难做斗争的经验。我在家庭生活中已经饱尝艰苦，这使我在以后的生活中再也没有感到过困难，没有被困难吓倒。母亲又给了我一个强健的身体，一个勤劳的习惯，使我从来没有感到过劳累。”

常言说：“樱桃好吃树难栽，不下苦功花不开。”但凡好的东西只有付出劳动与汗水才能得到，当孩子能够体会到他拥有的一切来之不易时，他们才能更加懂得珍惜，才能体验到幸福与快乐。

让孩子爱上劳动的小技巧

技巧一：从孩子的分内事开始

让孩子从自己该做的分内事开始，包括生活自理能力，比如将自己的衣服穿好、叠好、放好；把自己的玩具收拾好；把自己的床收拾整齐等。

技巧二：制定计划表

家长可以帮助孩子设计一份劳动计划表，并和孩子一起商议周一做什么？周末做什么？他自己想做点什么？

技巧三：让劳动变成趣味活动和游戏

孩子有时候不会对家务劳动产生兴趣，此时，父母要开动脑筋，将劳动变成孩子喜欢的趣味活动或者小游戏，这样不但能激发孩子的兴趣，还能达到更好的教育效果。

（1）游戏一 过家家

用玩具、餐具（汤匙、盘子、锅）等与孩子玩儿做家务游戏，妈妈可以给孩子说：“宝贝，这次你来当妈妈好不好？你来扫一下地，我看看你扮演得像不像？”“宝贝，你是妈妈了，你帮我把衣服收拾好行不行？”

（2）游戏二 清洁队员与收购员

家长可以引导孩子展开想象，给孩子一个“身份”，比如让他当小小“清洁队员”，而你当一个“收购员”，让他开着一辆清洁车，将地上的玩具和其他东西都清扫干净，然后交给“收购员”去处理，让孩子从游戏中培养做家务的兴趣。

技巧四：巧妙引导

（1）择菜：让孩子跟妈妈一起择菜，从择菜到清洗，让他知道他吃的食物是如何做出来的。

（2）洗米、煮饭：从打开米缸盛米开始就让孩子参与进来，并告知孩子要盛多少米。洗米时，也可以告诉孩子，淘米水不能随便丢弃，还有其他用途。

（3）扫地、擦桌子：给孩子准备一块专用的抹布，指定一张桌子或者小柜子让他擦，擦完后检查哪里没有擦干净，边边角角也让他注意。

（4）收拾衣服：在晒衣服时，让孩子帮自己拿衣架，妈妈晾衣服；收干衣服时，妈妈取下来，递给孩子；叠衣服时，让孩子跟着自己学习，按照衣服的样式或者颜色分类整理好。

技巧五：制作成绩单

为让孩子以做家务为乐趣，家长可以制作一份家务劳动成绩单，按照孩子做过的家务逐项打分，并给予适当的鼓励，让孩子了解到父母做家务的辛劳。

注意事项

★每个年龄段孩子的体力、耐心、动手能力等都不相同，所以父母要针对孩子的年龄特点等安排相应的劳动，尽量不要超过孩子体力、智力等所能承受的范围，以防孩子因为遭遇挫折而对家务产生畏惧和抗拒。

★家长要与孩子一起做家务，尽管大多数孩子有时候是帮倒忙，把房间搞得乱七八糟，也要耐着性子，教给孩子正确的做法，切忌批评或者放弃让孩子做家务。

★父母是孩子的第一任老师，因此父母首先对于做家务劳动的态度要端正，不能对家务产生排斥、厌恶心理，更不能从言行上向孩子传达对家务的反感与烦恼。

此外，夫妻双方对于家务的分工要妥善安排，不要给孩子一种“家务都是女孩做的”错误观念，让孩子懂得，家是每个人的，所以家务应由家庭每个成员共同承担。

★在满足孩子的好奇心和学习动机的同时，家长万万不可忽略安全问题，不要让孩子自己取放危险物品。随着孩子年龄的增长，可以教会孩子拿物品的正确动作与方法。

★无论孩子做得好坏与否，不要吝惜你的鼓励与赞美，让孩子清楚，他做的每件事你都知道，尽管有些做得不够好，也要鼓励他的努力，让他充分感受到收获自己劳动成果的喜悦之情与成就感。

游泳：增强孩子的身体协调能力

游泳是非常好的运动形式，孩子在游泳中，身体各个部位都会得到协调性锻炼，不仅有利于孩子身体的发育，还可以使得他们的体魄健美，增强他们的勇气、意志力与智力。

孩子们是天生的游泳健将，对水有特殊的热爱，很多年轻妈妈发现，孩子很喜欢洗澡，一抱到澡盆中就会开心地手舞足蹈，而且淋浴不如盆浴更能引发他们的兴趣，所以，游泳不仅可以增加孩子童年的乐趣，给孩子带来的好处也很多。

美国一名妈妈冷不防将新生儿放入水中，结果发现孩子一点也不害怕，还能在水面上高兴地浮游，于是这位妈妈继续对孩子训练下去，到了孩子三四岁时，他已能够出色地将水征服了。

孩子在母亲腹中时，大约有九个月是在羊水中游泳的状态下生长的，因此在出生后的一段时间中仍旧有漂浮和屏气的能力，因此把新生儿放入水中他不但不害怕，还会在水里很自然地睁开眼睛。

因此，很多国家提出孩子要先学会游泳再学会走路的主张，为孩子设立了专门的游泳池，配备了专业教练，有的孩子才刚刚满月，家长就让他们下水游泳。

在德国等一些世界游泳水平比较高的国家，就对刚出生不久的婴儿进行游泳训练，并且已经取得了一些成功的经验。

五岁的豆豆出生后重量明显比其他孩子轻，身体也不太好，总是一副病恹恹的样子，三天两头地去医院，身子瘦得都能一把抓，于是家人给她起了个外号——豆芽菜。

两岁时，别的孩子都会走路了，豆豆跌跌撞撞总是走不好。豆豆的舅舅见状，对豆豆妈妈说："姐，豆豆这样下去真成豆芽菜了，我们游泳馆很多像豆豆这么大的孩子都在学习游泳，孩子不仅喜欢，而且有家长说孩子通过游泳，身体强壮了不少。要是你舍得，每周一三五让豆豆学习游泳，我给豆豆当教练。"

一开始，豆豆妈妈还有些犹豫，怕豆豆胆子小不敢下水，怕豆豆下了水后容易感冒，但经过舅舅的耐心劝解，妈妈终于带豆豆来到了游泳馆。

起初，豆豆只坐在一边看其他小朋友游，渐渐地眼里充满了无限向往与羡慕，妈妈适时牵起豆豆的手，让她一起下水，没想到豆豆刚走到游泳池边就嘤嘤地哭起来，搂着妈妈的脖子说："我害怕！"

舅舅递过来一只游泳圈，并不断鼓励豆豆说："有舅舅在你身边，而且还有游泳圈，不会有事的。"豆豆这才套上游泳圈，将信将疑地由舅舅带着进入水中，起初她有些手忙脚乱，但慢慢地，她开始在舅舅的指导下，并借助游泳圈慢慢游起来。

几个月以后，豆豆已经不再用游泳圈，能够自己在水中快乐地游来游去，妈妈也发现豆豆生病的次数少了，她的小身板也硬朗了，肌肉发达了，食欲也好了很多。

如今，五岁的豆豆不仅参加了学校的游泳队，还练起了舞蹈，身体棒，吃得香，人们甚至忘记了她还有个外号叫豆芽菜。

游泳是人的本能，只是孩子出生后，大多数家长没有让从羊水中持续游泳的孩子继续锻炼下去，孩子从水生到了陆生，再让他们学习游泳的时候，他们已经不再习惯水生生活，因此从心理上产生了畏惧。

婴儿时期是人的一生中身体生长旺盛的时期，利用这段黄金时期让孩子学习游泳，不仅可以增强孩子的体质，还能让孩子在与水的嬉戏中定格快乐童年。

婴儿游泳训练的四个阶段

第一阶段：2～3周，浴缸游泳，让孩子从游泳时间中继续先天性的条件反射；

第二阶段：2～3个月，让孩子在水中做诱导性的滑行练习；

第三阶段：3～6个月，让孩子初步学习一种确定的游泳姿势；

第四阶段：6～12个月，让孩子在前阶段学会在水中屏息的基础上进行全面的游泳训练。

TIPS：水温在29～32℃为最理想。

练习步骤

（1）先让孩子在浅水中练习走动，走圆圈儿、曲线，先前走，再后退，也可以让他在水中做各种各样的动作。

（2）逐渐学会呼吸。先练习憋气，让孩子把头浸在水中憋足气，睁开眼睛，看池水里的东西或者数自己的手指头。然后再吸足气，头没入水中，用嘴和鼻子吐气，吹泡泡玩耍，学好呼气非常重要。

（3）学习蛙泳的腿部和手部动作，可以事先在岸上做蛙泳的动作和腿的动作，也可以在家里床上学习。

（4）拴绳游泳，把一条绳子拴在孩子的腰部，另一头家长握住，让孩子在水中做动作，反复多次之后，家长可以松开绳子，孩子就会很快学会。

TIPS： 孩子是天生的游泳健将，只要教法得当，孩子学起来并不难，一般几次就能学会，如果不放心可以找游泳教练教孩子。孩子学会后，活动量一定要掌握好，一般而言，强度可以增大，量和密度要减少。

游泳注意事项

★游泳前别让孩子空腹，也不宜吃得太饱。空腹会使孩子在游泳过程中因为饥饿而导致血糖降低，造成头晕甚至休克，而过饱会损害胃的消化功能。

★游泳的时间不能过长。尤其是刚学会游泳时，活动量不能太大，即便是水性很好的孩子，如果长时间潜泳，也容易发生危险。孩子游泳时，一定要有家长陪伴，以防孩子发生抽筋、呛水等突发状况。家长还要时常叮嘱孩子，不能到水流湍急或者不知水情的地方游泳或者跳水。

★游泳前做好充足的准备活动，让孩子把全身的关节、筋骨都舒展开来，下水前要先打湿身体，等到适应水温之后再下水。游泳结束后，要用清水洗干净身体，擦上护体乳，保护孩子稚嫩的皮肤。

踢球：培养孩子的体商

踢球是一项对抗性比较激烈的运动，同时也是一项魅力无穷的运动。踢球可以很好地培养孩子的体商，锻炼孩子的协调能力及柔韧性，同时还能提高孩

子的反应能力，增强身体素质等。

除此之外，踢球还能促进孩子的团队意识，让他们懂得如何尊重自己以及对方，教会孩子遵守规则、公平竞争等意识。因此，踢球是能力与运气，理性与非理性，个人与集体的魔幻组合。

足球最早发源于我国的春秋战国时期，当时被称为“蹴鞠”，即踢球的意思，尽管中国足球史非常久远，可惜的是，中国现代足球水平一直不尽如人意。

然而，踢球的好处是不能忽略的，尤其对于孩子，它是一项全身运动，无论对孩子的协调性、灵敏度，还是奔跑能力的提高都大有益处。

有运动医学家做过这样一项实验，把28个非运动员分成两组，一组每周踢球2～3次，另一组则每周慢跑2～3次。三个月后，研究人员发现，踢球的一组平均减少了3.5公斤脂肪，增加了2公斤肌肉质量，而慢跑的一组只减少了2公斤的脂肪，肌肉质量没有任何增加。

此外，结果还显示，踢球的一组体格表现比慢跑者要好很多，这是因为踢球时需要改变速度，有时慢跑，有时狂奔，这比慢跑者更容易投入到运动当中。

淘眯的爸爸就曾是一名足球运动员，因此小淘眯自出生之后，爸爸就经常让他踢球。淘眯还不会走路时，爸爸就把皮球装在网袋里，一手提着网袋，一手扶着淘眯，让他踢着玩，有时候淘眯刚刚伸出脚，爸爸故意将网袋一提，淘眯扑了一个空，被逗得咯咯直笑。

淘眯学会走路后，爸爸就把球拿在手里然后扔出去，让淘眯去追，追到后，让淘眯把球再踢给自己。淘眯三四岁时，爸爸就把他放在自己身边一起看足球比赛，爸爸也经常带淘眯去小区广场上踢球，教给淘眯简单的足球动作和规则。

淘眯六七岁后，放学后做的第一件事就是跑去踢球，每次回到家都满头大汗，他还偷偷地告诉爸爸说：“爸爸，他们每次都让我做前锋，还叫我‘小贝克汉姆’。”

如今的淘眯已经成了学校足球队的队长，经常参加少年足球比赛，每次都取得不错的成绩。对此，妈妈有些担心："淘眯这么喜欢踢球挺好，身体很健康，但是人们说'头脑简单，四肢发达'，淘眯会不会变笨啊？"

爸爸说："这是人们的误解，就拿踢球来说，需要足球队员有着敏捷的反应能力，也需要智慧，要想方设法攻破对方的拦阻等，所以孩子在踢球中不但不会变笨，反而会变得更加聪明。"

踢球不仅仅是运动员才能做的事情，而是一项全世界范围内人们都喜欢的运动，仔细观察你会发现，孩子从小对球类都有一种特殊的喜爱之情，不是抱着玩就是拍打几下，还会抬着小脚主动去踢。

在很多人儿时的记忆中，与小伙伴到操场或者附近的草地上踢球也是一件非常快乐的事情，尽管那时没有正规的操场，甚至只是用树枝做一个球门，大家也踢得很高兴。

没必要非要把孩子培养成专业的足球运动员，重要的是他能在踢球中得到快乐，得到锻炼，找回属于真正的自己，这就足够了。

踢球训练法

方法一：将球装在网兜中让孩子踢

（1）把球装在网兜中，家长一手拎起网兜，把球提起稍离地面，让孩子原地或者助跑几步踢球；

（2）让孩子自己用手拎着装在网兜中的球，用脚连续不断地踢，用力不能太大，可以单脚连续踢，也可以双脚交换踢，踢的次数越多越好，可以随着踢球次数的增加，让孩子把踢的数量相应增加，最好记录一下每次踢的数量，下次鼓励孩子超越上次的数量。

方法二：踢大塑料球

（1）踢固定的大塑料球，将球固定在某一地方，让孩子助跑几步，然后向前踢球；

（2）踢迎面滚来的大塑料球，家长可以将球滚向孩子，让孩子原地或者助跑几步踢。

方法三：抢球

家长用脚做多种控球动作，让孩子用脚踢家长脚下的球，以孩子踢到球为赢，在孩子抢球时可以让他用身体撞击家长。

方法四：运球

在地上画好圆形、三角形或者长方形等形状，让孩子沿着不同形状的边线不断触球，一脚连续或者两脚交替都可以，告知孩子在触球的时候力度要小一些，要边跑边运球，以不停下，触球的次数越多越好。

方法五：射门

在墙壁上画上“球门”或用椅子、积木等标志物组成“球门”，家长当守门员，将球放在距离球门3～8米的距离，让孩子用力把球踢向球门，进球的个数越多越好，也可以用塑料大球、小足球、胶皮球等横放一排，让孩子轮流来踢，并加快速度踢。

方法六：两人或者多人来回踢球

（1）两人面对面，相距3～8米，把脚下的球踢向对方，来回踢的次数越多越好；

（2）一家人或者让孩子和几个小朋友一起围成一个圆圈，将球踢向前方，不把球踢出这个圆圈，踢球的次数越多，球不出圆圈为最好。

踢球注意问题

★至少做10分钟的准备活动，可以让孩子先慢跑，活动膝关节、手腕、脚腕，让身体微微出汗，把韧带、关节等都要抻拉开，踝、膝、腕、髋等完全活动开。如果孩子很长时间没有做运动，准备活动的时间要延长，如果孩子参加足球比赛，最好给孩子戴上护具，以免受伤。

★及时给孩子补充水分，当孩子感到口渴时，就让孩子稍微喝一点，不要让孩子等到口渴难耐时再一次性喝很多，也不要喝冰镇了很长时间、带有冰碴的饮品，微凉的矿泉水最好。

★孩子在踢球时，不管出多少汗，也不要允许他立即吹冷风，出汗太多易造成阳气外泄，如果吹冷风，会造成寒气入侵，使得脏腑受伤，还容易感冒。因此，孩子出汗后，最好用吸汗的毛巾擦干。

★千万不要让孩子模仿专业运动员的高难度动作，这样孩子很容易摔伤或者拉伤肌肉。

晒太阳：给孩子最好的“补品”

与孩子一起沐浴在阳光下，是一种最为美好的享受，当阳光洒落在身上，感受到的是一种温暖，体验到的是无比的幸福，看到的是美好与光明，而孩子收获到的是快乐与健康。

世界万物都离不开太阳，人同样如此。不管在什么季节，太阳总能给我们不同的感受，尤其是在寒冷的冬季，太阳带给我们的是无限的温暖，而且还有其他益处。在室内待久了，就不如走出去晒晒太阳，这对于孩子而言也是一项很有意义的活动。

晒太阳是一种简便又不花钱的健身方式，现代医学证实，晒太阳可以增强人

体各个部位的新陈代谢和免疫功能，对防止儿童佝偻病和成人的骨质疏松有着非常好的作用，可以说阳光是最好的维生素D“活化剂”。

尤其是冬日暖阳，更是对人好处多多，因此古人有云“冬日可爱，夏日可畏”，冬日的阳光给人以温暖而舒适的感觉，经常和孩子一起出门晒晒太阳，感受暖暖的阳光，何其滋润?

孩子是最容易缺钙的人群，而在他们的发育过程中又需要相当多的钙，因此孩子出生两个月之后，家长就可以带着他到外面晒晒太阳。

另外，皮肤适当地接受紫外线的照射，可以有效地杀掉皮肤上的细菌，增强皮肤的抵抗力；阳光中的紫外线还有很好的杀菌能力，一般的细菌和部分病毒在阳光下晒半个小时或者几个小时，就会被杀死；阳光还能促进人体的血液循环，增强新陈代谢的能力，调节中枢神经，从而使人体感到舒展和舒适；阳光中的紫外线还可以刺激人体骨髓制造红血球，提高造血功能，防止贫血。可见，阳光是孩子最好的“补品”。

下了几天大雪之后，太阳终于露出了笑脸，寒风也随之退去。早餐过后，妈妈带着三岁的粒粒来到院子里，拿了一把躺椅斜靠在上面。粒粒显得格外兴奋，由于大雪，她已经在家憋了好几天，早就憋坏了。

粒粒在院子里一会儿玩玩雪，一会儿拿着枯树枝在地上乱画，妈妈说：“到妈妈这里来，妈妈给你讲大灰狼的故事好吗？”

从小就爱听故事的粒粒赶紧跑到妈妈的跟前，趴在妈妈的腿上，乖乖地等着听妈妈的故事。妈妈亲昵地将粒粒抱在自己的怀里，沐浴着阳光，摇着躺椅，粒粒也变得跟小鹿一样的温顺，故事还没讲完，粒粒就在妈妈的怀里安安静静地睡着了。

从粒粒出生后的几个月，妈妈就经常抱着她出门晒太阳，晒太阳几乎成了每个晴天的必修课，而粒粒也在阳光的照射下茁壮成长，比一般的城市里长大的女孩都要壮实，很少生病。

生活中，总有一个场景让很多爸爸妈妈感觉到孩子给自己带来的温馨与幸福，那就是和孩子一起晒太阳，当你与孩子温情相拥，感受温暖阳光的照射，一切烦恼与疲惫都会被阳光晒得荡然无存，留下的只有无限的温暖与幸福，对于孩子来讲也是如此。

演员原华的儿子虫虫出生后，带给她一个大礼，那就是让她的生活变得异常有规律，每天不到八点准时起床，晚上十一点就睡觉，还养成了晒太阳的好习惯，对此她说："太阳一升起来，我就带着虫虫去晒太阳，生怕错过了补钙的时间，我是个追赶太阳的人。"

晒太阳注意事项

选择合适的时间。一般而言，孩子满月之后就可以常常带他出去晒太阳。时间以上午6～10点为宜，因为此时阳光中的红外线较强，紫外线偏弱，可以促进孩子的新陈代谢；下午4～5点紫外线中的X光束成分较多，可以促进肠道对钙、磷的吸收，能够增强人的体制，促进骨骼的正常钙化。

TIPS：无论哪个季节，上午10点到下午4点，尤其是中午到下午4点这段时间，最忌让孩子长时间晒太阳，因为这个时段的阳光中紫外线最强，容易对孩子细嫩的皮肤造成伤害。

另外，晒太阳时间的长短要根据孩子的年龄而定，循序渐进，可以由十几分钟逐步增加到一到两个小时。如果一旦发现孩子皮肤变红、出汗过多、脉搏加速等症状，要立即回家用清凉饮料或者淡盐水、温水给孩子擦拭全身。也可以晒上一会儿后，再到阴凉处去待一段时间。

别给孩子穿太多。有些父母带孩子晒太阳时，怕孩子受风感冒，就给孩子"全副武装"，戴上手套、帽子、口罩等，其实这样晒太阳很难达到增强孩子体质的目的，比如在春天，紫外线比夏天要弱很多，紫外线本身要透过衣物再到达皮肤就很难。

TIPS: 晒太阳时要根据当时的气温条件，尽可能地让孩子裸露皮肤，而且穿衣过厚在阳光下活动非常容易出汗，而出汗后最容易受风寒。

注意照射部位及面积。要避免让孩子的头部直接晒阳光。一般而言，身体裸露面积越大越好，可以晒得均衡一点，比如夏天，孩子四肢和头都可以露出来晒，但秋冬就要看天气情况而定。

TIPS: 有的父母怕孩子外出受风，就想出了一个两全其美的办法，隔着玻璃晒太阳，其实紫外线穿透玻璃的能力较弱，大部分紫外线被挡在外面，晒太阳的功效会大大降低。所以，晒太阳最好在户外或者阳台，太阳能够直射，没有任何阻挡的地方。

晒太阳前不宜洗澡。晒太阳时不宜空腹，最好不要给孩子洗澡，因为洗澡时将人体皮肤中的合成活性维生素D的材料“7－脱氢胆固醇”洗去，降低了促进人体钙吸收的作用。

TIPS: 晒太阳前最好给孩子穿红衣服，其次是白衣服，最好不要穿黑衣服。另外，孩子晒太阳容易犯困，此时父母要多跟孩子聊天，防止孩子入睡着凉。

责任
爱心
分享
谦让

chapter 2

人格修养篇

——玩出魅力，做有人格魅力的儿童

种植花草：培养孩子的责任感

孩子种植花草，花草也能教育孩子，因为种花种草能让孩子懂得，植物与人一样，也需要食物与水才能成长，才能保持健康。让孩子照料植物不仅可以丰富孩子的生活，还能培养孩子的耐心与责任感。

让孩子沉浸在种子发芽、花儿绽放、蜜蜂采蜜等大自然的神奇之中，孩子不仅能领略到大自然的奥秘，还能从中收获一份喜悦。

子纯的妈妈收到幼儿园老师发来的一份通知：让小朋友在家种植一些植物，并带到班上来，培养孩子爱护花草树木的习惯。

妈妈由此回想到自己小时候一段养花的经历。在她上小学时，老师介绍了很多花的习性等，她感到很好奇，于是开始在自家小院子里的一个角落悄悄种了花，由于地方比较隐秘，家人都没有在意。

一天，哥哥到园子里找滚丢的弹珠，才发现她那一小片美不胜收的花。虽然她种的是最平常的牵牛花，但每次花开时，她都特别兴奋，每天早晨起床的第一件事就是看看花开了没有，她还发现一个奇怪的现象，那就是花总是起得比自己早。

于是，她就特意起得很早，看看牵牛花到底是什么时候开的，结果发现，小小的花儿四点左右就探出头来了。

后来，她陆续种了很多花，直到搬家后，才依依不舍地离开那片属于自己的花的天地，直到现在她仍然记得种花的那段快乐时光。

因为妈妈自己深有体会，所以接到老师的通知后就积极响应，她考虑到子纯养的第一盆植物一定要特别容易成活，再加上当时的季节，妈妈选择了葱。

说干就干，第二天早上妈妈去买菜时顺便买了一些葱苗，还买了一个非常漂亮的小花盆和工具。等一切准备好之后，妈妈手把手地教子纯：先帮葱松土，然后再种下葱苗，种时根要朝下，然后将土培上，但不能压得太实，最后再来浇一些水。步骤讲完之后，妈妈就把工具递给子纯，让他自己来操作，妈妈则在一边当“助手”。

子纯兴奋地一会儿松土，一会儿把玩种苗，在妈妈的指导下竟然种得非常好，但妈妈没有让他马上带到幼儿园，而是在家养了一周，在这一周时间里，妈妈时常提醒子纯去观察一下葱有没有长高，提醒子纯给葱浇水。

一周后的一天早晨，子纯高高兴兴地对在厨房做早饭的妈妈大喊道：“妈妈，快来看，小葱长高了一大截呢。”

等葱长势更好一些后，妈妈就让子纯带去幼儿园交作业，老师和小朋友对他带去的植物非常喜爱，后来才知道，老师布置的这次作业，只有子纯圆满完成了。

渐渐地，妈妈又开始教子纯种植一些小花、小草，每天早晨子纯起得比妈妈都要早，目的就是看看他的花花草草长得好不好，有时候遇到下雨，子纯还将花花草草特意向屋内搬动一下，现在子纯家的阳台俨然成了一个小花园。

最重要的是，妈妈发现子纯有了两个很明显的变化，一是比以前更加有责任心，二是有些多动症的他，现在居然能蹲在地上安安静静地给花草施肥、浇水，甚至能一动不动地观察花花草草们半个小时之久。

当前，随着越来越多的独生子女走向社会，很多人身上暴露出了十分明显的缺点，那就是缺乏责任感，总是以自我为中心，认为受到宠爱是应该的，缺少为他人着想、为别人负责的态度和做法。这些人与父母在他们儿时“小皇帝”、“小公主”的养法是密不可分的。

但责任心是一个人必备的人格素养，需要从小培养，种植花草就是一个非常好的方法。孩子在种植花草的过程中，会主动负责，给花草浇水、施肥，学会照顾他们，把养好花草当成自己的责任，在这个过程中，他们的责任心也悄悄树立了起来。

另外，缺乏耐心也是责任心不够强的表现之一。我们还时常听到有些家长抱怨自家的孩子：孩子很聪明，就是干什么都没耐性，做事虎头蛇尾，半途而废，怎么办?

做事善始善终属于心理活动的意志人格问题，意志是否够坚强，对于他们以后的学习、工作和生活都有着很大的影响。

让孩子种植花草就是培养孩子耐心的不错的方法，孩子在观察植物发芽、长叶、开花这个漫长的过程中，会逐渐将自己安静下来，沉淀下来。父母要让孩子明白，无论我们如何着急，今天撒下种子，明天是不能结出果实的，要想有所收获，就必须要耐心等待。

种植花草还能给孩子增添无限乐趣，比如家长可以跟孩子一起制作叶子标本、收集种子，甚至自己动手来制作肥料等，这些都可以让孩子更好地了解大自然，培养孩子的动手能力和激发想象力。

开辟“种植园”

与孩子讨论“种植园”在哪里落脚，这个过程是让孩子获取植物的生长需要阳光、水分、土壤等知识的好机会，然后与孩子一起选择一个合适的地点，比如阳台、小院或者窗台等。

挑选园艺工具

帮孩子一起选择园艺工具，大小要适合孩子使用，确保孩子种植花草使用方便与安全。

挑选好种易活又有趣的植物

和孩子一起挑选好种易活且有趣的植物，孩子耐性一般较差，也很容易气馁，因此要确保他的第一次种植经历成功而又硕果累累相当重要。

首先，要选择一些好种易活、生长较快的大种子植物，比如向日葵、南瓜、豌豆等。另外，萝卜尽管种子不大，但生长也比较快，很受孩子们喜爱。此外，在好种的基础上，要尽量选择有趣的植物吸引孩子的注意，要让他们种植的热情保持下去。有趣的植物大致有以下几种：

鲜艳花卉

大多数孩子喜欢漂亮且鲜艳生动的事物，所以可以帮助孩子选择一些鲜艳夺目的花卉，比如太阳花、长春花、海棠花、鸡冠花、牵牛花、凤仙花等。

可食果蔬

如果孩子自己种的东西能够食用，这对他们来说吸引力非常之大，所以家长可以帮助孩子选择一些瓜果蔬菜，比如马铃薯、西红柿、樱桃、草莓、黄瓜、胡萝卜等。

芳香植物

很多植物利用释放香气来吸引昆虫传粉或者防止害虫吃自己的叶子，这些香味也很可能会吸引孩子，因此家长也可以帮助孩子选择种植一些芳香植物，例如薄荷、香草、薰衣草等。

TIPS1： 根据美国《生活科学》报道，很多诱人的花草植物也很可能引发头痛、抽搐，甚至致人死亡等。据《有毒植物手册》介绍，6岁以下的儿童更容易受到此种伤害，在因此中毒就医的比例中占到了85%。易引发中毒的十种植物有紫藤、毛地黄、八仙花、山谷百合、花烛、菊花、夹竹桃、小叶橡胶树、杜鹃花、水仙花。

TIPS2: 由于每个人的体质不同，有些孩子对某种或者多种植物的花粉有过敏现象，比如会引起咳嗽、打喷嚏、身体起红疙瘩等，家长要及时带孩子就医，最好不要让孩子种花，可以种一些大蒜、葱等无花类植物。

另外，家长要多增加知识，学会识别花草是否有毒，深入了解准备让孩子种植的花草，并且要熟悉基本的过敏症状等。

养小动物：培养有爱心的孩子

孩子对小动物特别喜欢，这是因为小动物有着好动的特点，和孩子活泼好动的特点相一致。这些小动物不仅相貌可爱，而且还有着摸爬滚打游跳等本领，还能与孩子“逗着玩”。

因此，孩子常常把小动物当成是自己的朋友，心灵上的伙伴，甚至还会和它们“聊天”，彼此培养了很深的感情。现在大多数孩子是独生子女，生活在密不透气的高楼大厦里，很少有人与孩子玩耍、互诉心声，小动物恰恰充当了这一角色，为孩子驱走寂寞与烦恼，带来更多的快乐。

曾几何时，你发现宝宝开始对小动物格外着迷，在花鸟市场的动物摊位前，迟迟不肯移动脚步，并且不断地央求道：“妈妈，我能养只动物吗？”

面对孩子殷切的请求，你能爽快地答应，并耐着性子和孩子一起养小动物吗？估计很多父母都会跳出来反对，原因大致有以下几种：

（1）小动物太脏了，即便洗得再干净，它们身上还有我们看不到的病菌，宝宝的抵抗力差，搞不好会影响孩子的健康；

（2）有些动物看上去温顺，但是发起脾气来很可能会伤到孩子，假如孩子被小狗咬伤，被小猫抓伤，得不偿失；

（3）很多小动物掉毛，弄得沙发、地板、床上都是毛，而且没有训练过的动物不会到洗手间大小便，这不仅打扫起来非常麻烦，而且弄得家里臭气熏天，简直让人抓狂；

（4）养小动物是需要投入很多精力的，本来工作很忙，还要照顾小孩子，即使孩子信誓旦旦地说自己能够照顾动物，但他们年龄毕竟太小，很多问题自己处理不了，到时候家长又不能坐视不管，这不是自寻烦恼嘛；

（5）饲养小动物是需要“技术”的，而且孩子也不知道怎么爱护动物，养不好的话动物很可能会死掉，到时候孩子伤心不说，家长还可能受埋怨。

星星的妈妈也曾经是这些“反对派”中的一个，她曾坚决反对星星养小动物，但自从星星执意养了一条小金鱼和两只荷兰鼠之后，妈妈的想法有了很大的转变。

一次，妈妈带着星星从天桥上走过，有个人在卖金鱼，星星喜欢得要命，可是妈妈死活不给买，为此星星又哭又闹，惹得过往的行人投来异样的目光，妈妈这才勉强给星星买了一条。

这下星星高兴坏了，抱着小鱼缸看金鱼游来游去，一看就是大半天，星星见金鱼穿着粉粉的衣服，大大的眼睛，漂亮的尾巴，可爱极了，忍不住把手伸进了鱼缸，一把将金鱼抓起来。

不想金鱼吓得乱跳，一下从星星手中跳到了地板上，星星一个箭步走上去，将金鱼牢牢地按在地上，金鱼动都动不了，星星这才发现金鱼不太对劲，按在地上的手松开不是，不松也不是，急得大哭起来。妈妈闻讯从卧室出来，发现了星星这一“壮举”，小心地将金鱼重新放到鱼缸里，小金鱼又开始缓缓地游动起来，星星这才破涕为笑。

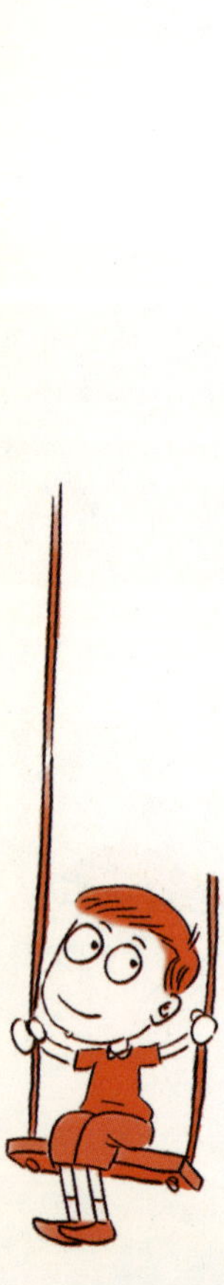

从这次事件之后，星星懂得了一个道理，小动物和他的玩具不同，不能随便拿捏和逗弄，它们需要爱护和尊重。作为家长，当孩子以“爱”的名义“折磨”小动物的时候，一定要加以制止与引导，让孩子学会换位思考。

星星过五岁生日时，小姨送给他两只荷兰鼠，星星很是激动，每天早晨再也不睡懒觉了，怕起晚了会把荷兰鼠给饿坏，放学后也不跟小朋友疯玩了，马不停蹄地回到家帮荷兰鼠准备吃的。

荷兰鼠吃的蔬菜叶子要用水泡过才行，但是粗心的妈妈总是忘记，为此星星只好自己动手做，还“批评”妈妈办事不力。有时候星星还会给荷兰鼠改善一下“伙食”，亲手削苹果喂它们。当两只荷兰鼠为了一块苹果打架时，星星还在一边“劝架”：“你们是好朋友啊，怎么能打架呢，不要着急，还有呢！”在一旁的妈妈暗暗笑了，她觉得星星长大、懂事了好多。

孩子在家长眼中是弱小的，需要呵护的，但更弱小的生命在孩子生活中出现时，孩子就会从弱小变得强大。饲养小动物会让孩子迅速完成角色转换，激发孩子潜在的能力，主动承担喂养和教化的责任，这是培养孩子责任心与爱心的最佳方法。

挑选合适的小动物

（1）不养存在安全隐患的个性动物，比如蜥蜴；

（2）挑选方便打理和照顾的动物，比如不用洗澡、排泄物易清除的小乌龟、金鱼等；

（3）饲养比较容易存活、坚强的动物，比如蝌蚪等；

（4）养生命周期很明显的，能让孩子在较短时间内发现发生巨大变化的动物，比如蚕蛹等。

TIPS: 饲养小动物是一项需要长期坚持的“大工程”，当你和孩子一起选择了饲养的小动物之后，不能半途而废，要耐心地与孩子一起观察小动物细小的变化，用照片、日记等形式将小动物的成长过程记录下来，这些都可以保持孩子对动物的关注热情。

饲养小动物防护手册

（1）保持屋内的湿度平衡、空气畅通，每天至少需要开窗通风两个小时；

（2）饲养鼠类动物要特别注意鼠疫，比如SARS等，假如它们携带病毒，很可能会通过粪便和其他分泌物传染给孩子，还要避免被咬伤，不要让孩子接触它们的粪便；

（3）有哮喘、花粉症等敏感病症的孩子不适合养有毛类动物，比如狗、猫，可以饲养鱼类、昆虫类；

（4）除了经常给小动物洗澡之外，还要每隔三到五天给动物梳毛，按规定

打防疫针；

（5）及时处理动物垃圾，将动物的饮食区、拉撒区与孩子玩耍的地方隔离开；

（6）提醒孩子经常洗手，尤其是吃饭及睡觉前；

（7）被诊断为患有传染性疾病的动物要及时隔离，严重的情况下要忍痛毁弃；

（8）饲养进口动物的检测要全面，要有完备的进口证件；

（9）要和孩子制定日常护理计划，严格按照说明书来教孩子养护；

（10）有些小动物生命周期比较短，或会因病死去，或走失，都会对孩子产生一定的心理影响，家长要及早给孩子打“预防针”，并帮助孩子抚平伤痛。

玩真心话大冒险：培养诚实守信的孩子

古往今来，诚实守信一直被视为做人的基本准则，诚信对于一个孩子来说也十分重要，有儿童学家发现，经常说谎及总是不能兑现诺言的孩子长大后往往不信任别人，个性更加敏感多疑。在日常生活中，彼此信任是建立在诚实基础之上的，不相信别人就无法对人说出真心话，幼年的行为习惯对一个人的一生有着非常深刻的影响。

“真心话大冒险”是美国FOX电视台播出的问答游戏节目，由于其独特性及娱乐性引发了收视热潮，但是很多人坦言：我不敢参加这节目。原因何在?

在节目中，主持人会问参赛者一些问题，在上节目之前，组织者已经安排参赛者戴着测谎仪回答过精心准备的50道题，在节目中的问题是从那50道题中抽查出来的，参赛者如果在节目中回答的问题被测谎仪判定为真话就可以晋级，从而获得相应的奖金；如果判定为假话就会出局，先前得的奖金也一并收回。

结果，最终没有一个人得到终极的50万美元奖金，这说明很多人都撒了谎。

谎言似乎成了我们生活中的一部分，几乎每个人都说过谎，包括幼小的孩子。孩子个个都是小精灵，为了多喝点饮料，信誓旦旦地对父母说“让我喝三杯，我就吃两个馒头”，家长拗不过他，让他喝了，他却一个馒头也没有吃。假如犯了错误，弄坏了玩具，他就偷偷把玩具藏起来，等家长发现，他装作不知道。

这样的孩子很聪明，做父母的有时候会感到高兴，但也有担忧，因为人在社会中生存需要一点小聪明，但诚实守信才是做人最基本的品质，因此父母要格外重视对孩子的诚实行为教育。那么，你可以和你的孩子玩儿一次“真心话大冒险”了。

英国的著名教育家斯宾塞创造了“12张纸牌”的游戏，用游戏的方式与孩子进行交流，从而了解孩子内心的真实想法。

这12张纸牌并非一般的纸牌，而是12张事先写好的卡片，父母和孩子一起，拿着两个骰子轮流掷，掷到哪个数就取出相应的纸牌，然后回答上面的问题。这12个问题分别是：

你觉得自己做的最出色的事情是什么？

讲一件让你觉得最不高兴的事。

评价你周围的任意一个人。

今年你最希望得到什么（限三个）？

你对自己的哪些地方不太满意？

哪件事是你努力做过的，却收效不大？

深呼吸三次。

给你喜欢的人一个拥抱。

讲一个你与朋友之间的小故事。

放假后，你最希望做的事是什么？

你最想去的地方是哪里，为什么？

你希望家里什么地方发生变化？

斯宾塞和自己的孩子玩这个游戏的时候，他了解到了孩子内心他根

本就不知道的秘密，根据这些，他一一对症下药，帮助孩子分析问题、解决问题，让小斯宾塞能够健康快乐地成长。

后来，很多英国家庭也开始做这种12张卡片的游戏，有的还在里面加进了讲笑话、表演节目、说说自己犯过的错误等。通过这个游戏，不但促进了亲子关系，还能发掘孩子内心不为人知的一面，尤其是了解到了孩子的真心话。

由于教育效果非常好，后来连美国、瑞典和法国的家庭也在玩这个游戏，后来人们将这个游戏称之为“斯宾塞纸牌”。

其实，这也是真心话大冒险的一种，你也可以利用这12张纸牌，了解孩子的真心话，比如设置这样的问题：你是否曾经因为害怕被骂而撒谎？这种玩法更适合孩子，更容易让孩子接受，更喜欢玩。还能让孩子说出自己的真心话，培养他诚实的良好个性。

诚实守信小游戏

游戏名称：儿童支票

道具：“支票”书本、笔

松松妈妈玩法

松松有时候说话不太算数，答应别人的事情很快就会忘掉。比如，有一次松松和小朋友约好放学去踢球，在路上他看到有人在玩空竹，觉得非常好玩儿，于是站在那里看了很长时间，结果放了小朋友的鸽子。

一天，妈妈逛图书市场，无意发现了一种很特殊的书籍，每页上都画着各种可爱的卡通图案，做成支票的样子，还印有“童年银行发行”字样，附带有“童年支票章”的印戳。

翻开来看，每页“支票”都有票据和存根两部分，并列有开出日期、接收人、出票人盖章、支付内容、有效期、出票人姓名等。

另外，根据约定的内容和支付对象的不同，“儿童支票”还分为校园支票、童年支票、生活支票、互助支票等系列。

于是妈妈就购买了几本，起初松松还以为是卡通书，一看上面还有支票就觉得很好奇，妈妈就教给他玩法。每当松松答应妈妈或者别人一件事时，就让松松拿出他的“支票”，然后将所答应的内容填写上，并写明兑现日期，松松为了兑现自己说过的话，每次答应别人的事情一定会按时去做，并准时完成。

TIPS: 孩子玩心重、好奇心强烈，新奇的事物往往能吸引他们的眼球，但不管是沙漏还是“儿童支票”，孩子只是把它们当成一种好玩的玩具、游戏，家长不要期望仅仅通过这两种游戏把孩子塑造成讲诚信的人，游戏可以作为一种辅助工具，还需要家长的耐心教育。

家长需注意

★言传身教

孩子诚实守信好品格的养成首先是从模仿开始的，如果父母答应孩子的事情就一定能做到，就可以为孩子树立诚实守信的好榜样，父母一旦没有做到，就会给孩子种下不守信的“种子”。

丫丫原本答应六点钟与小朋友一起到楼下踢毽子，可是眼看时间就要到了，丫丫还是坐在沙发上不动弹，原来她在专心地看自己喜欢的动画片，妈妈催促她说：“你快点下楼啊，不是要去踢毽子吗？”

丫丫用无所谓的语气说：“等动画片看完了再去嘛。”

“可是动画片还要半个小时才能结束，你答应别人的事情一定要做到啊，要做个诚实守信的孩子！”妈妈生气地说。

“你原本答应给我买条裙子，可是夏天都过去了也没有给我买，妈妈可以不守信，我为什么不可以？”丫丫振振有词地说。

妈妈顿时无言以对。

父母自己说过的话都不兑现，如何才能让孩子做到诚实守信?

★从生活点滴中培养

培养孩子诚信的好品质，需要父母长期耐心的坚持，要与时俱进，又能深深扎根和渗透在生活的点滴琐事当中。

要时刻要求孩子从小说真话，敢于承认错误，不拿别人的任何东西，借了别人的东西要准时送还，答应别人的事情一定要做到。

另外，针对其他说谎的孩子和社会上坑蒙拐骗的行为，要进行及时、鲜明的批判，让孩子坚信，说谎和弄虚作假的行为迟早会被戳穿和受到惩罚。

父母还可以跟孩子一起读一些关于诚信的书，讨论诚信的话题，鼓励孩子多跟人交往，在交往中感受和思索诚信。

★满足孩子的合理需求

> 一位美国学者到监狱访问罪犯，研究他们是如何犯罪的。从中他发现一件很有意思的事：一个罪犯说他是从撒谎走向犯罪的。他小时候家里兄弟姐妹很多，一次妈妈拿来苹果分给他们吃，其中一个苹果又大又红，孩子们都想要这个。这时，老大说：“妈妈，我要那个又大又红的。”
>
> 妈妈听后狠狠地瞪了他一眼说：“你是老大，你怎么不知道让着弟弟妹妹？”
>
> 此时，他撒谎说：“妈妈，我要最小的。”
>
> 妈妈听后眉开眼笑，说：“多好的孩子呀，妈妈就把这个大苹果给你。”
>
> 从这件事他总结出：原来说假话有这样的好处呢，那么以后就说假话好了。

父母都希望孩子诚实守信，但很多孩子的表现并不尽如人意，究其原因，主要是后天的某种需要引发的，例如为了满足吃、玩、穿的需要，甚至是为了免受批评、惩罚，而这恰恰助长了孩子撒谎的恶习。

所以，父母要认真分析孩子的需要，尽量满足其合理部分，认真听取孩子的心里话、真心话，多站在孩子的角度去思考，让孩子明白哪些是合理的、正确的，然后再满足他的合理需求，对于不合理的需求，要告知孩子为什么不合理。

为老师制作节日礼物：让孩子学会感恩

当孩子背上书包懵懂地走入校园，有个人早已等待着他们的种种疑问与调皮；当孩子在校园里玩耍，有个人担忧他们安全的同时也在跟他们分享快乐；当孩子犯了错误，有个人批评孩子，给孩子讲道理，希望孩子能够理解他的苦心；当孩子纷纷走出校园，有个人望着孩子的背影，依然在思量着孩子的现在与未来……

这个人就是孩子的老师，“教诲如春风，师恩似海深”，作为家长，更应该让孩子学会感恩老师，以及孩子身边的一切，每个孩子都应该懂得感恩与回报。

每当金秋九月来临，教师节临近，家长们就开始纠结：到底给老师送不送礼？送什么？购物卡？化妆品？烟酒？

在送礼风气中，很多家长陷入了“囚徒困境”，他们纠结的是，别的家长都送了丰厚的礼物，如果自己不送，老师会不会对孩子有看法？老师同样也在纠结，他们遵循着“师者，传道授业解惑”，但如果不收礼，又招致家长怀疑，怕自己不好好教孩子，收了，又违背为人师的准则。

其实，在这场送礼“游戏”中，孩子才是最大的受害者，他们通过耳濡目染得出的结论是：一个人的素质、能力、成绩等都并非是最重要的，只要有钱和关系就行。

由此可见，热热闹闹、皆大欢喜的“游戏”，实则是一个“三输”的结局：家长陷入烦恼、增加经济负担；老师失去尊严；孩子受到了错误教育，为以后的人生路埋下巨大隐患。

恬恬的妈妈也曾陷入这场无厘头的送礼狂潮中，跟其他家长一样没有意识到送礼给孩子带来的危害。

一次，她的一个从美国留学回来的同学到家里做客，聊起了这件事，同学很困惑地说：“中国的父母为何要这么做？给老师送礼不是不可以，但是要会送。在美国，孩子们为了表示对老师的谢意，会亲手跟妈妈一起烘烤几块并不漂亮的小饼干送给老师，或者制作一张温馨的贺卡，而老师们也对此非常感动。”

恬恬的妈妈大受启发，决心和孩子一起为下周的教师节给老师准备一份特殊的礼物。

在教师节来临的前几天，妈妈告诉恬恬很多有关教师节的事，比如教师节的来历，让恬恬懂得感恩。为了表达心意，妈妈在家庭会议上宣布了一个决定，和恬恬一起合作为老师制作礼物，恬恬对此也很感兴趣，最后大家决定用现有的材料制作一张贺卡。

妈妈找来硬纸、剪刀、画笔、粘胶等，首先爸爸出了个主意，就是在贺卡的封面上画上一颗大大的心，这颗心由恬恬来画，恬恬很高兴地接受了这个任务，并仔细地在废纸上练习了几遍，才小心翼翼地画上去，虽然画得有些歪，但恬恬看着自己的作品非常得意。

接着，在妈妈的帮助下，恬恬又把彩纸剪成碎片，再用亮粉胶粘在心上。然后，妈妈手把手教恬恬剪了几朵彩色的花朵，粘在贺卡的内页，恬恬还在花朵的“身边”画上了绿油油的小草，还有太阳、白云，接着恬恬又在爸爸的指导下在上面画了两个人牵着手，大人代表老师，小人代表恬恬。

最后，爸爸指着内页的另一侧空白处问恬恬：“恬恬，你想想最希望跟老师说的话是什么？爸爸帮你写上好不好？”

恬恬扬起小眉头认真地说：“老师每天教我们唱歌、跳舞，陪我们玩游戏，教我们写字、读书，好辛苦的，写什么好呢？”

妈妈说：“后天才是教师节，这两天你好好想想，等想好了咱们再写上去。”

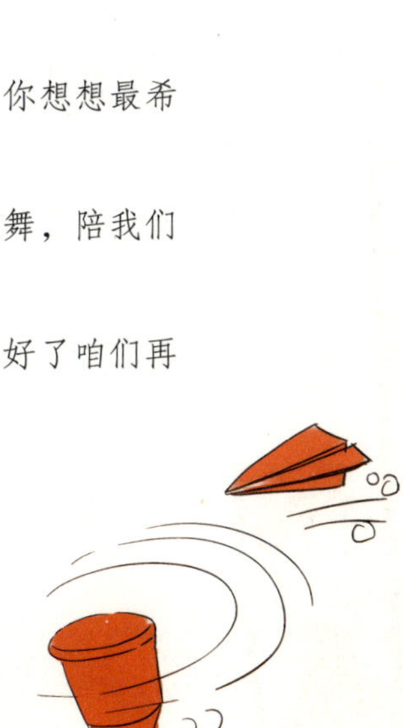

恬恬好像接受了一项重大任务一样，一本正经地点点头。

教师节的早晨，恬恬蹦蹦跳跳地跟爸爸妈妈说："我想好了，就写'老师，谢谢您'。"

爸爸妈妈相视一笑，虽然"谢谢"两个字很简单，但是爸爸妈妈懂了，恬恬已经知道什么是感恩，老师看到这两个字也一定会懂。

当恬恬递上自己的贺卡时，老师竟然感动地眼含泪花，她说："这是我今年收到的最好的礼物，我将会把它保留一辈子。"恬恬也甜甜地笑了。

送什么礼物不重要，重要的是孩子在给老师制作礼物的过程中懂得了什么是感恩，如何去感谢养育、帮助、陪伴自己的人，如何感谢他人对自己的付出。

感恩教育就是爱的教育，若教会孩子常怀感恩之心，不仅能够培养其与人为善、乐于助人的美德，还能促进孩子健康人格的形成，等他们长大走向社会之后，能够建立起和谐的人际关系。

微笑不倒翁

寓意：

不倒翁能给人带来欢乐，制作方法简单，其寓意就是孩子希望老师生活愉快，能够笑口常开，孩子在制作微笑不倒翁的时候，自己也能收获一份快乐。

制作材料：

乒乓球、白色硬纸、胶水、剪刀、橡皮泥、彩笔等。

制作方法：

（1）把乒乓球用剪刀剪掉一半，然后将橡皮泥捏成团填在其中半个乒乓球内抹平；

（2）将白色硬纸剪成扇形，扇形的弧长要稍微大于乒乓球的圆周长，并把扇形两边对接做成一个圆锥形；

（3）把纸圆锥与乒乓球用胶水粘在一起，用彩笔在乒乓球的上面画出头像，白色的锥形帽子可以用孩子喜欢的图案或者花纹进行描绘。

这样，一个可爱、操作方法简单的不倒翁就制作完成了。

TIPS：除了乒乓球之外，还可以用鸡蛋壳代替，但鸡蛋壳较乒乓球而言，没那么结实。不倒翁制作完毕之后，还可以跟孩子一起制作一个漂亮的包装盒，将不倒翁装进去再送给老师。

五彩笔筒

寓意：

放在老师的办公桌上，在给老师带去一份美好的心情的同时，还能放铅笔、圆珠笔等，既美观又实用。

制作材料：

圆形的蛋糕底座纸板、羽毛、大小不同的硬纸筒、颜料、胶水、剪刀、壁纸下脚料、双面胶带等。

制作方法：

（1）在蛋糕底座和硬纸筒上面刷上颜料，然后晾干；

（2）将壁纸的下脚料剪成宽窄不一的长条，缠在硬纸筒上，粘牢；

（3）将羽毛粘在硬纸筒的内侧，使羽毛的大部分露在硬纸筒的外面，不要让其妨碍往里面放置文具；

（4）把装饰好的笔筒粘在蛋糕底座上；

（5）如果粘在笔筒外侧的壁纸上能够写字，可以和孩子一起写上给老师的感谢、祝福语。

一个漂亮且实用的笔筒完成了。

TIPS：蛋糕底座还可以用日常生活中类似的硬纸张来代替，如果没有现成的硬纸筒，也可以用硬纸张粘一个，方法也很简单。

玩白羊黑羊过独木桥：教孩子学会谦让

西方人说，硬币有两面，一面正一面反，中间的地方叫妥协。虽然只有选择一面才有价值，但如果中间没有“妥协”，就没有硬币，更谈不上价值。

纵使是现代社会，宽宏大量、懂得谦让的人才能团结其他人，才会有巨大的号召力。有谦让品格的人让人信赖，至少不会让人产生敌意，而这往往可以带来更多的机会。“放下全无事，提起万缘生”，如果你的孩子遇事有愿意往后退一步的风度与胸怀，他以后的人生一定会更宽广。

在幼儿园里，我们经常能看到这种情景：两个孩子为了争同一个玩具发生激烈争吵，甚至打得不可开交；很多小朋友为了争滑梯，造成不必要的伤害；有些孩子自己手里的东西吃不完，也不愿意分其他小朋友一丁点儿。

之所以有这样的事情发生，是因为现在很多孩子都是独生子女，是家庭中唯一照顾、爱护的对象，从而使他们养成了以自我为中心，乐意接受别人的东西，却不能将自己的东西与别人分享，发生争执从不会谦让。

一天，妈妈带珺珺去小区广场玩，珺珺最喜欢玩那里唯一的一个小秋千，每次都让妈妈摇着他来回荡，有时候珺珺能一口气玩上半个小时。

珺珺玩了十几分钟后，还想继续玩下去，此时一个和他差不多大年龄的小女孩拉着奶奶的手走过来，指指秋千说："奶奶，我要玩这个。"

珺珺听到这话，"惶恐"地看看妈妈，然后将脸转向一边，装作没听见。女孩的奶奶说："等会儿，小哥哥玩儿完你再玩。"

小女孩倒是很听话，乖乖地坐在一边的座位上眼巴巴地瞅着珺珺，妈妈见状对珺珺说："宝贝，你都玩了快二十分钟了，下来让小妹妹玩一会儿，咱们去那边玩跷跷板吧。"

"我不喜欢跷跷板，我还没玩够呢，是我先来的。"珺珺振振有词地说。

"秋千又不是我们家的，你作为男孩子要懂得让小女孩。"妈妈不再推动秋千，停下来生气地说。

不成想，珺珺"哇"地一下大哭起来，极不情愿地从秋千上下来，吵着要回家，妈妈只好带着珺珺回去了。

奶奶见珺珺哭红的双眼，问清缘由，抱怨珺珺妈妈说："你怎么胳膊肘往外拐呢，咱们珺珺多玩一会儿咋了，谁叫他们来得晚！"

"妈，珺珺都被你惯坏了，一点儿也不懂得让着别人，你还替他说话。"妈妈委屈地说。

但奶奶执意不听，"乖孙子"长"亲孙子"短的哄珺珺去了。

如今像珺珺这样的孩子不在少数，他们是被宠坏的一部分孩子，以为全世界都在围着他们转，不懂得谦让，这些孩子往往蛮横而自私，没有多少朋友，不太讨人喜欢，如果家长一味娇惯，会让他们养成狭隘的性格，对他们之后的人际交往等产生负面影响。

如果你的孩子也不懂得谦让，那么不妨和他一起玩玩白羊黑羊过独木桥的游戏，会对培养孩子谦让的人格起到很好的作用。或许有人说，一味谦让也是一种懦弱的表现，那么，怎样让孩子既懂得谦让，又不会毫无原则地妥协呢?

千千的妈妈就和千千玩过这个游戏，还曾拉上过奶奶和姥姥。

游戏前准备

在地上画一条线当做独木桥，进行分工，一人当白羊，一人做黑羊。

玩法

黑羊与白羊分别从“独木桥”的两头同时向对方走去，走到中间时两只羊就会碰到一起，黑羊说：“让我先过去。”白羊说：“我先过去。”最后找出最好的过桥方法。

奶奶与千千玩法

奶奶——黑羊

千千——白羊

黑羊说：“我老了，让我先过去。”白羊说：“我是小羊，你得让我先过去。”黑羊说：“那好吧！”于是，白羊得意洋洋地朝桥那边走去，不想脚下一打滑，一下跌到了“河”里。

奶奶语录：好孩子要懂得礼让，尤其是对老人和小孩，不要和小朋友打架，不懂得谦让，虽然获得一时的胜利，但是你遇到困难就会没有人愿意帮助你。

姥姥与千千玩法

姥姥——黑羊

千千——白羊

黑羊说："我老了，让我先过去。"白羊说："我是小羊，你得让我先过去。"黑羊又说："凭什么，是我先上桥的。"白羊也毫不示弱，说："我先上的，就得我先过去。"

于是，黑羊和白羊相互推搡起来，两羊互不相让，结果全掉"河"里了。

姥姥语录：男孩子要勇敢，不能随便让人欺负，宁为玉碎不为瓦全，即便掉河里也没关系。

妈妈与千千玩法

妈妈——黑羊

千千——白羊

黑羊与白羊碰头时，黑羊是这样说的："咱们可以一起过。"于是，黑羊和白羊在独木桥上侧着身相互轻轻抱住，然后同时向对方来的方向迈出一步，两只羊就这样轻轻松松都过了桥，而且谁都没有掉到"河"里，两只羊可以继续前行。

妈妈语录：这样才是最好的结局，每个人都要懂得谦让，在谦让的基础上要动脑子，要相互帮助和团结，只有这样才能安安稳稳地"过河"。

小结：不同的处理方式反映了不同的性格和经历

奶奶一生对人和气、谦让，做什么事都不会跟人急，典型的中国老知识分子。对人无所求，一直过着比上不足比下有余的日子，如今老了，也是自得其乐，尽管有时候被人欺负，但她觉得没什么好争的。

姥姥则不同，她年轻时做过运动员，以拿冠军为主要目标，觉得凡事要自己做主，不能退缩，坚信只有斗争才能争得尊严与胜利，但是姥姥为此生了不少气，还弄了一身的病，到头也没几个说得上话的好朋友。

妈妈是现代辣妈，做事大大咧咧，乐观向上，但脑子很好使，朋友很多。妈妈让千千做这个游戏的目的就是告知孩子，谦让是一种美德，但遇事谦让也有技巧，关键时刻，相互让一步也能解决问题。

一起去野餐：让孩子学会分享

分享意味着把自己的东西慷慨地分给别人，与别人一起享用，分享是与独占和争抢行为相对立的，包括物质、金钱等有形东西的分享，也包括思想、情感、情绪等精神产品的分享，甚至还有义务与责任的分担。

分享对于一个人与社会的融洽度起着至关重要的作用，决定一个人能否被接纳、能否适应社会、能否在社会中生存，会与人分享也是一种人格魅力，因此孩子一定要学会分享，会分享的孩子才能有所得，才能有一个美好的未来。

这些都是我的，你们不准碰；

苹果是奶奶买给我的，谁都不给；

你不能跟别人玩儿，只能跟我一个人玩儿；

……

孩子总是会“独霸”他喜欢的东西，当开始认识“我”、“我的东西”及“我要”的时候，你会发现很难从他那里得到任何东西，他会把玩具、食物紧紧地攥在小手中，非常警惕地看着你，假如你想忽视他的占有欲，他会对你嚎啕大哭、大喊大叫以示抗议，搞得你不知所措。

“宝贝女儿，快来看，妈妈给你买了你想要的加菲猫，买了两只呢，全部是你的了！”你是否对孩子说过类似的话?

如今的家庭结构非常简单，独生子女越来越多，也随之造就了很多小皇帝和小公主，爷爷奶奶、姥姥姥爷疼着、宠着他们，爸爸妈妈也一切以孩子为中心，这让孩子总是只考虑到自己，将好玩儿的、好吃的据为己有，不曾想过要与别人分享，更不懂得孝敬长辈。只要稍有不顺心，就会就地打滚、哭闹。

在家称霸习惯了的孩子，在与小伙伴交往中，总是把自己的需求放在第一位，把最好的都留给自己，把自己喜欢的想方设法抢过来，拿到后就立即贴上自

己专属的标签。这样的孩子是自私自利的，不懂得分享，在与人交往中，往往也会遭到别人的拒绝，会对他以后的人生产生负面影响。

豆豆是个内向且文静的三岁漂亮小女孩，话不多，总是喜欢一个人躲在一边玩。妈妈和姥姥经常带着她参加社区开展的游戏活动，豆豆每次都会同时拿很多玩具，或者用自己的小裙子兜着，或者将玩具放在自己周围。

假如有小朋友接近或者想与她一起玩玩具，她总是大声“警告”他们：“这些都是我的，你不能拿走！”如果她一时没看好，玩具被其他小朋友拿走了，她就紧追在别人后面，直到把玩具抢回来为止。

当豆豆和别的小朋友发生了争执，姥姥会把她拉到一边，然后给她另一个玩具，说：“宝贝好乖，别理他们，你玩这个，一会儿姥姥帮你把那个玩具给抢回来。”

在外面如此，在家里豆豆更是成了霸道公主，奶奶给做了她爱吃的鸡蛋羹，她也顾不上烫，一把将盛鸡蛋羹的碗抱在怀里，虎视眈眈地对着家人说：“你们谁都不准吃，这是我的！”

久而久之，豆豆变得越来越霸道，吃不完的食物就是坏掉也不愿意分给爸爸妈妈一口。妈妈渐渐意识到了问题的严重性，如果这样下去，豆豆势必会变成一个没人喜欢的自私的孩子，这对她的成长没有任何好处。

一次，豆豆的幼儿园组织家长带上孩子到郊区野餐，并规定每个人必须自带食物，豆豆高兴坏了，在野餐前一天，很勤快地和妈妈一起准备各种食物，苹果、肉串、零食等应有尽有。

野餐开始了，大家都把自己带的东西拿出来，把它们放在铺在地上的报纸上一起享用。这时，有个叫佳佳的小朋友拿起了豆豆准备的薯片，刚想打开吃，豆豆一把夺了过来说：“这是我带来的，不许你吃！”

豆豆的举动给妈妈弄了个大红脸，并下决心一定要治治豆豆这个臭毛病。不一会儿，豆豆看到佳佳准备了甜甜的栗子，馋的直咽口水，伸手就要去拿。妈妈一巴掌打了豆豆刚刚伸出去的手说："这是人家佳佳的，你也不许吃！"

豆豆怯生生地看看妈妈，看看佳佳，不知道怎么办好。妈妈趁势说："想吃栗子，妈妈给你出个主意，用你的薯片跟佳佳换！"

豆豆下意识地抱紧了怀里的薯片，又眼巴巴地看了看大大的栗子，终于开口说："佳佳，我让你吃我的薯片，你能让我吃你的栗子吗？"

"好啊！"佳佳爽快地回答道。很快，两个小朋友高高兴兴地吃了起来，接着豆豆还把苹果、肉串等主动拿出来给了佳佳，当然她也换取了佳佳的葡萄干等东西。

野餐结束后，妈妈跟豆豆说："如果你愿意把自己喜欢的东西给别人，好吃的和别人一起吃，玩具一起玩，别人也会愿意拿出自己的东西给你，假如你什么都不愿意拿出来，别人也不会给你任何东西。"

豆豆若有所思地点点头，在回家的车上，豆豆对坐在自己身边的滔滔说："我包里有喜羊羊布偶，咱们一起玩吧。"滔滔高兴地点点头，也从自己包里拿出了芭比娃娃。

“严是爱，惯是害，不管不教要变坏”，假如家长总是无限制、无原则地满足孩子的一切需求，给他特殊的地位，孩子势必会以自我为中心，忽略他人及他人的感受，不会分享，也无法获得与人分享的快乐。

所以，要让孩子明白他所得的不是理所应当的，是大家因为爱他而给予他的，不仅要让孩子学会感恩与感谢，还要把自己喜欢的东西拿出来与人分享，要达到这个目的，可以让孩子在玩儿中慢慢体会，带孩子去野餐就是其中一项。

除此之外，家长也要经常带孩子玩一些学会分享的小游戏，也可以给孩子一些东西，鼓励他去分给别人，比如孩子上幼儿园前，将做好的粽子让他带上，并告诉他分给老师和班里的小朋友，在他与人分享的过程中，势必会得到别人一句感激的“谢谢”，孩子一定会从中获得快乐与成就感。

野餐准备

地点：风景秀丽的野外、海边、公园等

装备：野餐包、野营坐垫、报纸、方便袋等

食物：要尽量多样，为避免加热的繁琐，可以以冷餐为主，比如火腿、水果、豆腐干等，假如主题是烧烤，则要以肉和鱼类为主

容器：一次性杯子、小碗等

TIPS1: 最好与邻居、同事等有小朋友的家庭结伴而行，这样孩子不但有了伙伴，还会在野餐过程中，学会与伙伴共同进食和游戏，从而学会与人相处、分享。

TIPS2: 野外用火要注意安全，野餐完毕后要和孩子一起将垃圾收拾好带回，在严禁野外用火的地方，切忌生火。

四大主题野餐

三明治+寿司

这是最简单轻便的无火野餐，只需带上野餐包即可。

> **TIPS:** 三明治可以按照家人的喜好口味来制作，寿司到超市或便利店购买即可。要吃得健康，最好多带一些水果蔬菜沙拉，一瓶果酱或者沙拉酱，这些都是很好的调味品。

野外烧烤

这是最热闹的野餐形式，受很多人欢迎，是当下比较流行的有居家氛围的野餐休闲方式。尤其是在空气新鲜的山区、乡村，大家闻着烤肉的味道，让人觉得温馨，动手烧烤更是别有一番风味，可以监督孩子让他自己烧烤并与伙伴交换着吃，评价彼此的“手艺”。

> **TIPS:** 烧烤一般以烤肉为主，可以带上熏制鸡鸭鱼成品等，但要在进行野餐之前做充足的准备，并在烧烤过程中注意用火安全。

野菜宴

这是最为新鲜的野餐方式，比较适合春季野餐。在野餐前要准备好挖野菜的工具，盐、醋等调味品。

> **TIPS:** 挖野菜时要和孩子一起，不但能提高孩子的动手能力，增加生活情趣，还能教给他们相关的知识，但如果你不能确认是何种野菜时，千万不要食用。

一锅涮

即用一个锅煮上很多东西，可以说是一项既简单又复杂的形式，简单是因为煮的过程中不需要特别的技巧，也不会像烧烤一样烟雾缭绕；复杂是因为不像在家中，打开燃气就有火，需要做很多准备工作。

TIPS：最简单的炉灶是用三点支撑锅，但这种方法很难调节火的强弱。另外，要带充足的淡水、燃料等，同样也要格外注意用火安全。

野餐小贴士

★野餐前要关注天气情况，做好防雨准备，要尽量选择在晴天出行；

★快乐多些人来分享就是多倍的快乐，但为了保证野餐的质量，最好控制在10人以内；

★列出准备清单，以防落下必用品造成不必要的麻烦；

★如果需要带生肉等食品，一定要注意保证食品的清洁与新鲜；

★假如在夏天，要带上防蚊虫叮咬的药水等；

★切忌让孩子随便采食蘑菇、野果等；

★可以在野餐中与孩子们玩一些游戏，比如放风筝、打羽毛球、踢球等；

★记得让孩子写一篇野餐体会。

滑旱冰：培养孩子的意志力

对于孩子而言，除了玩，很难让他们爱上并且专注地学习某一项运动，但滑旱冰是个例外，滑旱冰就像玩水，对孩子有着天然的吸引力，除了能够增加孩子的体能、食欲，锻炼孩子良好的平衡感，最重要的是还能在孩子不断地跌倒与爬起中培养孩子的意志力，可以培养出小小男子汉和坚强的小公主。

每到周末，爸爸妈妈就带着珂珂到公园的广场上玩儿，那里有很多小朋友，还有绿绿的草、红红的花、高高的树、飞翔的蝴蝶……那里是很多孩子的乐园，是属于珂珂的天堂。

公园里还有一个很大的旱冰场，很多孩子戴着小头盔、护膝等，踩着旱冰鞋在平坦的场地上滑来滑去，动作非常熟练与潇洒，他们能在老师的带领下轻松地滑过一个个障碍物。珂珂每次都会坐在广场的台阶上看孩子们滑来滑去，眼里充满了羡慕，当然，这一点珂珂的妈妈也看在了眼里。

但是妈妈很担心，珂珂只有两岁半，年龄太小，而且珂珂从生下来就体弱多病，有个磕磕碰碰就爱哭鼻子，为此在幼儿园很多小女孩都笑话他。但是架不住珂珂的哀求，妈妈只好抽空去咨询了一下旱冰教练，得悉孩子到了三岁之后就可以练习滑冰。因为三岁孩子的脚踝力量足够大，骨骼发育得比较好，而太早学习会影响骨骼发育，太晚就会学得比较慢，而且孩子容易丧失信心。

最后，耐心的旱冰教练给珂珂妈妈开了一个"妙方"：滑旱冰对于孩子来说，摔倒是无法避免的，首先妈妈要从心理上做足准备，不要因为担心孩子摔倒而不让他去尝试；其次，可以在孩子学习滑冰前多带孩子观看其他孩子滑旱冰，当其他孩子跌倒时，给孩子足够的心

理暗示和鼓励。

按照教练的建议，妈妈每周都增加两天带珂珂去广场观看其他孩子滑冰的次数。一次，一个五岁左右的男孩很帅气地一个转身滑到在休息区等待的奶奶身边，然后坐下来大口地吃着奶奶随身带的面包，老太太看着孙子的样子不禁对珂珂妈妈说：“你瞧，这孩子刚滑了半个小时就饿成这样，我可不用再愁他吃饭了。”

珂珂妈妈问那个小男孩：“你为什么喜欢滑旱冰呢？”

“好玩！”满嘴塞满面包的男孩笑嘻嘻地回答说。

“你不怕摔倒吗？”

“不怕，我有装备！”男孩骄傲地用小手拍拍头盔和护膝说，然后一个转身又滑走了。

“他现在不怕了，刚开始学的时候，我十分不放心啊，生怕他摔坏了，但是这孩子学得快，没多久就学会了，摔是摔过，但因为喜欢，居然一次也没有哭。”奶奶骄傲地望着孙子的背影说。

此时，一个滑冰的小女孩不小心摔了下去，但她明显下意识地膝盖先着地，护膝牢牢地保护了她，其他小朋友还过来帮忙扶她起来，她居然还咯咯地笑，然后牵着小朋友的手继续滑。

几个月后，珂珂迎来了自己的三岁生日，妈妈送给他的生日礼物就是一双旱冰鞋，珂珂高兴地合不拢嘴，第二天一大早就拉着妈妈去了广场。然而，高兴归高兴，一穿上旱冰鞋就不是那么回事了，珂珂站都站不稳，妈妈只好扶着他一步步往前挪，珂珂颤颤巍巍，一个小时、两个小时过去了，珂珂有些沮丧：“妈妈，我为什么不能像别人那样滑。”

妈妈劝道：“他们在开始学的时候也像你这样，你学几天也会学得很好，妈妈还会帮你找个很棒的老师。”

一个星期过去了，经过这段时间的磨练，珂珂终于可以轻松地滑上几下，即便摔了跤也会很快站起来，不像以前那样哭哭啼啼。

如今的珂珂已经加入了广场的小旱冰队，有时候他还成了打头的那一个，最重要的是，珂珂变得比以前坚强了，眼泪少了，也不再三天两头的头疼感冒发烧了。

在此过程中，珂珂妈妈还总结出了一套经验：孩子在最初学习滑冰的时候，帮助孩子消除恐惧感至关重要，要让孩子有一种“我也可以像其他人一样飞”的感觉。要做到这一点，父母对孩子的保护也很重要，孩子在训练前一两周要紧跟孩子身旁，注意孩子的每一个动作，留意身边情况，谨防孩子摔倒。

一两周之后，孩子能慢慢自己滑行了，偶尔摔倒没什么大惊小怪的，滑旱冰摔倒很正常，摔倒也是滑旱冰的一种感受。

此时，父母千万不能因为害怕孩子摔疼而不允许孩子继续滑，相反，要多鼓励孩子勇敢地站起来，继续往前。在一次次的摔倒与前行中，孩子总能领悟到一点什么。

孩子摔倒了，教会他不要放弃，有时候摔得有点疼，但比起飞一般的感觉，疼就算不上什么了。在滑冰过程中，还要锻炼孩子的安全意识，不管干什么，安全第一，危险并不可怕，可怕的是不知道危险的存在。

有了危险，不让孩子去碰触，帮助孩子躲避是没有用的，要让孩子知道如何应对，一是要知道危险，二是处置危险，这样危险就不再是危险。

滑旱冰的好处

改善体质，强健体格；

改善心肺功能；

增强关节灵活性；

提高平衡力；

提高人际交往能力；

培养勇敢顽强的意志力。

TIPS：研究证明，由于骨骼肌肉系统发展大脑控制力的增加，加上日常生活中经过大量的锻炼所获得的技能与经验，3岁孩子的身体与四肢的基本动作已经较为自如，而且他们的身体较为柔软，这个年龄段的孩子还喜欢模仿和不厌其烦地重复同一个动作，也不太害怕被人嘲笑与失败，因此只要父母加以积极的引导和训练，就可以使得孩子获得很多的运动技能。

实践证明，6岁后孩子的胆量反而会变小，而小于3岁的孩子由于肢体运动力和理解能力较差，不容易掌握动作要领，因此3~6岁是孩子学习滑旱冰的最佳年龄段。

教孩子滑旱冰的小技巧

技巧一：用拼接的小地毯学习

最好让孩子在地毯上练习，由于地毯较为柔软、摩擦力大，即便孩子摔倒了，也不会太严重。在市场上有一种一米见方的可以拼接的地毯非常适用，不仅可以拼接成不同的路线，还很容易清洗。

技巧二：择机而练

父母最好在孩子每天最开心的时候鼓励孩子戴上护膝和穿上溜冰鞋，扶着他在地毯上慢慢行走。

技巧三：投其所好

在孩子面前摆上他喜欢的玩具，并让他在走一段路后就可以玩到玩具，而且玩具要常常更换，给孩子新鲜刺激感。这样孩子就不会太在意穿着旱冰鞋走路，当孩子慢慢走稳后就可以放手。

技巧四：循序渐进

在孩子滑行路线的两边绑上比较牢固的绳子，当孩子走不稳时可以抓住绳子，当他稍微走得稳当一些时撤掉一侧的绳子，最终撤掉另一侧的绳子，当最后把地毯也撤掉，就会由于摩擦力的减小而让孩子体验到滑旱冰的刺激。一旦孩子的步伐走稳之后他就会自觉增加滑动的速度，此时家长不妨和孩子一起滑，告诉他如何急刹车和拐弯的方法，和孩子一起滑的过程中，不仅可以保护他，还能让孩子体会到有人一起参加的乐趣。

当孩子在一般水泥地上顺利滑动时，可以让他与一些小伙伴一起按照S形滑动，比赛蹲下来捡东西等游戏，并要教给他们游戏规则，孩子不仅可以从容地学会各种动作，还因此玩得不亦乐乎。

TIPS: 一定要控制好孩子的训练时间和强度，孩子学会滑旱冰后快速滑动产生的冲撞会给孩子带来伤害。由于孩子的神经系统尚未发育完全，其表现就是极易兴奋或者疲劳，但疲劳的自我感觉力比较差，所以一定要对孩子的训练时间和强度加以控制。

一般而言，开始运动时要每隔8～10分钟休息5～8分钟，运动时间不能超过30分钟。练习次数可以每隔一天一次或者一天一次，最多隔两三天一次。随着孩子年龄的增长与技术的娴熟，可以适当延长时间和加大强度。

温馨提示

★选择合适的旱冰鞋

刚开始学习滑旱冰的孩子要给他选择单排轮旱冰鞋，因为这种鞋子滑起来速度较慢，比较好控制，不容易摔倒，而双排轮的旱冰鞋滑起来速度快，而且控制身体有一定的难度。因此，等孩子技术娴熟之后再换上双排轮旱冰鞋也不迟。另外，旱冰鞋的尺寸要大小合适，小或者大都对孩子滑旱冰产生不好的影响。

★佩戴护具

孩子在准备运动前一定要帮助孩子使用护腕、护肘、护膝和头盔，同时要教给孩子保护自己的方法，比如向侧前方摔倒可以大大减少受伤的几率和程度。

★做好准备动作

滑旱冰前要做好准备动作，旋转左右脚踝和手腕各36下，膝盖向内绕圈和向外绕圈各36下，双手十指相抵相向轻压36下，向内绕肘向外绕肘各36下。

★滑旱冰场所

切记不要让孩子在车道上滑旱冰，可以选择禁止机动车进入的步行街或者宽阔的广场、专门滑旱冰的场所等。

TIPS: 滑旱冰对于大多数孩子来说就是一种游戏，不要要求他们像专业的人士那样姿势优美、动作灵活，要对他们勇敢的行为予以表扬与鼓励，孩子一开始只需要一定平衡力的帮助，之后会自行摸索出属于自己的方式，并享受滑旱冰的快乐。假如能在沐浴着阳光的户外场所和小朋友们一起滑旱冰，那么则是他们童年最美妙的时光。

chapter 3 愉快社交篇

——玩中交友，找到快乐“玩伴”

去串门：让孩子在与人交往中学习交际

记得小时候总喜欢由父母带着到别人家做客，因为不仅可以吃各种好吃的，还可以得到父母的允许，高高兴兴地玩一天不用睡午觉，假如有一个和自己年龄差不多大的小朋友一起玩儿就更开心了……

现代都市家庭中大多数为独生子女，即便住在同一个单元，甚至住在对门都互不来往，假如亲戚又不太多，孩子差不多就与世隔绝了，这无疑会阻碍孩子社会交往能力的发展。为了避免这种不良影响，家长不妨带着孩子去邻居、亲戚家串串门，这不仅增进了双方之间的感情，还能让孩子有一个与人接触，学会与人交往的机会。

嘟嘟妈妈时常告诉嘟嘟“朋友越多就越快乐”，还经常让嘟嘟邀请小朋友到家里做客或者带嘟嘟出去串串门，于是，嘟嘟从小就有很多朋友，但期间也出现了不少状况。

状况一：遇到“坏”孩子

嘟嘟上了幼儿园后伙伴越来越多，热情的嘟嘟经常邀请他们来家里玩，尤其是嘟嘟有了属于自己的“公主房”之后，这种邀请源源不断，即便没有邀请，很多小朋友会不请自到，嘟嘟简直不亦乐乎！

孩子形形色色，家长也是各种各样。一次，嘟嘟请晔晔到家里做客，她的妈妈只说了一句："去吧，我六点过去接你！"然后没有一句嘱咐与客套，嘟嘟妈妈就这样做了一个没有工资的兼职保姆。

妈妈想："嗨，无所谓了，只要孩子高兴就好。"可是让她没想到的是，晔晔进了家门之后就像进了自己家，到处乱翻，什么东西都要吃，吃完后垃圾扔得满地都是，还把嘟嘟的小公主房弄得乱七八糟。更让妈妈担心的是，孩子的模仿力非常强，如果嘟嘟被带坏了怎么办？

晔晔妈妈六点准时来接孩子，可是晔晔说什么都不肯走，晔晔妈妈只好站在门口慢声细语地唱独角戏，任凭孩子执拗下去，眼见着半个小时就要过去了，饭点儿也要到了，晔晔妈妈依然靠在门口笑眯眯地看着孩子。

嘟嘟妈妈终于按捺不住了，和嘟嘟一起劝晔晔回家，无奈之下，晔晔妈妈只好强拉硬拽，晔晔伴随着大声哭闹才被迫离开。

串门原则之一：懂礼貌、懂规矩

送走晔晔后，嘟嘟看着妈妈说："晔晔真不听话，以后我不想让她来玩了！"

妈妈立即抓住这个教育孩子的机会说："你觉得晔晔今天的表现好吗？"

"不好。"

"为什么？"

"这又不是她的家，她把咱家弄得好脏、好乱，没有礼貌！"

"还有吗？"

"没有经过允许就吃我们的东西，说好六点离开，可是说话不算数。"嘟嘟噘着小嘴说。

妈妈笑笑说："是啊，所以你如果去别人家串门不要像晔晔这样，否则也会遭别人讨厌的。"

嘟嘟乖乖地点点头。

教育结果：

嘟嘟去别人家串门，从来不会进门就乱翻人家东西，也从不随便吃别人家的东西。每次妈妈规定好离开的时间，嘟嘟没有一次固执地不肯离开，很礼貌地和对方说再见，自己穿好鞋，开心地拉着手离开，并满心欢喜地期待下一次。

状况二：无法避免的“战争”

一天，嘟嘟又带了两个小朋友来家里玩，平日她们三个小女孩很玩儿得来。然而，当三个人玩儿妈妈给嘟嘟新买的芭比娃娃的时候发生了激烈争执，一个说是她先拿到的所以她先玩，另一个说她年龄小应该让她玩，嘟嘟则说：“这是妈妈给我买的！”

争着争着，一个大声哭起来，另一个委屈地抽泣，嘟嘟则满含泪水地跑去找妈妈求救。妈妈的耳膜都快被吵爆了，只好坐下来讲故事来分散她们的注意力。几分钟后，哭声没有了，三个人还听着故事咯咯直笑，和好如初。

串门原则之二：会谦让

孩子们离开后，妈妈和嘟嘟一起收拾被她们弄了一地的玩具，妈妈问嘟嘟：“如果你去别人家，遇到今天的情况怎么办呢？”

“我会让给她们，她们只知道大声哭，好烦！”

“可是你今天并没有让她们。”

嘟嘟低下头没吱声。

“这次没有让她们没关系，如果到了别人家，就要对人特别友好，假如发生了像今天这样的事，要懂得谦让。”

教育结果：

一次，妈妈带嘟嘟去一个亲戚家玩儿，对方家里有个比嘟嘟小一岁的小弟弟，两个人起初玩得很高兴。但是不一会儿，两个人由于一个变形金刚产生了矛盾，但是还没等矛盾升级，嘟嘟就说：“弟弟，你玩儿吧，我是姐姐，要让着你。”

亲戚听了这话大夸嘟嘟懂事，嘟嘟被夸奖心里也乐开了花。

状况三：闯进家里的“小土匪”

在孩子眼里，别人的东西永远都比自己的好，即便是不喜欢的，几个人一争抢，立即变成自己喜欢的东西了，带孩子串门，也很容易出现这种情况。

嘟嘟家时常招来这样的“小土匪”，一开始，妈妈劝嘟嘟：“拿走就拿走吧，就当送给小朋友的礼物。”嘟嘟尽管不情愿，但知道要不回来也只好作罢。但是一来二去，“小土匪”们尝到了“甜头”，时不时到嘟嘟家拿“礼物”。

妈妈觉得这样下去不是办法，渐渐同意了嘟嘟的看法：“我的东西为什么要给别人！”于是当“小土匪”索要“礼物”时，妈妈和嘟嘟很礼貌地要回了原本属于自己的东西，而嘟嘟也更珍惜自己的东西了。

串门原则之三：别人的东西不要随便拿

嘟嘟妈妈非常善于抓住这样的反面教材，这次，妈妈只和嘟嘟聊了几句，嘟嘟就大彻大悟了。

“看，咱们把你喜欢的小汽车要回来了，高兴吗？”

“高兴，妈妈，不如以后我喜欢的东西就藏起来，不然还得往回要。”

“嗯，他们拿走你的东西，你是不是很不舍啊？”

“当然了，我都心疼得要哭了呢！”

“以后嘟嘟去别人家，一定也不要随便拿东西啊。”

教育结果：

嘟嘟到别人家串门，从来都不乱翻人家的东西，实在想玩玩具总是事先跟对方商量“这个我能玩一会儿吗”，更从来不会将别人的东西带回家。

带孩子串门应该是一件值得提倡的事情，可以让孩子感受到朋友、家人带给自己的快乐，让孩子学会与人交流、相处，但是就如嘟嘟妈妈一样，在带孩子出门前，一定要让孩子懂得一些道理，不要引起他人的厌烦。

带孩子串门需注意

★串门有年龄讲究

带着婴儿去别人家串门不太适合，不仅给自己也会给别人带来麻烦。孩子三岁以后可以适当带他串门，对孩子来说不仅是一次有趣的经历，还可以从中学到很多社交礼仪及待人接物的方法，学会与陌生人很快相识、相处。

★出门前做“培训”

串门的对象最好是有孩子的家庭，最理想的是年龄相仿。带孩子外出之前，要让他知道到哪里去，会见到谁，教会他一些礼貌用语和礼节，比如见到主人要大方地说“您好”；要有礼貌地回答别人的问题；别人给东西或者拿玩具让他玩，要说“谢谢”；没有经过允许，不要乱动、乱翻人家的东西；不要大声吵闹、喧哗；要和对方家的小朋友友好相处，不要摔坏玩具；没有经过父母允许不随意接受对方的礼物等。

在告诉孩子这些话的时候，最好不要用命令与教训的口吻，要让孩子知道，有礼貌的孩子才受人欢迎，才会玩得更高兴，否则孩子会觉得串门还不如在自己家里自由。

★孩子羞于叫人别强求

很多内向的孩子不太喜欢叫人，那么父母就不要强求，更不能苛责，等孩子跟对方熟悉了之后，再引导他说“叔叔阿姨好”，否则在见第一面的时候不但把孩子弄得心里不舒服，还会让现场气氛相当尴尬。

★孩子吃人家东西，不要强行制止

一样的东西，在自己家里不吃，到了别人家里就馋死，这几乎是很多孩子的通病。假如你的孩子到了别人家变成了小馋猫，把吃的东西据为己有，也不要强行制止，在出门前可以让他吃饱喝足，也可以让孩子跟对方的孩子单独到另一张桌子吃饭，把菜给他们盛到自己的小碗里，这样既不影响大人吃饭，孩子也会吃得开心。

★适当让孩子出“风头”

在别人家，一定要多注意对方孩子的优点，告诉孩子向他人学习，切忌当面戳穿孩子的短处，这会让孩子感到难堪，自尊心受损。可以让两个孩子用表演的形式展示自己的拿手绝活，给孩子一个出“风头”的机会，并对两个孩子的表现加以鼓励。假如孩子比较内向，不要强迫孩子表演，让他和小朋友进行单独的交流。

接待客人：让孩子做一回小主人

孩子是家庭的一份子，是家里的小主人，作为主人就要会待人接客，但每个孩子不是生下来就是“社交明星”，需要父母耐心的教育与引导，让孩子在日常生活中参与到接待客人这项活动当中来，在不知不觉中让孩子形成一系列条件反射，最终形成礼仪及交往上的习惯，这才是孩子学会正确的礼仪和他人相处的最快速有效的方法。

叮咚……门铃响了，家里来了客人，你的孩子会做出怎样的反应？是无比兴奋地抢着去开门，然后用“人来疯”的方式引起客人的注意？还是悄悄躲到自己的房间，对人态度冷漠，一副不欢迎的模样，客人跟他讲话，表现胆小、拘谨，说话声音小得像蚊子叫？

竹竹是个文静内向的小女孩，话不太多，尤其见了陌生人更是拘谨地一句话也说不出来，妈妈时常说她：“瞧，怎么总是像个小哑巴一样，在家不是说话挺好的嘛。”

家里来客人时，竹竹听到门铃响就一溜烟跑到自己的房间将门关得严严实实，妈妈怎么叫都不愿意出来，搞得妈妈在客人面前相当窘迫，只好说：“这孩子内向，认生，一会儿就好了。”

等到吃饭时间，竹竹才磨磨蹭蹭抱着自己的布娃娃从房间里出来，害羞地遮住大半张脸，头也不敢抬一下，妈妈叫她跟客人打招呼，她也是在嗓子眼儿里发出呜呜的声音，好像说的是“你好”。客人问她“在哪儿上幼儿园”、“几岁了”，声音更是小得可怜，妈妈只好代为回答。

不仅如此，妈妈带竹竹出门，她也总是低着头走路，见到有人和自己说话，她更是双手搓着衣角，把头埋到胸口，脸红得就像一只熟透的

苹果，说话结结巴巴。妈妈很担心竹竹自此养成自卑的性格，于是决定从教竹竹接待客人开始，把她培养成一个大方自信的女孩。

一天，妈妈对竹竹说：“竹竹，今天妈妈的同事方阿姨来做客，还带了一个比你小的妹妹，你是家里的小主人，一定要有个主人的样子，要是输给小妹妹多丢脸呀！”

竹竹说：“我在房间不出来好吗？”

妈妈再次强调说：“竹竹，你是主人啊，这是咱们家，有什么好怕的呢？”

接着，妈妈教了一些以前没有告诉竹竹的接人待物的礼仪，并不断鼓励她。

在妈妈的鼓励下，竹竹第一次听到门铃响没有躲起来，战战兢兢地站在门口迎接客人。房门打开，一个小女孩恭恭敬敬地站在门口说：“阿姨好，小姐姐好！”

“小晶晶真是懂礼貌！”妈妈夸赞小女孩说，然后笑着对方阿姨和小女孩说：“这是竹竹，我家的小女主人噢！”

“方阿姨好，妹妹好！”竹竹被妈妈鼓励式地拍了一下肩膀，鼓起勇气，提高了嗓门说，虽然声音还不是那么高，但足以听清楚。

“竹竹好漂亮，也很懂礼貌呢！”方阿姨也喜笑颜开夸起了竹竹，竹竹心里高兴极了。

然后，妈妈让竹竹带着客人坐到客厅的沙发上，竹竹按照妈妈叮嘱过的，拿来了饮料和水果，还热情地回答了方阿姨的问题。

“晶晶妹妹，我房间里有好多好玩儿的东西，我带你去好吗？”竹竹见妈妈在和方阿姨说话，很懂事地说，小妹妹很高兴地答应了，妈妈则朝竹竹点点头以示鼓励。

此后，妈妈有意识地邀请一些朋友、亲戚、同事来家里做客，一来二去，竹竹明显自信、大方了不少，很多以前来过的客人都说：“竹竹这孩子变化好大啊，以前多么害羞，现在真是很大方、懂事！”

如今，当家里再有客人来时，基本上不用妈妈提醒，五岁的竹竹都会主

动向客人问好，在客人说话时从不打断对方的谈话，还学了端茶、倒水等礼仪，竹竹已经完全能礼貌、热情地独自接待客人了，成了真正的小主人。

有些孩子会像竹竹一样内向，不敢接待客人，而那些活泼的孩子则不同，家里只要来了客人，他们就激动得不得了，又喊又叫，又吵又闹，叽叽喳喳说个没完没了，有的家长不得不将他们“囚禁”起来或者大声呵斥，但这种做法不但不起任何作用，反而会伤及孩子幼小的心灵。无论是对“人来疯”孩子，还是“人来蔫”孩子，家长都必须在教会他们待客的礼仪之外要区别对待。

不同性格孩子的教育方法

“人来蔫”孩子

（1）提前告知孩子客人到来的时间，让孩子和自己选购糖果、水果、蔬菜等，多咨询孩子的意见，问问孩子客人可能喜欢吃什么，并鼓励孩子说“他们一定很喜欢的，因为是你选的”，让孩子有主人的感觉；

（2）客人到来前，让孩子准备好一幅自己画的画或者一首歌，鼓励孩子将此作为礼物送给客人，树立孩子的成就感；

（3）提前把孩子打扮得漂漂亮亮，让孩子知道他也是家的主人，有责任招待好客人，增强孩子的自信心与责任感；

（4）客人到来后，假如孩子不善于说话也不要勉强，可以让孩子帮忙倒水、拿水果等，让孩子把注意力转移到“干活”上来，减少不自在感，渐渐地，孩子就会融入到客人的谈话中。

“人来疯”孩子

（1）提前告诉孩子哪个客人要来，问问孩子是否喜欢对方。“人来疯”孩子比较喜欢热闹，当然回答“喜欢”，此时要趁势告诉他：“但是客人来之后，你不要大吵大闹，否则人家下次就不想来了。”此时，孩子就会意识到，自己的吵闹行为会影响到别人，是对方所不喜欢的，就会寻求改正；

（2）接着，父母要教导孩子，既然孩子喜欢客人，那就要懂礼貌、守规矩；

（3）除了让孩子安静之外，还要教会他给客人倒水、端水果、陪客人聊天

等礼仪，以免孩子感到无聊；

（4）当客人到来后，如果孩子真的安静了不少，父母要在客人面前夸赞孩子，让孩子觉得自己改正这个习惯是对的。

TIPS：教导孩子接待客人时，一定要根据孩子的特点行事，不要强求孩子做他不想做的。比如让胆小害羞的孩子跟客人聊天，结果只能让孩子更加怯生，对客人会更加冷漠；而对“人来疯”孩子，千万不要当着客人的面训斥他。

举办生日派对：增强孩子的组织能力

在孩子的童话世界中，新鲜与变化是他们非常期待的，他们更期待能在生日那天邀请很多小朋友，并且过得与众不同。因此，很多家长将孩子的生日看成是一个重大节日，希望能给孩子带来惊喜与快乐。

和孩子一起准备、举办生日派对是一个幸福的过程，不但能锻炼孩子的动手能力，增进孩子与小朋友间的友谊，还能很好地帮助孩子提高组织能力。

随着生活水平的不断提高，年轻的“80后”潮爸潮妈们大多每年都会给孩子开一个热闹的生日派对，大大的生日蛋糕、琳琅满目的零食、饮料、堆积成山的礼物、熙熙攘攘的人群，场面宏大又热闹。

然而，如今很多家庭给孩子举办的生日派对已经变了味，过个生日需要花费上千元，一开始就想热闹热闹，让孩子高兴高兴，可后来成了一场攀比的游戏，

这不仅增加了家庭开支，还给孩子灌输了不好的思想。

> 一天，彤彤参加幼儿园小朋友的生日派对回来告诉妈妈，说过生日的孩子给了每个参加派对的小朋友三份礼物以示感谢，彤彤接着说：“妈妈，下个月我过生日的时候，我要送给他们每人五份，我不能输给她。”
>
> 这下彤彤妈妈开始担心：“小小的孩子就懂得攀比，这对孩子以后与人交往、做人等都是不利的，但是如果别人家的孩子都送，我们不送，我担心彤彤会被其他小朋友嘲笑太小气！”

除此之外，很多家长在孩子生日来临一个月前就开始精心准备，甚至比当年举办婚礼更加紧张，买邀请卡、租场地、订蛋糕、装饰场地、给孩子准备衣服等，复杂得令人头疼。其实，一场简单的派对比精心准备的派对更容易成功，更容易让孩子感到无拘无束，获得更大的乐趣。

兜兜的妈妈曾到过美国留学，她这样描述美国孩子举办生日派对的场景：

> 生日派对是孩子们最高兴的事，因为很多孩子可以在一起聊天、唱歌、玩耍，“小寿星”头戴生日帽，和到场的小朋友追逐、打闹，一起品尝他们喜爱的小食品。家长则围着生日蛋糕唱Happy Birthday赞歌，然后一起吹蜡烛，吃生日蛋糕。
>
> 小朋友在专门准备的餐桌前就坐，显得非常热闹，家长也聊得很高兴，一场预计两个小时的生日派对，往往三四个小时还没有结束。如果天气晴朗，小朋友们还可以到外面的草地上踢踢球、吹泡泡、做游戏，结束时，很多小朋友都舍不得离开。最后，每个孩子还能得到“小寿星”亲手制作的感谢卡。
>
> 准备这场生日派对，美国的父母都不用太操心，只要提前一天订好生日蛋糕，和孩子一起用彩带装饰房间，买点水果、饮品，亲手制作一些小点心并让孩子打下手等。提前一周让孩子自己想好要玩的游戏，准备什么玩具，做好计划表，亲自制作贺卡等，父母充其量做做辅助。举办一场生日派对最多两三百元，简单又充满乐趣。

通过美国家庭举办派对的场景我们可以看到，简单、轻松、舒适的生日派对才适合孩子，才对孩子的性格培养以及人际交往有好处，和孩子一起策划一场生日派对，孩子的组织能力也能大大提高。

那么，不妨从孩子的下个生日起，一起和他准备一个简单、快乐、有纪念意义的生日派对。

确定生日主题

开一次家庭会议，与孩子商议，根据孩子的兴趣进行选择，比如他喜欢什么动画片、爱玩什么玩具、喜欢做什么游戏、喜欢参加什么活动等，他是热衷奥特曼还是HELLO KITTY，喜欢唱歌还是跳舞？这些都可以作为派对主题的参考，投其所好才能让孩子欣喜若狂。

生日派对类型

（1）户外派对：在户外举行，活动场地较大，孩子可以接触到大自然和空气，能与小朋友做更多的游戏，但是一定要留意天气情况，做好后备计划。

（2）假面派对：其特点就是有趣，选择孩子喜欢的人物面具，可以和孩子一起制作面具，发挥孩子的创意。

（3）故事派对：生日派对不一定非要热闹，有趣的故事也可以给孩子带来欢乐，让孩子和小伙伴聚在一起，讲讲生活中或者书上的有趣的故事，分享彼此的点点滴滴，增进感情。

（4）音乐派对：让孩子表演在幼儿园学到的歌曲、舞蹈，小朋友围坐一圈，派对现场一定会欢声笑语。

（5）DIY蛋糕派对：让孩子们一起动手制作蛋糕，家长可以在一边协助，让孩子尽情发挥想象力，然后和孩子一起分享蛋糕，既得到了创作的乐趣，也能品尝到生日的滋味。

TIPS: 定好派对主题后，要将主题细节运用到各个部分中，比如现场的装饰、邀请卡的设计、生日帽等相呼应，游戏、表演等要和主题相关，这样派对才能给孩子一次新奇的、梦幻的体验，让孩子们记忆深刻。

准备邀请卡

确定人数

首先要考虑这场派对现场能容纳多少人，要让主人和客人都感到愉悦、舒适，不要盲目追求人数多。一般而言，客人的最多数量是孩子年龄的一倍左右，比如一个四岁的孩子，最多可以要求四到六个朋友；八岁的孩子可以请八位到十二位朋友。假如还有孩子要借宿，则还要将人数减少一半。当然，这些都要和孩子进行商讨，父母不能单独决定。

邀请卡内容

生日派对的主题、日期、时间、地点等，假如是户外派对，最好注明“假如有雨，我会另行通知”。最后，写明你希望被邀请的客人用什么方式来回复你的邀请，比如家里的电话等。

被邀请人名单

以防遗漏或者遗忘某个重要人物，父母可以和孩子一起制定简单的名单列表，表格如下：

客人姓名	联系电话	能否参加	是否家长陪伴

派对倒计时

派对前一周

（1）让孩子打电话给尚未回复能否参加派对的客人；

（2）和孩子制定生日派对的活动安排，比如什么时间游戏，什么时候开饭，什么时候打开礼物等；

（3）和孩子一起熟悉陌生游戏的玩法；

（4）让孩子挑选并定制生日蛋糕，假如是自制，要准备好材料；

（5）挑选、购买孩子派对上所穿戴的衣物、饰品。

派对前2～3天

（1）与孩子一起采购所需要食物的食材、饮料、零食等；

（2）准备好礼品袋；

（3）检查音响、照相机、DV等设备；

（4）准备好所有需要进行手工制作的材料、工具等；

（5）准备好所有食材。

派对前1天

（1）与孩子一同清扫聚会场地，将一切容易伤害到小朋友的家具搬走，危险工具拿走；

（2）确保生日蛋糕准时送达，假如自己烘焙，要做好准备工作；

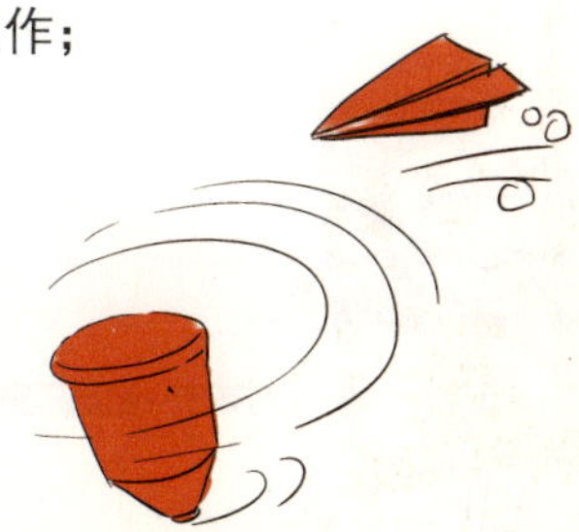

（3）假如预定了外卖食物，要再次确定送货时间。

开始前4～5小时

（1）摆放好餐桌，悬挂气球、彩带等装饰物；

（2）将生日蜡烛插好；

（3）将手工品、小礼品等放在孩子准备活动的区域；

（4）准备好笔和纸记录好收到的礼物。

开始前1～2小时

（1）将家里的猫、狗等宠物带离活动场地；

（2）打扮“小寿星”；

（3）让孩子帮忙一起准备第一个活动项目；

（4）将食物、饮品等摆放好；

（5）放松心情，在等待客人到来期间和孩子一起听听音乐。

参加趣味运动会：打造孩子的合作精神

一个能与人合作的人，才能在社会上获得生存空间并有所发展；不懂合作的孩子在生活中势必会遇到很多麻烦，在困难面前无所适从。幼儿期是合作素质养成的关键时期，联合国教科文组织的报告《教育——财富蕴藏其中》指出：“学会合作，是面向21世纪的四大教育支柱之一”。

“一个巴掌哟，拍也拍不响；一支竹篙呀，难渡汪洋海；众人划桨哟，开动大帆船；一棵小树呀，弱不禁风雨；百里森林哟，并肩耐岁寒……”

这首简单的歌谣被传唱至今，就连孩子们也耳熟能详，但其中所蕴含的道理，一个个唯我独尊、自私霸道的“小太阳”们却未必能懂。

我们在幼儿园或者孩子参与的集体场合中经常看到这样的现象：有孩子由于其他小朋友没有让着自己，就赌气一个人到一边玩游戏，不愿意再与同伴交流；一同画一幅画，经常嘲笑同伴画得不好，怪他拖了自己的后腿，甚至会大打出手……

不会合作、不善于合作，成了很多孩子的通病，我们都知道“独木难成林”“众人拾柴火焰高”的道理，现实生活中那些性格孤僻的“孤家寡人”因为不会合作或者不愿意与他人合作，遇到的困难往往一个人很难解决，并且相当孤独。

“自我”意识过强会成为孩子成长路上的绊脚石，再加上很多幼儿画刊、影视作品对个人英雄主义的大肆渲染，使得孩子越来越缺乏团队合作精神。所以，帮助孩子学会合作、主动合作，才能使得身心健康发展，并适应时代发展的要求。

四岁的丝丝是家里的独生女，被家人视为“掌上明珠”。丝丝在幼儿园上中班，由于长相甜美、爱动脑筋深受老师喜欢，但丝丝不是被宠坏的小公主，她性格活泼大方，几乎跟每个小朋友都能玩到一起去，所以也备受孩子们喜爱。丝丝之所以成为独生子女的“另类”，和从小爸爸妈妈注重培养她的合作精神有着很大的关系。

就拿幼儿园每年春秋两季举行的趣味运动会来说，妈妈都会带着丝丝积极报名、准备、参赛。今年的趣味运动会丝丝因为身材高挑被推荐为班级举牌，丝丝高兴坏了，每天放学都要求爸爸妈妈、爷爷奶奶跟在自己身后演练。

起初，丝丝走得很快，把后面的“队员”落得远远的，妈妈在后面提醒她说：“小美女，你走得好快，这样我们跟不上啊。”丝丝就咯咯地回头一笑，放慢脚步。

经过几天的训练，丝丝和“队员们”配合得相当好，她还通过用眼睛的余光看后面的队员，以隔开适当的距离，还主动让他们跟着自己调整好步伐，保持队形。

运动会那天，丝丝的班级由于队形整齐，被评选为“最佳阵形班级”。爸爸妈妈也准时到场，和丝丝一起参加了小推车、踩气球比赛。

丝丝还参加了班级的接力短跑、小蚂蚁搬豆豆、袋鼠摘树叶等比赛。

小推车比赛中，家长搬着孩子的腿，孩子用双手支撑在地上往前爬，孩子看其他队速度比自己的快，就铆足劲儿往前爬，后面的家长又生怕摔了孩子不敢太快，结果孩子被扯了后腿，输了比赛，哭哭啼啼怪家长“笨”。

丝丝则不同，在比赛前，妈妈就叮嘱她，一定要配合爸爸的步伐，并制定了前进的口号“一二一”，比赛时有条不紊，冠军的小奖杯就被丝丝抱在了怀里。

除此之外，妈妈还经常带丝丝参加社区趣味运动会等集体活动，在教会丝丝如何与人合作的同时，告诉她合作的重要性，学会与团队成员配合。

孩子就像一块海绵，只要你把他放到合适的学习氛围当中，再给他适当的点拨，他就会把团队合作精神很好地融入到自身品质当中，丝丝之所以会与他人合作，就是在日常生活中，他的父母善于将她纳入集体生活中，并言传身教，而这些会让孩子受益终生。此外，我们还可以通过以下游戏来培养孩子的团队合作精神。

游戏一：画小白兔

适合年龄：3～4岁

道具：白纸、彩色笔

场地：室内

参加人数：3～5个

游戏规则：

给出简单的兔子图形，让孩子跟小伙伴一起轮流依次画出兔子的脸、耳朵、眼睛、鼻子等部分，再用彩笔涂上所画部分的颜色。画完之后，让孩子与原图对照，看看画得是否像，哪里画得不好。

游戏点评：

3～4岁的孩子手眼协调能力较差，很可能把圆形画成多边形，在游戏过程中第一个孩子很可能把眼睛画得太靠下，第二个只好把鼻子画得靠下一些，这直接导致第三个、第四个孩子画胡须和嘴巴时无从下手。通过这个简单的游戏，让孩子初步懂得要考虑他人的感受，为他人着想。

TIPS: 在画之前可以给孩子们讲讲十二生肖的故事，在孩子学习知识的同时，还能在画的时候加深对兔子的理解。兔子多为白色、灰色、黑色，但不要因此不让孩子涂其他颜色，这会限制孩子的想象力。

游戏二：结伴而行

适合年龄：5～7岁、

道具：绳子

场地：户外空地

参与人数：2个以上

游戏规则：

让孩子并列站成一排，用绳子把相邻两个人的脚捆在一起，让两人或者多人同行。还可以把孩子们分成几个小组进行比赛，将每组到达目的地的时间进行计时，最先到达的为胜，最后达到的为负，让输掉的小组为大家表演节目。

游戏点评：

此游戏有一定的难度，参与的人数越多难度越大，是最具有团队合作精神的代表游戏之一，也是最能让孩子体会“共同进退”要领的游戏。

TIPS：捆绑孩子脚踝时不要绑得太紧，以防影响血液循环。为了防止孩子因为动作不协调而摔倒，家长要在比赛前详细讲解游戏的活动精髓——共进退，让他们事先练习。

交笔友：扩展孩子的交友渠道

打电话、发邮件、上QQ、发帖子、发微博……随着科技的发展，我们与人交流、交友的渠道也越来越广泛，但是很多渠道并不适合孩子。那么家长可以尝试给孩子架起一个传统的交友渠道——写信，帮孩子交一个笔友，这不但可

以锻炼孩子的写作能力、语言组织能力，让孩子了解外面的世界，还可以让他学到更多的交友方式。

当我们还是小孩子的时候，时常坐在院子里仰望晴空问自己：外面的世界是什么样子？其他地方的孩子是怎样生活的？他们和我穿一样的衣服吗？吃一样的饭菜吗？玩同样的游戏吗？他们那里下雨还是晴天？有山吗？有海吗？

我们脑子里有好多好多问题，但是爸爸妈妈太忙，没有办法回答，小人书上也不能把答案找全，于是我们想象：如果在远方有个朋友能跟我说说悄悄话该多好。

当我们有了自己的孩子时，我们不再想这些问题，但是孩子脑子里依然重复着我们当年的那些问题，他们渴望了解外面的世界，在遥远的地方有一个交心的朋友。

雯雯的妈妈小时候和大多数孩子一样有过很多笔友，每周都会收到来自五湖四海的信，也有了来自天涯海角的朋友，她说：“直到今天，这些朋友依然是我生活的一部分，那些信我至今保留着，它们是我美好童年的一部分。”

雯雯上小学二年级那年，妈妈在某教育论坛与其他妈妈探讨教育问题，说到现在的孩子不会交朋友，妈妈就想起了当年交笔友的事，于是南昌雪儿的妈妈提议让孩子们互相写信，这个提议还得到了许多妈妈的响应。

妈妈把这件事告诉雯雯后，她起初不太情愿：“我有朋友，而且我从来没写过信，怎么办啊？”

虽然雯雯嘴上这么说，但当天晚上写完作业，还是很认真的拿过妈妈给买的信纸，一手支着腮帮子思考怎么写，但思考了一阵子，雯雯皱起眉头说：“妈妈，我说什么啊？”

“先介绍自己，彼此了解一下。”

“那有什么写的，你们两个妈妈早就说过我们的情况了。”

“你可以问问她来过北京吗，对北京有什么印象啊。”妈妈启发道。

“知道了。”雯雯歪着头又磨蹭了半天，信纸上只写了两个字——雪儿，妈妈一看就急了：“写个信有那么难嘛！”

“我在构思啊，思路都被你打断了！”雯雯不高兴地瞥了妈妈一眼。

半个小时候，雯雯拿着写好的信走到客厅说：“写完了，我念给你听。”

雯雯的信写的并不长，从新中国成立六十周年，天安门举办大阅兵开头，接着写了此时香山漫山的红叶，再写了北京独特的风土人情，最后还郑重地邀请雪儿来北京做客，还请雪儿将南昌介绍给自己。

尽管有几个语句不太通顺，还有一个字不太会写，但妈妈给了最大的鼓励：“写得非常好，咱们明天就寄出去。”

一周后，雪儿的妈妈说收到了雯雯的来信，雪儿激动得不得了，将雯雯的信读了一遍又一遍，还藏起来不让爸爸妈妈看，说雯雯的信中有很多形容词，以后她也要学着用，还揪到了雯雯的一个错别字。

三天后，妈妈在信箱中拿到了雪儿的回信，雯雯迫不及待地叫着：“快给我！”

只见雯雯小心翼翼地拆开信封，认真地看起来，嘴角挂着甜甜的微笑。读完后，妈妈不禁表扬起雪儿的字写得漂亮，雯雯带着醋意说：“我也能写好，她里面还有两个错别字呢。”

第二天，雯雯很仔细地给雪儿回信，写完后照样给妈妈看，妈妈发现这一封比上一封语句顺畅了不少，还写了自己的爱好，最后关心地写道“天冷了，你要注意身体”。

如今，雯雯又交了两个不同地方的笔友，每周总有两天要写信，但雯雯乐此不疲，写完后满心期待着对方的回信，妈妈发现她的写作水平提高了不少，还越来越会关心人，对很多地方的风土人情也有所了解。

让孩子与同龄人交流，给他们一个属于自己的天地，找到属于自己交友的方法，感受朋友给自己带来的快乐，也给了家长另一种审视与欣赏孩子成长的角度。

钱钱交友实录

镜头一：

爸爸问：“儿子，你想和什么样的人交朋友？”

钱钱想想说：“会踢足球的，性格开朗的，和我一样姓王的。”

于是，爸爸到教子论坛上发了一则“替儿征友帖”：钱钱，7岁，爱好踢足球，希望交一位同龄男孩，性格开朗，姓“王”者优先。最后署上自己的联系方式。

很快，家里的电话不断响起，爸爸通过与对方父母的沟通，为钱钱甄选了一位笔友，并要到了对方的地址等资料。

镜头二：

钱钱认真地趴在书桌上给笔友写信，时不时向爸爸请教某个生字如何写，还附上了自己的一张“玉照”，后面写上了歪歪扭扭的祝福语。

镜头三：

钱钱收到对方的来信后开心地一蹦三尺高，然后津津有味地读了起来，爸爸也伸长脖子，钱钱下意识地躲躲闪闪，读完后，为满足爸爸的“偷看欲”，把信给了爸爸，然后讨论对方的字体如何，写作水平怎样，期间还伴随着如何给对方回信的争执声，最后以爸爸的“惨败”而告终。

镜头四：

爸爸一脸微笑地说：“儿子对信件格外重视，为了展现本市的风土人情专门拉上我去风景优美的地方拍照，照片洗好后，他就把自己关在屋子里做配图说明，怕写错了还预先打草稿，我从来没见他这么认真过。”

钱钱及笔友信笺节选

我属猪，但是我可不像猪一样笨，我踢球的时候可厉害了，我们小区有一大片绿地，放学后我经常和朋友一起去踢球，我可是前锋噢，你一般踢什么位置呢？改天你来我这里的话，咱俩一定要好好比试比试。我最喜欢的球星是欧文，你呢？

我们这里的天气可热了，我皮肤本来就黑，现在晒得跟黑人一样，看到照片后你不要笑话我呀。昨天我们班上体育课，我们站在大大的太阳底下都快热晕了，踢完球，我一屁股坐在操场的一块石头上，结果烫得我“哇”一声大叫，同学们都笑得前仰后合，有意思吧？

……

——节选自钱钱的信

我这里是山清水秀的农村，我踢球的地方就在村头。夏天时，我会跟着妈妈下地干活，到了傍晚，跟着哥哥去捉“消息牛”（知了的幼虫），我们先在树底下找洞，只要用手轻轻一戳，小洞就会变大，再把手伸进去，就一定能捉到它。

有的“消息牛”很勤快，早早地就出洞了，它们都喜欢往树上爬，有的在草丛里，不过我眼睛很好用，每次都能捉十几个，然后让我妈妈给全家做一盘“油炸消息牛”，这是我最爱吃的东西，非常香脆可口。如果你明年暑假能来我家做客，我就带你一起去捉，然后也尝尝美味的“消息牛”，我保证，你一定喜欢！

——节选自钱钱笔友的信

玩跳房子：在游戏中开发友情天地

只要在家门口的空地上，或者没有车的路旁，甚至家里的客厅，找一颗小石子、一支粉笔，就能画个“房子”玩上半天了。无论是单脚跳还是双脚跳，孩子们的头发随之飞舞，心情更是飞扬着喜悦与快乐。如果再加上几个小伙伴和自己一起跳，不但喜悦增倍，还开发了广阔的友情的天地。

一位父亲曾经这样回忆自己的童年时期：

我成长在一个贫瘠的山村，那里物质匮乏，尽管家里都不富裕，但我现在仍然很怀念那段岁月。每天有很多小朋友聚在一起跳皮筋、踢毽子、玩儿骑“驴”打仗、跳房子、跳绳等游戏。

尤其是跳房子，现在想起来都回味无穷，我们三五个小朋友用枯树枝在地上画出一个大房子的形状，上面还画了半弧形的屋檐，中间分成多个小格子，每个格子里面都写上“二秃”、“三丫”、

“四姑娘”等人的小名，然后每个人都单腿踢妈妈或奶奶给做的布毽子，然后向格子“家”中跳跃，谁越过了众多的方格，用脚将毽子准确地踢进自己“家”中，谁就站在自己“家”里，看别人往他们的家中踢。

假如谁踢的力气不够，踢得过猛，或者没踢准，把毽子踢到别人的格子中，就算失败一次。在跳动时，每个人还要喊着“我的家在绿草幽幽的山上”“我的家在流水潺潺的小河旁”“我的家在开满鲜花的草原上”……然后单腿踢毽子向“家”中奔去，那场面非常热闹和激动，如果有人失败了，笑声能穿越整个村庄。

玩这种游戏，男孩子怎么也玩不过女孩子，她们大都能准确而轻盈地进入自己的“家”，而男孩子动作总是显得那么笨拙。为此，男孩子经常耍赖，当女孩踢的时候，不是推一把就是拽一下，因为“犯规”又被众女孩叽叽喳喳地重罚再来一次。

每次我们都玩得满头大汗，日落西山时，总要听到家人的召唤，才依依不舍地向家中奔去，到家后，父母做了喷香的红薯和馒头，即便吃的一般也感到很满足。

如今，我依然记得儿时伙伴的模样，扎着羊角辫的二丫，口齿伶俐的四姑娘，还有那个穿得破破烂烂、脏兮兮的铁蛋……

很多70、80后父母们都玩过跳房子的游戏，这可以算得上是最廉价的游戏了，只要一根树枝或者粉笔，一块石子或者毽子就可以搞定，再加上几个小朋友，一边跳一边唱：“正月十五黑咕隆咚，树枝不动刮大风，刮得面包吃牛奶，刮得火车上天空”……这不但锻炼了身体，还在游戏中结识了很多儿时伙伴，这比书上说的那些大道理要鲜活的多。

跳房子游戏有的地方叫跳格子、踢瓦、跳方阵等，这是一项全球性的儿童游戏，在古代的罗马就遗留下了镶嵌在地面上的类似于跳房子的图案，在电影中我们也经常看到，18世纪的欧洲也有玩跳房子的。跳房子传入中国较晚一些，大约在20世纪才出现。

瑞瑞和蕊蕊是一对好邻居，由于小区孩子少，两个孩子的父母就让他们结成了“对子”，经常创造机会让两个孩子在一起玩，虽然他们一个是男孩一个是女孩，但两个小朋友很能玩到一起，从不打架。

瑞瑞的妈妈教给他一个老游戏，那就是跳房子，这是瑞瑞和蕊蕊最喜欢的游戏，每次两个孩子玩之前都要用石头剪子布来决定谁先跳，懂事的瑞瑞总是故意输给蕊蕊，看到蕊蕊赢后脸上的笑，他觉得自己特像个小男子汉。

一次，两人在楼下空地上又玩起了跳房子，此时一个两岁多的胖嘟嘟的小女孩好奇地跑过来观看，瑞瑞就大方地邀请她一起玩儿，蕊蕊不高兴地说：“她还吃手指头呢，太小了，她不会。”

瑞瑞灵机一动说：“让她做我们的小尾巴，我跳的时候让她跟着我，你跳的时候跟着你，看谁能把她带好，行吗？”

于是，吮手妹就高兴得像个小尾巴一样跟在他们后面数数，两个孩子玩得更高兴了。随着时间的推移，瑞瑞和蕊蕊的队伍不断壮大，楼下叽叽喳喳的孩子越来越多。

在这个高楼大厦越来越多，电子产品越来越盛行的年代，孩子交朋友的机会以及玩伴越来越少，父母更喜欢买一大堆玩具给他们，然后把他们关在家里，让他们对着没有生命的布娃娃、机器人自言自语，或者让他们跟电子书上怪异的声音对话，当你看到孩子如此孤单的时候，作为父母，有没有觉得孩子可怜?

所以，要想让孩子的童年过得快乐、充实，就要想方设法让他们找到能惺惺相惜的伙伴，其中在游戏中开发友情是最有效的方法之一。

一起来跳房子

参加人数：不限

适宜人群：5岁以上的幼儿

准备物品：石子或沙包、粉笔等

游戏形式：两人轮换跳、几人轮流跳、多人分组轮流跳等

游戏玩法：

第一步：在跳之前，先在地上用有色的石块或者粉笔等画出连在一起的方

格，可以是正方形、长方形，也可以是长方形与半圆形相结合的形状，还能画出飞机、汽车等比较形象的形状；

第二步：跳时可以把一个片状的石子或者用粗瓦片磨成的圆片，或者沙包，放在第一个方格的外面，跳格子的人要全神贯注，用一只脚将石子轻轻地踢进第一格内，然后单脚跳进第一个格子里，用支撑地面的脚将石子踢进第二个格子中；

第三步：依次进行下去，直到将石子踢完全部方格，如果中途体力不支，可以在规定的方格中稍作休息；

第四步：假如有人在踢的过程中出现石子压线、出格或者石块连续穿过两格、几格的现象，都算失败一次，下一轮重新开始后要从第一格跳起；

第五步：最先到达终点的，要把石子放在脚背上，轻轻走出方格，最先完成全套动作的人为胜者，负者要接受游戏前定下的惩罚。

TIPS：跳的过程中一定要让孩子注意安全，以防摔跤或者崴脚。

捉迷藏：让孩子学会换位思考

几乎每个孩子都喜欢玩捉迷藏，心理学家认为，捉迷藏可以锻炼孩子的认识能力和社交技巧，藏起来不被发现和经过寻找发现别人都能引起孩子的快感，它要求游戏参与者眼疾手快，奔跑及时，并能采用各种方法和策略防止被找和迅速找到别人，是对孩子的综合考验，能很好地开发孩子的潜能，让孩子学会换位思考。

孩子的游戏方式会随着年龄的增长而发生明显变化，因为孩子总是富有创造性使得他们的游戏与自身的发展阶段相一致。但有一种游戏贯穿了孩子整个童年时代，它从摇篮期开始不断拓展，甚至延续到青春期，并形成多种多样的形式，那就是捉迷藏。

孩子似乎从来到这世界上那一刻起就会捉迷藏，总是喜欢羞涩地把自己藏起来，快速地从一个角落跑到门后或者帘子后面，还会出人意料地从躲藏的地方跳出来并欢呼道："我在这里！"

孩子从捉迷藏的游戏中获得无限快乐，在躲藏与发现的过程中还学会了认识世界和自己，学会开动脑筋、交朋友，学会相互爱护和信任，随着慢慢长大，他们还形成了这样一种认识：原来别人眼中的世界和我的是不一样的。

嫣嫣特别喜欢捉迷藏，在幼儿园和小朋友玩，在家里和爸爸妈妈玩。周六吃过早饭后，嫣嫣乖乖地练起了小提琴，练完后很想放松一下，就央求正在看电视的爸爸："爸爸，咱们捉迷藏吧。"小美女主动邀请，爸爸也就很爽快地答应了。

首先，嫣嫣给爸爸蒙上眼睛，自己藏起来，但是藏到哪里才能不被爸爸发现呢？藏在桌子下面，爸爸一眼就能看到；藏到窗帘后面呢，自己的小"猪脚"就会露在外面；藏在被窝里，又会拱起一个小"山包"……在爸爸"藏好了吗"的催促下，嫣嫣终于找到了一个好去处——衣柜。衣柜又大又宽敞，而嫣嫣很娇小，脱掉鞋子后，一屁股就坐了进去，又用衣服和大布娃娃将自己严严实实地挡住，再关上门，爸爸根本发现不了。

只听见爸爸焦急地在各个房间走来走去，还不断地嘟哝"在哪儿呢"，结果找了好几遍都没找到，嫣嫣又听到爸爸自言自语地说："是不是又跑出去玩了呢？不找了！"

嫣嫣知道这是爸爸的"诡计"，因为她之前吃了好几次亏，这次不能上当，所以依旧屏住呼吸，听外面的动静。果不其然，爸爸又在各个房间翻找。

嫣嫣想想爸爸到处乱翻的样子就觉得可笑，忍不住"嘿嘿"笑了两声，此时爸爸突然打开了衣柜的门，吓得嫣嫣赶紧用双手捂住嘴，幸好

爸爸还是没发现她，于是气馁地关上衣柜门说：“小丫头片子，等你回来看我不收拾你！”然后像一只斗败的公鸡一样，气呼呼地坐在沙发上继续看电视。

“这个笨爸爸！”嫣嫣得意地想，然后很聪明地给爸爸提供了一条线索，在柜子里“吭吭”了两声，爸爸听到声音知道女儿并没有跑出去，又起身去找。结果在衣柜外面发现了嫣嫣的小红皮鞋，嫣嫣知道这次被抓了，“扑哧”一笑从衣服后面露出小脑袋，得意洋洋地看着爸爸。

捉迷藏时，孩子总是想尽办法躲在一个让别人找不到的地方，或者搜肠刮肚想想别人藏在了什么地方，在找与被找之间，都有一番兴奋和紧张的心理碰撞，这都能引起孩子的欢呼与尖叫。

如果孩子需要躲藏，这使得他不得不动脑筋考虑藏在哪里才能不被发现，他们就会尽量站在对方的立场上想问题：假如我藏在这里，他会发现我吗？所以，他们要揣测别人的心思，尽量藏在一个别人找不到的地方。这样的话，孩子的揣测能力就会得到很好的锻炼与提高。

当孩子即将被找到的时候，他们就会很自觉地去控制自己，从呼吸、声音、动作等方面都要尽量做到平静，否则就会露出破绽。这就是对孩子心理素质的考验，假如他紧张就很可能发出声音、呼吸急促，从而被发现。

此外，和孩子玩儿捉迷藏时，要尽量让孩子尝试不同的角色，既要让孩子当躲藏者，又让他当找寻者。

晚饭后，子昂和妈妈玩儿起了捉迷藏，首先妈妈躲起来，子昂来找。子昂找了好几次都没发现妈妈躲在哪里，当他安静下来思考时，突然听到卧室有声音，他兴奋地跑过去，可到了门口发现里面没有开灯，漆黑一片，吓得不敢进去，但是又不甘心，所以就“啊啊啊”的叫，希望引妈妈出来，可妈妈就是不出现。

没办法，子昂只好壮起胆子往里面走，走了几步找到灯的开关“啪”一下打开，但还是没发现妈妈的影子，正要转身离开时，发现卧室地面上有个人影晃了一下，子昂立即返回来，结果从书柜后面把妈妈给找了出来。

让孩子成为找寻者，他会通过蛛丝马迹来查找，不放过每个细节，甚至还会大胆去尝试，这对锻炼孩子的胆量和缜密的心思也很有益处。

在玩游戏过程中，父母更要注意的是，一定要让孩子尽量遵守游戏规则，假如孩子按照不正确的方式玩游戏，比如在没数完数时就偷眼看，要及时给他纠正，让他养成按规则办事的好习惯。为了激发孩子对捉迷藏游戏的兴趣，你可以首先藏在一个孩子容易找到的地方，再慢慢藏得隐秘一些，增加难度，这样孩子才会越玩越起劲。

假如第一次玩孩子就找不到，就很容易让他感到扫兴；如果玩了多次，总是一下把你找出来，他也会觉得没趣。

捉迷藏游戏

游戏一：指偶

适合年龄：1～2岁

参加人数：2人

游戏玩法：

（1）准备十个手指套，上面分别画着孩子平时喜欢吃的或者喜欢的动物，比如苹果、香蕉、荔枝或者狗狗、小猫、猴子、大象等。

（2）将手指套套在十个手指头上，给孩子表演。

（3）伸开手掌，让孩子看到手指上的图画，然后对孩子说：“这是你最喜欢的，仔细看哟，妈妈一会儿能给你变没了。”然后迅速将两个手指头上的指套摘掉藏起来，嘴里还念叨：“呼噜呼噜变！”然后让孩子找找刚才两个指套到哪里去了。

TIPS: 要不停地变换手指头，反复玩几次之后，也可以把指套套在孩子手指头上，让他表演给你看。

游戏二：寻宝

适合年龄：2～3岁

参加人数：3人

游戏玩法：

（1）准备一些玩具，并告知孩子游戏规则：第一，一个人藏宝，另外两个人比赛看谁先找到；第二，藏宝时，其他人不能偷看，否则就会被惩罚；第三，找到宝贝后要说出来自己是从什么地方找到的，藏宝人也要说出自己藏在了什么地方。

（2）游戏开始后，用“石头、剪刀、布”来选出谁先藏宝。如果孩子迟迟找不到，要给他一点提示，即便成人看到了宝贝也要装作看不到，最好让孩子先找到，给他成就感，提高他的积极性。

（3）孩子藏宝时，他总是藏好后又不太放心，反复藏上好几次，即便孩子藏的地方很拙劣，你一眼就能看穿，也要装作东瞅瞅西瞧瞧，走到玩具旁边也装作没看到，还不停地说：“宝贝，你把玩具藏到哪里了？好难找呀！”

TIPS: 也可以按照此玩法玩找人游戏，三个人轮流让其他人找，孩子会乐此不疲。

游戏三：猫捉老鼠

适合年龄：4～5岁

参加人数：多人

游戏玩法：

（1）邀孩子的小伙伴到家里做客，在纸上画上猫的头像，让他们通过抓阄选一个人当猫，抓到猫头像的人就是猫，其他人都是老鼠。

（2）把猫眼睛蒙起来，并且提示他不许偷看，然后喊“一二三，藏好了吗？”

（3）当其他人说“藏好了”，再喊“开始”，让猫小心翼翼迈开步子摸索前行，你要做猫的指挥，提醒他：“前面是茶几，要绕过去，后面是桌子，小心，沙发后面有一只老鼠哦……”

（4）当猫捉到一只老鼠后，就算猫赢了，被捉的人当下一轮游戏中的猫。

TIPS：为了防止孩子磕碰，要事先将房间多余的东西清理干净。

小测试

捉迷藏时，你的宝宝是怎样的表现呢？

A. 不会藏，似乎不知道游戏规则。

B. 还没等别人去藏，他自己就跑了出来。

C. 藏得很拙劣，甚至只把头藏起来，整个身子露在外面。

D. 藏得很好，但总是藏在同一个地方。

E. 藏得非常好，还总是变换藏匿地点。

游戏揭秘

A、B、C类孩子

这并非说明孩子的智力有问题，可能由于年龄比较小，还无法正确理解游戏规则。另外，太小的孩子还处于“自我中心现象”的初级阶段，在认识外界事物

和理解游戏规则上不全面，还无法站在他人立场上思考问题，随着年龄的增长，他们会逐渐理解自我与客体之间的关系。

D、E 类孩子

他已经有了一定的“去自我中心”的心理发展，你会发现孩子开始有一点“多愁善感”，他会因为别的小朋友找不到妈妈而难过，会因为看到小伙伴被爸爸训斥而害怕，当你告诉他“要像别人一样勇敢”时，他会停止哭泣，不再抵抗医生给他打针。

因此从孩子会玩捉迷藏开始，父母在教育孩子的问题上要格外注意方式和方法，积极地帮助孩子树立正确的人生观、价值观，让孩子学会自我约束和自我评价，学会换位思考。

丢沙包：消除孩子的交往恐惧

有些孩子很渴望与人交往，并希望自己能成为游戏集体中的一份子，但是往往会因为内心的恐惧而不愿意迈出第一步。有研究发现，丢沙包游戏可以提升孩子的安全感，降低孩子的认生情绪，逐渐消除交往恐惧。

丢沙包是很多人童年时期最喜欢玩的游戏之一，并且喜欢跟很多小朋友一起玩，为了躲避投手的攻击，每个人都举着胳膊、抬起腿，乱叫做一团左躲右闪，也难免会有撞人事件，而且撞得很疼，但为了“保命”，没有人去计较，相互一笑泯恩仇，然后大义凛然地救人去了。

在丢沙包游戏中你会发现，平时那些少言寡语、害羞怕事的伙伴一旦加入到游戏当中也会立即变成一个“小疯子”，和大家一起不顾形象地疯玩、狂叫。也正是这小小的沙包，给我们的童年不知道增加了多少快乐的日子。

一天，妈妈带着小妮去公园散步，听到广场上传来一阵吵闹声，还夹杂着一阵阵的惊呼和欢笑：“快快快，先砸最中间那个，不对，是那个……哈哈……砸中一个！”

这声音吸引了小妮的注意，拉着妈妈的手朝广场方向走去，看到一群和小妮年龄差不多的小朋友们在玩丢沙包，他们跑着、跳着、叫着，就像一群快乐的小鸟。

小妮远远地站在一边饶有兴致地看着他们玩儿，只见两个小男孩站在两边，手里拿着沙包，中间有三四个小女孩弓着腰，警惕地随时准备对付突然袭击而来的沙包，周围还有好多围观的大人和小孩。

一个男孩突然把手里的沙包砸向其中一个人，沙包“嗖”一下飞了出去，被砸的孩子像触电一般迅速跳起来，沙包无奈地从她脚底下滚到对面。对面的孩子以迅雷不及掩耳之势拿着沙包，立即向中间还未转过身的孩子砸去，结果对方轻轻一躲闪，沙包又落到了对面，围观的人“哇”地发出一阵惊呼。

此时，场上的气氛越来越紧张，丢沙包的两个男孩砸的速度越来越快，中间的孩子们蹦蹦跳跳、左闪右闪，累得气喘吁吁。有一个女孩看着飞过来的沙包没有躲开，而是站定后，来了个海底捞月的动作，结结实实地将沙包抓在了手里，这个漂亮的动作引来又一阵喝彩。

接着，从围观的人群中又跑上来一个女孩，加入了接沙包的队伍当中，原来只要接住一个沙包就能“救”起一个被砸下场的队友。

砸沙包的男孩很懊恼地摇摇头，便更加用力地砸过去，中间的孩子见沙包来势更凶，结果乱作一团，在两个男孩非常好的配合之下，不断有人“中弹”，最后只剩下一个扎着羊角辫的小姑娘。沙包又被扔了过来，小姑娘一个下蹲，沙包从她头顶上飞了过去，又一个沙包砸来，她两腿一撇，沙包从两腿中间穿了过去。砸了两三分钟依然没砸中小姑娘，两个小男孩咬牙切齿地加大力气、加快速度，小女孩终于在两面夹击之下，不幸“落难”。

在他们丢沙包的时候，小妮看得格外高兴，还随着人们惊呼、欢笑，相当认真，眼里也充满了想加入游戏的渴望。新一轮游戏开始后，有个孩子问大家：“还有人参加吗？”

妈妈鼓励小妮说：“你参加吧。”

小妮这个一向害羞的小淑女立马变得紧张起来，说：“我不认识他们，他们不欢迎我。”

“你怎么知道他们不欢迎呢？妈妈陪你好不好？”

妈妈拉着小妮走上前，并示意她主动询问，但妈妈过于主动的行为和话语让小妮感到了巨大的压力，变得更加胆怯：“我不敢，我不想玩了，我想回家！”

妈妈转念一想，对孩子们说：“阿姨很想和你们一起玩，欢迎吗？”

孩子们很高兴地答应了，妈妈俨然成了孩子王，还教孩子们怎么配合，怎么接包，有了一个大人参加，孩子们玩得更起劲了。

小妮看妈妈和小朋友玩得这么高兴，情不自禁地往前凑了几步，妈妈赶紧朝她招手，其他小朋友也朝小妮说：“快过来一起玩，人多才好玩呢！”

小妮这才扭扭捏捏地往中间站去，此时一个沙包飞了过来，一下仿佛惊醒梦中人，拘谨的小妮一个熊抱，居然把沙包搂在了怀里，成了一个“大功臣”。

随着时间的推移，小妮扭捏的动作不见了，取而代之的是阳光的笑脸和矫捷的身影，还跟伙伴交起了朋友，游戏结束后小妮跟妈妈说：“今天好高兴，我认识了好几个小朋友，下次妈妈还带我来吧。”

在玩沙包游戏中，孩子体验到了集体游戏的乐趣，游戏的吸引力消除了孩子与他人交往的恐惧感，增强了安全感，学会了主动与人交往，并提高了自信心。

所以，父母要多多陪孩子一起玩丢沙包游戏，除了对提高孩子的主动交往能力有很大的好处之外，还能强健孩子的肌肉，锻炼孩子的耐力和平衡力，提高他的反应能力，培养团队精神和集体荣誉感。

沙包玩法

玩法一：

在地上画出长方形或者正方形的格子，也可以用地上的水泥格划分，一般有两个格子，如果人数过多，就可以增加格子。将参加游戏人员分成两队，一队站在格子外，一队站在格子内。游戏开始后，格子外的人向格子内的人打沙包，被击中者出局，如果格内的人接住沙包，就可以让被击中罚下场的战友上场。按照这个规则，直到格内的人全部出局。

需要注意的是，格内人在躲沙包的过程中不能踩格子线或者出格，否则同样被罚下场。

玩法二：

将游戏者分成两队，一队横列站在中间，一队选出两名代表站在两端。游戏开始后，两端的孩子将沙包丢向中间的一队，丢中了谁，谁就被罚下场；丢不中，另一端的孩子接着丢，中间的孩子必须不断地转身、跳动、躲闪，面向持包人，如果能接住沙包，就可以“救活”一个被罚下场的队友。

丢包者要讲求速度，速度越快，躲避者往往会自乱阵脚，也很容易躲闪不及，更不容易将沙包接住。不要往躲避者怀里丢，这样很容易被接住，最好以大腿为目标，以不被对方接住为原则。

玩法三：

沙包的数量不同就有不同的玩法，比如三颗沙包可以这样玩：把三颗沙包在桌子上丢开，拿出其中一颗往上丢，在第一颗没有落地之前再赶紧抓第二颗，然后将第一颗和第二颗同时接住，再同时向上丢，趁着前两颗尚未落下再抓住第三颗；三颗再同时接住，同时往上丢，趁三颗未落地前，将手转到背面，使得三颗沙包同时落到手背上，然后再往上丢；如果三颗沙包同时落到手心，游戏成功，期间有任何一个沙包落地都算失败。

玩法四：

不分拨，也可以说是一人算一拨，先由两个人上场，在中间画一道线，孩子分别站在两边，一个孩子先夹，用两个脚尖夹住沙包的一角，然后跳起猛甩，沙包必须过中线，离线越远越好，另一个孩子也做同类动作，直到其中一个没有过

线为输，然后换人。

夹沙包也需要技巧，关键在甩的动作上，一般的高手能甩出几十米开外，对手就只能望洋兴叹了。

TIPS：为了保护孩子，应该提前为他们制定游戏规则，比如规定击中肩膀或者腰部以下才算得分，如果故意砸对方的头部算失去一分，投掷者要“牺牲”换人。

教你做沙包

准备材料：碎布、剪刀、针线、陈米等

具体步骤：

（1）把花花绿绿的碎布剪成六块大概5～10厘米的正方形；

（2）用针线把其中的四块布一个接着一个地缝在一起，缝成长方形，然后将长方形的两个短边再缝在一块，就成了一个四方形的筒；

（3）把剩余的两个布块当做筒的上下两个盖儿缝上，要注意布的四边对齐，然后缝在一起，缝到只留下一道口子时，还可以把包翻个个儿，外面不露线迹，这样做出的沙包才会漂亮、工整；

（4）留一个小口子往沙包里装上陈米、麦麸等，装完后将沙包缝好。一个漂亮、实用、环保的沙包就做好了。

TIPS：妈妈可以根据孩子的喜好来决定沙包的大小，还有比较简单的，就是用布直接缝成一个袋子装上东西即可。另外，沙包的填充物要以细沙、大米等比较轻便，不是很坚硬、沉重的东西为主，千万不要填充具有杀伤力的较大的豆类或者石子，以免伤到孩子。

chapter 4 探索学习篇

——边玩边学，疯玩也能长知识

拆闹钟：刺激孩子的求知欲

很多孩子喜欢把闹钟、玩具等拆开，看看里面到底是什么，车子为什么会动，闹钟为什么会滴滴答答响，这些“破坏狂”其实正沉浸在自己喜欢的事物中，并正在努力去思考、求知，并通过双手去寻找答案。

为什么全世界的孩子都喜欢拆闹钟？世界上又不存在一个“魔鬼”来教唆孩子去拆闹钟，全世界的孩子也没有开了个大会，统一规定在各自家中拆闹钟，那么为什么不管是黑皮肤、黄皮肤还是白皮肤的孩子都爱上拆闹钟这项工作呢？

因为小小的闹钟给了孩子无穷的幻想，面对神奇的闹钟，孩子脑袋里充满了太多的问号：它为什么要滴滴答答地走个不停？为什么它会在爸爸妈妈规定的时间按时响起？带着这些问号，他们总是想立即打开这小小的闹钟探寻其中的奥秘，打开之后东捅一下，西碰一下，直到闹钟完全“残废”。

面对孩子如此举动，看着散落一地的闹钟“残骸”，爸爸非常生气，立即在孩子屁股上打上一巴掌，妈妈则在一旁不停地唠叨：“我前两天刚买的闹钟，好几十元呢！你拆坏了，我和爸爸用什么呢？怎么这么不听话……”

在中国曾经有研究人员做过这样一项有趣的调查，问一些孩子的父母：如果你发现孩子拆装闹钟，你怎么办？结果显示，有40%的父母表示会严厉训斥或者警告孩子，有48%的父母表示出不耐烦、不屑回答或者用敷衍的方式对待。

由此可见，起码有88%的父母无法正确对待孩子的好奇心与求知欲。这也是为什么在日常生活中经常看到越来越多的“深沉”儿童，课堂上幼小的孩子都是一脸的严肃，倒背手、挺直腰、一条线……孩子一字一句、一丝不苟地背诵一篇篇枯燥的课文……在家中，孩子又是埋头写作业，一遍遍地练字、练琴……

轩轩很小的时候就对一切事物感到好奇，他看到电视机动画片里的小人动呀动的，就很想把电视机拆开看看小人是不是就住在里面；他听到电话那边传来姥姥的声音，就特想把电话拆开，看看姥姥是怎么钻进去的；玩电动汽车，他就非常想把小汽车拆开，看看它为什么能在地上开动……

但是，轩轩天生胆子比较小，他害怕拆开后被妈妈批评一顿，所以电视机、电话、电动汽车等他只停留在把玩阶段，尽管妈妈表扬他乖，但他心里却总是痒痒的。

轩轩到了六岁，渐渐知道了电视机、电话等到底是怎么回事，妈妈为了让他养成遵守时间的好习惯，专门为了他买了一个可爱的闹钟，轩轩高兴坏了，但是他的问题又来了：这个东西是怎么回事？为什么妈妈只要拨弄一下，到了起床的时间它就会那么吵？

这天，机会来了，妈妈让轩轩一个人在家里玩，自己到楼下超市买点东西，轩轩看着滴滴答答的闹钟“忍无可忍”，情不自禁地拿过来，自我安慰式地想：等我拆开看看，我就按照原来的样子装回去，这样妈妈就不会发现了，一定不会的。

于是，他开始动手仔细地拆掉一个个小零件，并且努力记住零件的位置，然后看看闹钟为什么会响，然而他却看不到里面那些小小的齿轮状的东西到底是怎么回事。眼看妈妈就要回来了，轩轩只好急忙按照印象努力组装，但是怎么也想不起来，急得轩轩满头大汗，拆了装，装了拆，依然没摆弄好，最后只好把零件胡乱装起来，盖上外壳，并暗暗祈祷：希望妈妈不会发现。但他没注意到，闹钟已经停止走动，没有了滴滴答答声。

晚上，妈妈照旧来给轩轩上闹钟，结果发现了轩轩的秘密，轩轩害怕坏了，低着头一声不吭，等待着暴风骤雨的到来。

没想到，妈妈并没有责备他，而是温柔地说："别怕，你知道闹钟是怎么组装起来的吗？"

"不知道。"轩轩一脸羞愧地说。

妈妈拿过闹钟说："没关系，妈妈教给你，首先让我们看看这个结构图，你看，这是装螺丝的小孔，这些线又是什么呢……"

在妈妈的耐心帮助下，轩轩仔细摆弄着这些零件，并按照结构图居然把闹钟装好了，闹钟又像以前那样不紧不慢地走了起来。

重要的是，在组装的过程中，妈妈还告诉了轩轩闹钟的工作原理，轩轩这才知道闹钟是怎么工作的。从此，轩轩对自己信心倍增，特别喜欢发明一些小东西，他十岁时发明的弹簧木偶还获得了学校的创造发明奖二等奖。

在领奖台上，主持人问："轩轩，你得奖后最想感谢谁？"轩轩说："妈妈，如果妈妈不给我动手和思考的机会，我就不会站在这里。"

妈妈听后，激动得眼中充满泪光。

孩子原本是活泼可爱的，有着属于自己的童真世界，而这个世界往往被家长所忽略，看不到那里的美好，甚至无情地抹杀孩子对于世界的探知欲。

我国著名的儿童教育家陈鹤琴说："小孩爱搞破坏，失去的只是可估量的价值，而得到的却是小孩一生受之不尽的无穷财富——思考、创造和智慧。"

所以，轩轩的妈妈不同于其他父母，在看到孩子拆东西时，选择的不是呵斥，而是运用恰当的方法教会孩子去探索，鼓励孩子去求知，结果，轩轩开启了一个美好童年，在妈妈的指引下走向了探求的大道。

让孩子从"破坏"中找答案

面对孩子的"破坏"行为，父母一定要抱有宽容的心态，破坏的过程其实也是一个学习的过程。切忌严厉地批评孩子，也千万不能用"以后不许再拆了，否则我就打你屁股"等这样威胁的口吻警告孩子。因为父母的批评与威胁很可能扼杀孩子可贵的求知欲与探索精神。

如果父母看到孩子将闹钟或者其他东西拆了，应该积极参与到孩子的活动当中，问孩子：“闹钟里面是什么呢？为什么里面的指针会动呢？”并且引导和帮助孩子一起寻找其中的答案，然后想方设法与孩子一起把拆开的闹钟按照原样组装好。如此这般，孩子才能在“破坏——探究——重建”中得到心理满足。

TIPS： 父母在鼓励孩子的“破坏”行为之余，还要有意识地创造条件，引导孩子思考。在日常生活中，父母要多提出一些问题，让他们去想、去猜，例如主动拿来闹钟问孩子“闹钟为什么会响？”皮球一拍就会跳很高，可以问孩子“为什么它能跳这么高？如果把气放掉，它还能跳这么高吗？”等。提出问题后，父母还要及时带领孩子从“破坏”中寻找答案。

这样对付小小“破坏狂”

“破坏狂”是这样养成的

孩子六七个月大的时候，开始对因果关系感兴趣，最为常见的做法就是喜欢玩汤匙，当他手里有汤匙时，总是敲一敲、咬一下，接着就会将汤匙扔到地上，你给他捡起来，他又扔掉。孩子这样的举动并非故意惹你生气，而是在探究问题。

孩子到了一岁时，对事情的来龙去脉已经有了一定的理解，例如懂得小汽车上了发条才能走；电灯需要打开开关才能亮等。

孩子两岁后，就可以从结果来自己倒推原因了，而这种能力恰恰是通过一次又一次的学习积累而得的。他们通常会自己动手探究事物的原因何在，比如闹钟为什么会响，玩具汽车为什么会动等，并对这些事物一再尝试，扔、敲、掰、摔……把家里弄得一团糟，把好好的玩具弄成了废品。此时，父母不要着急生气，对于孩子而言，这是他们最佳的学习方法。

父母对策

你可以为孩子准备一些不容易弄坏的东西，充分满足孩子的探究欲望，也可以设计一些游戏活动，比如准备一些大大小小、软硬不同、颜色各异的球，让孩子有目标、尽情地捏、扔，还能很好地锻炼孩子的控制与协调能力。

TIPS: 孩子一再反复的破坏行为，对父母的耐心是一大考验，但你一定要明白，假如为了维持一丝不乱的环境或者怕破费钱财而阻止或者训斥孩子，就会浇灭孩子对事物的探究欲，这种做法得不偿失。

父母应该让孩子自由而且安全地发现、探索与学习，只要保持环境的清洁与安全，混乱一点，破费点钱财又何妨？

做小实验：增强孩子的思考力

孩子天生对这个世界充满了好奇，喜欢学习新鲜事物，从他们出生那一刻起每时每刻都在思考，世界为什么会是这个样子？他们就像一个小小探索者，喜欢用观察与实验来了解这个神奇的世界，来满足他们的好奇感，而您的家，就是他们的实验室，就是增强他们思考力的天堂。

与孩子贴近的生活教育不仅为孩子获得能真正理解和内化的科学知识、经验提供了可能与前提，而且只有孩子真正体验到学习内容对自己与自己相关人的重大意义，通过自己的思考可以了解与改变身边的事物，他才能积极主动地学习和探究，才能发现和感受世界的神奇，体验和领悟真正的科学其实就在身边，才能保持持久的好奇心与探究欲。而做到这一点，需要所有父母的引导与带领。

一天晚上，爸爸又给妮妮讲了一遍她很熟悉的《神奇校车》中的“腐烂小分队”的故事，妮妮这小家伙对此真是百听不厌，隔一段时间就把书找出来让爸爸给自己讲。

这次爸爸无意中发现，书的最后还附有一个小实验，妮妮对此很感兴趣地说：“爸爸，我们能不能做做这个实验呢？”

这个实验非常简单，就是将几种东西放到泥土里，看哪种东西腐烂的速度最快，既然孩子有兴趣，爸爸也全力支持，但他告诉妮妮：“实验材料得由你准备。”妮妮二话不说就答应了。

爸爸心里暗自得意，素日妮妮衣来伸手饭来张口，上幼儿园前，书包都得妈妈准备好，这次要按照书上准备这么多材料，估计她会有些焦头烂额。可是爸爸下班回来一看，妮妮除了曲别针，其他的东西都准备好了，从鞋柜里找出了妈妈闲置的鞋盒，从冰箱里拿出昨天买的葡萄粒，还到花园里摘了几片树叶，用餐巾纸充当书上要求的纸张，还有爸爸书房里废弃的圆珠笔。

吃过晚饭后，妮妮迫不及待地拿出鞋盒，让爸爸和自己到院子里铲土，亲手把准备好的东西埋起来。

爸爸一边铲土，一边引导妮妮思考：“你觉得这些东西会腐烂吗？”

妮妮想了想说：“我觉得树叶和葡萄会先腐烂，餐巾纸也会腐烂，但是圆珠笔和曲别针我就不知道了。”

爸爸又说：“现在我们没有曲别针，但是你可以找找和曲别针差不多材质的东西来替代呀。”

妮妮放下手里的小铲子，一拍脑袋瓜，一溜烟儿地跑回屋子，不到两分钟又跑了出来，手里拿着一根细细的铁丝朝爸爸晃了晃说：“爸爸，这个可以吗？”

爸爸点点头表示赞同。细心的妮妮将铁丝盘成一个圆圈，也埋到了土里。爸爸说：“埋它们的深度要一致。”

妮妮疑惑不解地问：“为什么？”

爸爸说：“因为深度不同，腐烂的程度也不同，这就像你们前几天组织的短跑比赛，大家都要站在同一个起点上。万一它们腐烂时间不一样，咱们怎么知道是因为埋的深浅不同，还是其他原因造成的呢？”

妮妮说：“嗯，对，我明白了。”

埋好后，爸爸说：“我们就等结果吧。”接着，又提醒妮妮：“埋在土里有五种东西，如果过一段时间我们忘记了埋的顺序怎么办呢？”

妮妮恍然大悟：“是啊，要不咱们给它们做个记号吧，按照刚才的顺序，每个都插上一个小旗，旗子上写上它们的名字。”

但是在制作小棒的过程中，妮妮突然停下手说：“爸爸，我刚才想了想，这样太麻烦，我有个好办法，我画张图，把它们的顺序画下来不就行了吗？”

爸爸惊讶地说：“妮妮真聪明，爸爸怎么没想到？”

妮妮不好意思地笑了笑，认真地画起图，为了防止将左右顺序搞错，妮妮还分别在鞋盒和图纸上做了标记，最后在鞋盒上写下埋东西的日期，接下来要做的就是几天后再挖开观察了。

没想到，妮妮做实验还做上了瘾，之后总是央求爸爸和她一起做其他的小实验，在实验过程中，妮妮就像一个小科学家，得到实验结果后，妮妮更是欣喜若狂，重要的是，她对科学与身边事物有了更深的了解。

实验能让孩子触摸看似深不可测的科学，是有利于孩子手脑并用的有趣活动，能够扩大孩子的眼界，培养孩子对科学的兴趣，以及孩子的观察力和思维能力。而且这些小实验在家中就可以完成，因为它很简单，不需要精密、专业的仪器，日常用品、自然物、废弃材料、玩具等都是很好的实验用具。如果父母能够积极鼓励和引导，孩子就能开启智慧之门，走入科学的殿堂。

父母可以跟孩子一起收集、准备实验用具及材料，比如放大镜、磁铁等。小实验灵活性很强，随时都可以让孩子来做，与孩子一起收集，并为孩子提供一个专门的“实验箱”，会充分调动他的积极性。

帮孩子选择做的实验要简单，例如把鸡蛋放到醋精中一天，看看鸡蛋会发生什么变化？这个实验操作简单，又能培养孩子观察和实践的能力。同时，父母可以做启发式的提问，加强孩子对事物的认识，引导他进行深入思考，例如问他，为什么放到醋里鸡蛋会发生变化？如果将鸡蛋放到水里也会这样吗？

实验结束后，父母还可以鼓励孩子把自己观察到的讲述给别人听，以丰富孩子的词汇和培养孩子的语言表达能力，而且还能从孩子的表达中了解他的思维过程和解决问题的方式，提高孩子的科学素养。

尤其要注意的是，孩子对实验结果非常期待，对每一步出乎意料的表示都会让他们感到惊喜，他们的身心就会因此而投入其中，使得他们极大地丰富了情感，为童年的幸福增添了一抹绚丽的色彩。

小实验荟萃

实验一：橡皮鸡蛋

把一个煮熟的鸡蛋放入干净的容器中，再倒进去足够的白醋，隔几天将白醋换一次，把鸡蛋一直泡到外壳完全融化掉为止，大概需要七天以上的时间。

外壳化掉后，把鸡蛋从白醋中拿出来弄干，一个有着十足弹性的橡皮鸡蛋就出炉了。但不要从太高的地方把鸡蛋扔下去，这样鸡蛋依然会碎掉。

同理，还可以用新鲜的，没有煮过的鸡骨头来做这个实验，一周后骨头就会变得可以任意扭曲，甚至还能像绳子一样打结。

实验二：蟋蟀温度计

在炎热的夏季的傍晚，带上一个计时器，和孩子一起到户外聆听蟋蟀的叫声，让孩子数一下十五秒中蟋蟀叫了多少下，再加上四十，得出的数字与当时的华氏温度差不多。

实验三：火柴放大镜

在夏日日光当头的正午，拿一个放大镜，把放大镜放在强太阳光下，移动放大镜到地面的距离，直到地上出现一个亮的光斑，让孩子找一张纸，揉搓弄皱后，再将纸放在光斑处，过几分钟纸就会被点着。

TIPS：一定要注意用火安全，最好选择没有其他可燃物的空地做此实验。

实验四：小火山

将一个漏斗插入干燥的小塑料瓶口，再往里面加入一到两勺苏打水，苏打水越新鲜越好，把瓶子放在厨房的下水道口上或者浴缸里，再缓缓加入一杯白醋。此时，白醋和苏打水会发生化学反应，其表现就是产生很多泡沫，泡沫会迅速漫过瓶口，瓶子越大，需要的苏打水和白醋就要越多。

与此同时，再加入几滴食用色素就可以看到一座色彩斑斓的“小火山”。要想让火山喷发得再激烈一些，在放醋之前还可以加入几滴洗洁精。

TIPS：最好让孩子带上防护眼镜，以免他由于好奇过于接近“火山”，尤其是在加入了洗洁精之后。

实验五：奇妙的芹菜叶脉

在罐中装满水，滴入几滴食用色素，将刚切下来的芹菜连茎带叶都放入水中，然后泡上几个小时。之后，你会发现芹菜的整个叶脉会变成与水一样的颜色。另外，用刚切下来的白色康乃馨也可以做此实验，当然康乃馨也是越新鲜效果越明显。

实验六：神奇潜水员

在一个干净透明的玻璃瓶中装满苏打水或者碳素墨水，然后放入几粒葡萄干，孩子就会看到一个能在水中呼吸的潜水员了。

玩拼图：开发孩子智力

拼图游戏是广受欢迎的一种智力游戏，由于变化多端、难度不一，让人百玩不厌。很多个性化的拼图，孩子拼凑的不仅仅是一张张图片，而是一个美丽的故事，一段难忘的回忆，一丝爱的温情，每一个图片都有属于自己的位置，放对了图片就会丰富起来，放错了就无法完整。适合孩子的拼图游戏，不仅能教给孩子有关各种事物的知识，还能让孩子在其过程中开发智力。

拼图是一种古老的游戏，相传是从欧美传入我国，据说早在公元1762年，英国学校为了帮助孩子认识世界地图，准确而迅速地掌握地理方位，就把地图分割成很多不规则的小块，让孩子通过拼组来识别正确的地图，从而学习地理知识，结果这种方法非常适用，并由此广为流传，成为欧美各国流行的教育性玩具。

此外，拼图设计简单，价格便宜，玩法方便，要想让孩子在一定的时间内，将一些杂乱无章、毫无头绪的图片拼装成固定的、一块也不能错的美丽图画，确实需要具备敏锐的观察力、一定的耐心和各方面的思考才能完成。而这整个过程中，对孩子手、眼、脑和情感的发育有很大的帮助。因此，有人把拼图比喻成补脑的维生素。

在芮芮不到两岁的时候，姥姥就打电话给妈妈，让她给孩子买一幅中国地图的拼图，并一再叮嘱妈妈，拼图既能锻炼手，又能锻炼脑，一定要孩子去拼，这对以后学地理有很大好处。

妈妈嘴上答应着，可心里犯嘀咕："芮芮还是个小迷糊，中国地图对他来说很复杂，他能拼出来吗？"

但是母命难违，妈妈还是买了中国地图的拼图，可转念一想，让孩子将这小小的省份挥洒自如地拼凑在一起，那得需要一个过程，哪能一蹴而就，搞不好芮芮会有挫败感。在商场转了转，妈妈发现拼图的种类有很多，还分成各个年龄段的，根据商家的介绍和芮芮的年龄，妈妈又选择了一个海绵宝宝的拼图，只有几块，图片卡通可爱、精美，于是妈妈打算先让芮芮拼他一直喜欢的海绵宝宝，从基础开始，让他知道什么是拼图，并爱上拼图。

当芮芮知道妈妈给自己买了个海绵宝宝时非常高兴，但是打开一看傻了眼，海绵宝宝的眼睛、鼻子等都是分开的，不是他以前见过的。

此时，妈妈递上海绵宝宝的图片跟芮芮说："这个海绵宝宝被拆开了，多可怜啊，不过芮芮可以根据这个图片把它组装起来，那么它就会完整了。"

"太好了，我一定会把它装好！"芮芮好像接到一个重大任务一样，信心满满地说。

说完，妈妈就去厨房做饭，不到二十分钟的时间，就听见芮芮大叫："妈妈，快看，我的海绵宝宝好了！"

晚上睡觉时，芮芮高兴地把组装好的海绵宝宝放在了小书桌上，缠着妈妈说："还有这样的图吗？我还想拼。"

妈妈只好将中国地图拿了出来，结果芮芮一看就傻了眼："这是什么？我不认识，好像爸爸的书房上挂着这些一块块的东西，一点也不好看。"

妈妈知道这对于一个不到两岁的孩子来说实在太难，起码到三岁他才知道怎么拼，于是收起拼图说："今天你先好好睡觉，妈妈明天再给你买喜羊羊去好不好？"

芮芮高高兴兴地睡下了。

第二天妈妈下班后就首先去买了一盒动物拼图，一共有八幅，适合两岁左右的儿童玩，芮芮拿到拼图后简直废寝忘食，安安静静地坐在地毯上拼起来，还一个劲儿地嘟哝着：“这个是大象的鼻子，应该放在这里，这是大象的尾巴，可是不对呀，嗯，要放这里才对……”

就这样，芮芮有时候一拼就是一两个小时，八幅图不到两周的时间就都拼好了。后来，随着芮芮年龄的增长和拼图功力的增加，妈妈就相应地增加难度，结果不到三岁，芮芮就拼出了一幅完整的中国地图，还能准确地指出各个地方的名称，所在位置及其邻居是哪个。现在的芮芮，正在努力地拼着一幅世界地图。

选拼图注意事项

事项一：切勿只在乎片数

在选择拼图时要难易交替，并不是片数越多孩子就越觉得有趣，轻松且容易拼的拼图可以给孩子带来成就感，稍微难一些的拼图可以培养孩子的耐心和观察力、思考力。

事项二：注意图案的种类

拼图的难易程度除了片数之外，种类也很重要，一般来说，卡通、线条色块分明的拼图比较好拼，单色或者色彩渐次，不易分类或区分的就比较困难。

事项三：别高估孩子的能力

有的父母见孩子拼的速度快又好，就认为孩子聪明，能力强，于是选择跳了好几级的拼图给孩子，孩子很可能因为难度大无法完成而产生挫败感，甚至很久不愿意再玩拼图，尽管适度的挫折会提高孩子的受挫能力，但是过大却会让孩子失去信心与兴趣，因此家长一定要循序渐进，不要揠苗助长。

事项四：让孩子自己思考

有些父母在孩子玩拼图时，见孩子迟迟拼不出，就在一边指手画脚“这个应该放在这里，那个不能放在那里”，这样就无法让孩子发觉一些拼图技巧，也不利于激发他们的思考能力，而且孩子还会为此感到厌烦，所以父母此时要做的就是等待。

TIPS：选择拼图是重中之重，拼图的图案、片数等看似简单的事情，如果不注意，会严重影响孩子玩的兴致。

不同年龄段拼图

拼图难易程度不一，要根据孩子的年龄进行相应的选择，不同的年龄进行拼图游戏也有不同的方法。

0～1岁：看图案

这个年龄段的孩子身体发育尚不成熟，活动空间有限，比较适合给他看一些色彩鲜艳、线条清晰、比较大的图案，这可以为发展孩子的视觉图像认识做好充分的准备。

1～2岁：拼装玩具

这个年龄段的孩子对事物的认识和对图像的认知能力大大提高，父母可以给孩子买一些立体且可以拼装的玩具，帮孩子初步建立“整体—局部—整体”的概念，同时还能促进手部小肌肉的运动与发展。

2～3岁：四片拼图

一般而言，两岁孩子的“正式”拼图游戏开始了，建议父母让孩子先从最简单的4片拼图玩起，在选择拼图时要选择好图案、线条大而清晰，颜色鲜艳的图片。

拼图年龄参照表

年龄	拼图块数
3岁	5～8块
4岁	9～17块
5岁	18～35块
6岁	35～50块

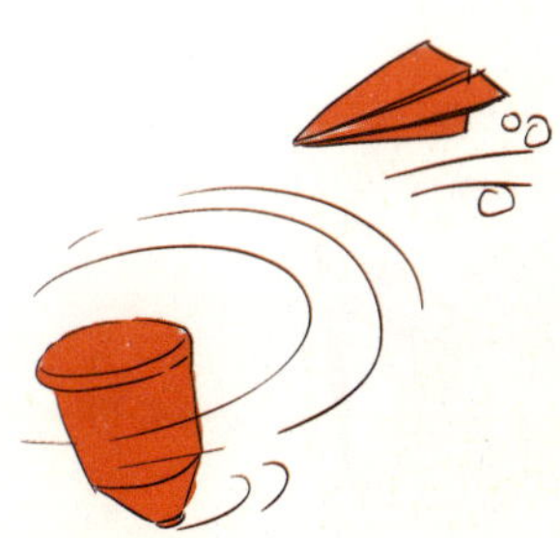

做孩子的拼图老师

第一步：给孩子做示范，引起孩子的拼图兴趣

父母要先拼出几幅比较形象生动，色彩艳丽的拼图让孩子来观赏，这样孩子就会产生兴趣，希望自己亲自来拼。

第二步：做讲解，让孩子模仿

孩子产生兴趣后要趁热打铁，用边示范边讲解的办法拼图形，然后让孩子模仿，掌握图形的拼凑方法。

第三步：孩子自己动手，父母引导

当孩子有了拼图的经验时，要让孩子在这个基础之上教他学会看图纸拼图，培养孩子仔细观察和积极思考的能力。首先，让孩子认识图片上事物的名称并启发孩子观察其结构和组成部分、形状特点等；其次，引导孩子按照事物的不同结构按顺序拼图。比如，图纸拼兔子，要让孩子说出兔子的名称，指导孩子仔细看看兔子有耳朵、嘴巴、鼻子等部分组成，并让孩子说出各个部分的形状，比如兔子的耳朵是长长的，然后引导孩子从分割图中，把这几个部分分别找出来，按照兔子的身体结构拼凑在一起。

第四步：尊重孩子的意愿，鼓励孩子创新

在孩子基本掌握了拼图的技巧并能够熟练操作的情况下，就可以让孩子按照自己的意愿去拼图，鼓励孩子对图片进行大胆的重新组合，组成新的图像。

TIPS：孩子起初玩拼图时，大都不想看着图样拼，并有很多随意与尝试性的动作，因此父母在教孩子时，可以用不同的颜色标示物体的各个组成部分。由于孩子尚不会观察，也不会分析与综合，只是通过感官来感知，只知道画面上有什么，鲜艳的颜色会给他留下比较深刻的印象。随着时间的推移，孩子才能学会通过有目的地观察图像，并在观察中比较、分析与综合，按照图像的组成部分来拼。

猜谜语：让孩子学得更多

猜谜语也是一项很好玩，又能让孩子学到更多知识的游戏，在猜谜语中有一下猜中的畅快淋漓，有恍然大悟后的一声叹息，也有百思不得其解的意味深长……此外，猜谜语还能给孩子打开一扇灵感之门，让他体会汉字的魅力，增加他分析、概括、推理、判断的能力。

从前有个大财主被人戏称为“笑面虎”，此人嫌贫爱富、横行乡里，当地老百姓都对他恨之入骨。村里有个穷秀才，非常想替大家出口恶气，整治一下这个蛮横的恶霸，但是他又手无缚鸡之力，怎么办？百思之中，他心生一计。

这天，人们都在纷纷忙着扎花灯迎元宵节，秀才也扎了一个。到了元宵节晚上，秀才举着他的花灯来到“笑面虎”家门口，并大声吆喝，让大家来看他的花灯。不一会儿的工夫就吸引了很多前来围观的群众，“笑面虎”也好奇地挤到灯前，只见这个花灯又大又亮，灯上还题诗一首：头尖身细白如银，论秤没有半毫分，眼睛长到屁股上，光认衣裳不认人。

“笑面虎”看罢暴跳如雷，指着秀才的鼻子骂道：“好你个穷秀才，敢在大庭广众之下侮辱本老爷！我让你吃不了兜着走！”

秀才连忙弯身作揖道：“岂敢！岂敢！我怎么骂您了呢？”

“笑面虎”脸儿都气绿了，说：“你灯上写的诗不是骂我骂谁？”

秀才一听哈哈大笑，说：“老爷您多虑了，天下人都喜欢捡钱，哪有喜欢捡骂的呢？这四句诗分明是一个谜语，谜底就是做针线活的‘针’啊。”

“笑面虎”稍加思索，果真如此，尽管他知道秀才明摆着是在骂

他，也无计可施，只好作罢，灰溜溜地转身回家关上门。围观的群众哈哈大笑，秀才就这样用自己的聪明才智为百姓出了一口气。

也正是从这件事之后，当地人纷纷在灯笼上题上谜语让大家互相猜，从此元宵节猜灯谜成了很多地方的习俗，并沿袭至今，人们也从中体会到了过节的快乐。

谜语大都是以儿歌或者简单的诗句出现，朗朗上口，描述事物的语言形象生动，符合孩子的思维特点，能极大地满足孩子的好奇心与成就感。所以，父母可以利用这个随机的，不需要任何道具和场地，随时随地能与孩子玩的猜谜游戏，使得孩子从中获取更多的知识。

那么，如何让孩子猜谜语呢？俞渝的爸爸妈妈有妙招。

在俞渝四五岁的时候，爸爸妈妈就有意识地在他面前互相猜谜玩儿，并给俞渝一些猜谜方法的暗示。这天吃过晚饭后，妈妈一边织毛衣一边出谜语让爸爸猜：“麻屋子，红帐子，里面住个白胖子。”

爸爸故意猜错说：“红皮萝卜！”

妈妈笑笑说：“不对，红皮萝卜的皮是红色的，里面是白色的，但是它没有麻屋子啊。”

爸爸思索了一下又猜道：“白果！”

“还是不对，白果虽然有麻屋子，里面的仁儿也像白白的胖子，但是它的外皮白白光光的，根本不像红帐子，所以不是白果，再猜！”妈妈分析道。

“俞渝，爸爸实在猜不出来了，不然你帮爸爸想想，什么东西外面有着不光滑的外壳，里面包裹着一层红色的皮，还有白白的仁儿？”爸爸转身问正在玩变形金刚的俞渝。

“嗯？我不知道呢？”俞渝想了想说。

“是不是瓜子呢？”爸爸问俞渝。

“好像不是，瓜子没有一层红色的皮。”俞渝放下变形金刚，还特

意到茶几底下拿出一袋瓜子，磕开一个看了看。

“会不会是花生？”爸爸又问。

“嗯？花生外面的壳有好多坑，麻麻的，里面呢，是一层红色的皮，把皮剥开就是白白的花生仁儿，应该就是花生，妈妈，是不是花生？”俞渝分析完毕后，煞有介事地等待着妈妈揭开谜底。

“对，还是俞渝聪明啊！”妈妈放下手中的活，摸摸俞渝的头赞许道。

“真的？哈哈，妈妈，你再让我们猜一个！”俞渝很感兴趣地趴在妈妈的腿上说。

也就是从这天起，吃过晚饭猜两个谜语成了俞渝一家必做的事情，现在俞渝还能出谜题给爸爸妈妈了。

通过有趣的猜谜语游戏，让孩子知道如何分析理解谜底，找出完全符合谜面的东西之后，就能猜出来。

你要注意的是，刚开始让孩子猜谜语时，谜底一定要是他非常熟悉的东西或者现象，首先引导孩子去观察，然后再打谜语让孩子去猜，比如吃西瓜之前，让孩子先观察：西瓜的皮是绿色的，切开之后，里面会溢出很多水，瓤是红色的，还有黑色的西瓜子。然后让孩子猜谜语：身穿绿衣裳，肚里水汪汪，生的儿子多，个个黑脸膛。

这样孩子就很容易猜到谜底，成功激发孩子对猜谜语的积极性、兴趣、信心，此后可以再告诉他，猜谜语其实并不简单，只有肯动脑筋才能猜出谜底，如果想猜得快，就要仔细听清楚谜面的每句话甚至每个字，然后看看这句话描述的东西符合什么东西或者现象的特征，当每一句都符合这个东西的特征时，才能得出准确谜底。父母要通过反复、多次的讲解，让孩子慢慢理解谜语的特点，掌握猜谜的方法。

开心猜谜语

游戏一：猜水果

适合年龄：2～3岁

游戏用品：水果、水果成长卡片

游戏开始：

（1）先出简单的谜语让孩子来猜："什么东西弯弯像只小船，皮儿黄黄，肉儿软软，挤在一起像个小山？"孩子想了想回答道："香蕉！"妈妈一边夸孩子聪明，一边奖励给孩子一个香蕉，然后拿出一张香蕉树的卡片给孩子看，让他知道香蕉是长在什么地方，如何生长的。

（2）让孩子给你出谜语："你来出谜语，看看我能不能猜到？"孩子歪着小脑袋，想了想说："圆圆的，红红的皮，吃起来甜甜的，里面还有种子。"及时给孩子鼓掌加油："真棒，我们宝宝也会出谜语了！是苹果吗？""是的，妈妈喜欢吃吗？""喜欢啊，知道苹果是怎么长出来的吗？"然后妈妈给孩子讲讲苹果的来历。

（3）你再给孩子出谜语：“什么东西圆圆的，身上长满了毛，好吃但是不好玩，就像个小猴头。”孩子答道：“猕猴桃。”这样孩子不仅能准确猜出谜底，还能通过父母的启发展开丰富的想象力，编出很多谜语故事。

游戏二：踩气球

适合年龄：3～4岁

游戏用品：气球、纸、笔

游戏开始：

（1）将纸裁成纸条，与孩子一起在纸条上写上不同的谜语，然后将纸条放在气球中，将气球吹起来，看着满屋子五颜六色的气球，孩子会高兴得手舞足蹈；

（2）让孩子抓到一个气球，然后把气球踩破，拿出纸条，让孩子猜上面的谜语；

（3）孩子再抓一个气球，让爸爸妈妈猜上面的谜语，猜不出就要表演节目；

（4）用以上方法，将所有气球踩破，踩出所有的谜语，游戏结束，谁猜到的谜语最多，最准确，要给予奖励，当然，这个奖励要想方设法让孩子拿到，增加他的兴趣与成就感。

游戏三：摸到什么了？

适合年龄：4～6岁

游戏用品：纸箱子、水果或者玩具

游戏开始：

（1）邀请几个小朋友到家里做客，让小朋友参加猜谜比赛，在纸箱子中放进去平时吃的水果或者孩子喜欢玩的玩具，让孩子们来摸，并猜出是什么；

（2）让孩子们自愿举手上来摸，将手放到箱子里，摸到东西后不能拿出来，不能让其他人看到，要描述出东西的形状、特征等，让其他人猜，看看谁先猜到；

（3）有人猜到后，就把这个东西拿出来，放到一边，然后再选一个人上来摸，让剩下的人来猜；

（4）让孩子们轮流摸，轮流猜，更能体会到游戏的乐趣。

游戏四：传谜语

适合年龄：7岁及以上

游戏用品：纸、笔

游戏开始：

（1）孩子们凑在一起不知道玩什么，你可以提议猜谜语，让他们在纸上分别写上让大家猜的谜语，然后叠起来；

（2）所有人围成一个圈坐好，说一声“开始”，然后拿起一个纸条，让第一个孩子依次传下去，然后你背过身去喊“停”，看看纸条正好在谁的手中，让他打开纸条，猜上面的谜语，猜得出就继续从他开始拿另外一个纸条往下传，猜不出的话，就惩罚表演节目；

（3）依次传下去，直到将所有的谜语都猜完为止。

猜谜语注意事项

★选择合适的谜语

谜语的难度要适合孩子的年龄特点，不能过难或者过简单，难度太大，孩子迟迟猜不出，难度太小，孩子总是一下子猜出来，这都会打消孩子的积极性，让他们感觉很扫兴。

★适度给孩子提醒

刚开始猜谜语的时候，孩子无论多大都不太适应这种思维方式，父母要鼓励孩子积极思考，让孩子耐心分析，如果孩子实在想不出来，也不要急于告诉他答案，更不能批评他“笨”，要给他正确的引导，让他自己说出谜底。

★鼓励孩子自己编谜语

孩子在成功猜出比较简单的谜语，并且熟悉了谜语的格式之后，可以指导孩子根据事物或者现象的特征、用途等来自己编谜语让别人猜，这能很好地磨炼孩子的思维，得到父母的赞誉后，他们还会对此充满了自豪感。

参加夏令营：在玩和学习中度过快乐假期

每年的暑假，学校里的“小马驹”们纷纷脱缰，各种夏令营活动也纷至沓来——学习型、游乐型、拓展型，甚至还有家长图省事儿的托管型……但无论是何种类型，夏令营成了孩子们暑期最大的主题活动。

夏令营起源于美国，1861年的夏天，一位叫肯恩的老师率领孩子们进行了为期两周的帆船、钓鱼、登山等户外活动，来均衡孩子的身心，并广受欢迎。此后，“肯恩营队”每年的八月份就在一座森林的湖畔举行，持续了长达12年之久。通过多年经验的积累，肯恩营队总结出了这样的结论：夏令营是一个非常特殊的环境，通过一群训练有素、专业热忱和细心耐心的工作人员，精心构架出能够培养孩子各种潜能的相关课程，让孩子在自然中学会关心别人，在克服困难中找到自信，在团队竞赛中学会与人合作，在学习过程中累积能力，在玩与学习中让孩子度过一个快乐的假期。

周舟是某培训学校的老师，在他的日记中记载了某年夏天他组织参加的一次夏令营活动：

8月2日 星期六 晴

筹备多日的夏令营终于迎来了它的又一批可爱的新成员，报到很顺利，在一小时内，五十名孩子在家长的陪同下全部到齐。

上午，我们邀请的“全国英语大赛优秀辅导教师”方老师给孩子们做了《如何学好英语》的讲座，方老师讲话幽默、易懂，孩子们也听得津津有味，并对此次夏令营充满了期待！

下午，英国外教本恩老师给孩子们上课，他是一个幽默风趣的小伙子，生动有趣的口语练习与小游戏使得孩子们乐在其中，只用了一个下午的时间，孩子们不但学到了很多日常用语，而且还认识了新的伙伴。

晚上，孩子们都愉快地睡去，我忙了一天，此时才感到有些累，但也很充实，这是一个好的开始。

8月3日 星期日 晴转阴

随着一声哨响，孩子们叽叽喳喳地起床、穿衣、洗漱、吃饭，另一位来自美国的金发美女莎莉老师给孩子上第二次英语课，她来中国已经三年了，中国话说得非常地道。

莎莉一出现在课堂上，孩子们就围着她说个不停，还玩起了“你说我猜”的游戏，从最简单的单词开始，到长一点的句子，孩子们在游戏中不知不觉学会了知识，他们玩得也很开心。

下午安排的是观看英文卡通电影，孩子们看得哈哈大笑，还跟着电影上的角色重复着他们说的英语，这一天也顺利度过了。

8月4日 星期一 晴

今天上午是本恩老师安排的写作课，他首先出了几个场景题目，然后让孩子们写出自己想去的地方和在这些地方希望做的事。在孩子们写的过程中，本恩老师在一边不停地给大家做指导，结果每个孩子都交给了令老师满意的答卷。

下午的行程是去森林公园，在辅导员的指导下，孩子们开始参观游览，公园之大，活动又多，孩子们渐渐露出了疲惫之色，晚饭后大家纷纷休息去了。各组的辅导员仔细巡视完每个房间，看孩子们安然入睡后才离开，而我直到午夜12点才得以休息，累并快乐着。

8月5日 星期二 多云间晴

今天是夏令营的第四天，上午是莎莉老师的口语课，她和孩子们一起做了“蜘蛛侠”和“吊小人”等游戏，这些游戏涉及数学、体育、生活常识等内容，同学们边玩儿边学，非常开心，而且几天的时间里，他们和新伙伴在做游戏的过程中配合得相当默契。

下午照旧是英文电影欣赏。今晚是夏令营的最后一晚，明天下午孩子们就要离开了，所以几个带班的老师一直与孩子们玩到很晚才睡下。

希望孩子们做一个美梦。

8月6日 星期三 晴

今天是英语夏令营的最后一天，上午是本恩老师的写作课，他出的题目是《我的夏令营》，要求孩子们写写对这次夏令营活动的感受，或许这个题目对于孩子们来说难度有些大，因为他们的词汇量还不够多，但他们还是很认真地写了起来。

中午，我们一起在操场的草坪上集体合影留念，摄影老师把前几天照的照片洗了出来分给大家，孩子们拿着自己的照片与伙伴互换当做留念。

尽管我们的夏令营只有五天的时间，但孩子们之间建立了深厚的友谊，看着一张张可爱的脸，我非常不舍。下午，我们请了两名手语老师教他们表演《北京欢迎你》，大家一边唱一边打着手语，好认真。

下午三点，孩子们的家长都已经到达，当家长和孩子们坐上即将离去的汽车时，辅导员们列队向孩子们挥手道别，结果老师们和小家伙们的眼睛都给弄得红红的。

回到营地，突然感到好安静，大家都默不作声，一位生活老师说："我依然感觉孩子们还在里面睡觉。"结果就是这句话，惹得几位女老师眼泪汪汪，我的心里也酸酸的。

几天的朝夕相处，我们与孩子建立了深厚的感情，他们有的调皮，有的乖巧，每个孩子的样子都在我眼前一一浮现，现在突然分开了，怎能不难过呢？

就在早晨，六岁的博凯拉着我的手问："老师，咱们下午去哪里玩儿啊？"八岁的端浩用乞求的语气说："老师，能不能将夏令营延长到一周？"

其实，孩子们不知道，老师也不舍，我们是多么喜欢他们。所以，不要忘了彼此的约定，明年再见吧！

从这位周老师的日记中我们可以看出，虽然夏令营只有短短的几天，但是孩子们不像以往在学校那样盼望着下课，盼望着放学，他们不仅学会了知识，而且放松了身心，并希望多多参加这种“寓教于乐”的活动，这无论对于孩子的成长还是学习都有很大的好处。相比那些暑假被爸爸妈妈关在家里做习题，做暑假作业，送去上各种辅导班的孩子而言，参加夏令营的孩子会更加快乐、幸福，而他们学到的东西也非常之多，何乐而不为?

为孩子挑选夏令营

暑假眼看就要到了，报纸、电视、网络、杂志、电台等媒体纷纷宣传各种机构组织的夏令营活动，面对市场上种类繁多、鱼龙混杂的夏令营活动，家长们怎样才能挑选到既经济实惠又对孩子有意义的夏令营呢?

看主办单位的实力和背景

要选择有品牌、口碑好、经验丰富的机构。夏令营的组织范围、影响等都较大，说明其权威性就越大、组织规范、专业性强。最好选择那些由专业的教育研究机构策划进行教育活动安排的夏令营，避免选择由旅行社自行推出的常规“观光型”夏令营。

除此之外，主办单位是否有过举办夏令营的经验也很重要，优秀的夏令营一般都会有两年及以上的组织经验。

看收费

家长不要单纯用价格来作为选择标准，最贵的不一定是最好的，一定要认真分析夏令营是否物有所值，在选择前要先问清楚所交的费用包括的款项。夏令营有几百元到上千元不等，主要是看其内容是否丰富，是否对孩子有学习及教育意义，孩子能否在此活动中全方位地体验到主题所倡导的各项有意义的活动。

看师资

比较好的夏令营一般有着一定数量的文化课老师、生活辅导员、拓展教练等，并且均受过专业训练，经过了严格的选拔。这些老师对孩子的言传身教有着很大的影响，老师的素质决定了夏令营的价值，一般而言，不超过20名孩子就要配备一名辅导员。

看夏令营的内容及形式

如今的夏令营多种多样，不同的夏令营会给孩子带来不同的暑假生活。比如海外夏令营可以带领孩子体会不同国家的文化与生活，主题夏令营可以强化孩子某一方面的特长与兴趣，综合夏令营则可以全面地补充传统教育上的不足，培养孩子的独立意识、提高孩子的综合素质，并在轻松愉快的环境中引导孩子的身心向健康积极的方向发展。

然而要注意的是，孩子的精力是有限的，怎样让假期投资得到效益的最大化，家长要考虑想让孩子获得怎样的收获，比如想加强孩子的英语学习可以选择英语夏令营，然后再有方向、有目的地选择适合的夏令营。

看夏令营的硬件

例如住宿条件、娱乐设施、交通工具、教学健身场所等，都要符合一定的标准。

看安全问题

大多数孩子都喜欢参加户外举办的夏令营，因此安全成了很多家长关心的问题，那么拥有完全的安全机制的夏令营应该成为首选。一套齐全、合理、符合孩子身心发展的夏令营守则，才能有效地约束孩子的各种行为，使得孩子养成良好的生活与学习的习惯，杜绝安全事件的发生。假如不幸出现安全问题，是否有专业的医护人员和急救措施、医务室等也是关键。

此外，还要看主办方是否给孩子办理参加夏令营的意外保险，营地的食物、饮用水是否干净清洁，营养是否均衡等都要了解清楚。

看后续服务

好的夏令营活动不仅是让孩子在短短的几天观光体验后就结束了，还要能够提供大量的售后服务。孩子参加夏令营的体验只是帮助他们开启追求理想的大门，培养良好的学习和生活习惯的开端，更多的是需要家长在此后的时间里不断地提醒和促进孩子持续坚持下去。所以，好的夏令营活动要包含丰富的售后服务项目。

TIPS： 无论选择何种夏令营，家长都要以孩子为中心，根据孩子的具体情况选择不同类型的夏令营。例如6～10岁的孩子对家长依赖性较强，喜欢参加集体活动，其判断力不足，需要充足的活动安排，所以这一年龄段的孩子可以选择增长见识、开阔眼界的夏令营；10～15岁的孩子学习能力比较强，需要他人的关注与认同，可以选择体能、素质教育、理想教育等的夏令营。

在考虑夏令营的时间上也要掌握这样一个原则：年龄越小，选择夏令营的时间就要越短。一般而言，7～8岁的孩子适合选择低于8天的夏令营，而9～11岁的孩子可以选择7～10天的，依此类推，但即便是14～16岁的大孩子，也不宜选择时间超过15天的过长的夏令营，尤其是对于第一次参加夏令营活动的孩子。

另外，家长还可以针对孩子的个人所长、爱好、特点等选择专题夏令营，比如书法、舞蹈、音乐等专题夏令营。

去动物园：丰富孩子的知识

动物园之行对于很多成年人来说或许没有多大意义，充其量是看看新鲜和图好玩儿，但对于孩子来说，不仅是他们童年中幸福与快乐的源泉，还可以丰富孩子的知识。

孩子天生喜欢动物，他们最初认识动物或者是通过家里的狗和猫，或者书本上那些长相奇特而可爱的猴子、大象、熊猫等，但这些都无法给孩子一个全面、直观的认识。而动物园可以弥补这些不足，因此动物园也是孩子最喜欢的地方。

六一儿童节这天，四岁的伦伦在爸爸妈妈的陪伴下第一次来到动物园，门口有很多五颜六色的大气球，广场上还有好多漂亮的鸽子在觅食，一边吃一边还“咕咕”地叫个不停，还有很多小朋友被爸爸妈妈牵着手在售票处排队买票，到处充满了节日的气氛。伦伦高兴坏了，因为他来到了自己朝思暮想的动物园。

在动物园中，伦伦看到了许许多多之前只在书上见过的动物，例如狐狸、斑马、狮子、骆驼、鸵鸟等，伦伦还给一只出生不久的小鹿喂了一根胡萝卜。看到大象时，伦伦异常兴奋，平时他最喜欢大象了，大象有个很长很长的鼻子，而且还能把食物送进嘴里，还能吸水、喷水！

在猴山上，伦伦看到了顽皮的猴子，它们一点也不怕人，还主动过来跟伦伦打招呼，伦伦小心翼翼地将一只香蕉给了离自己最近的猴子。

在猛兽区，伦伦看到了凶猛的狮子、老虎、狼、大猩猩，吓得伦伦又跳又叫，搞得游人将伦伦当成稀奇动物一般围观。

在水族馆，各种各样漂亮的鱼吸引了伦伦的眼球，他感觉自己的眼睛都不够用了，可爱的金鱼摇动尾巴，它们穿的衣服五颜六色，简直漂亮极了，伦伦从未见过这么多的鱼。

不知不觉四个小时过去了，游人纷纷离开，天也渐渐黑了下来，伦伦只好跟着爸爸妈妈依依不舍地离开了动物园。

孩子总是对动物充满好奇心，他们喜欢安安静静地看动物世界，喜欢问有关动物的问题，喜欢听别人讲关于动物的故事，喜欢看动物动画片。所以，动物园是他们最喜欢的地方，那里是欢乐的海洋，那里有游人的欢笑，动物的表演，孩子快乐的嬉戏，各种动物还能让孩子开阔眼界，学到不少知识，因此，家长要多利用周末与假期时间带孩子去动物园感受欢乐。

当孩子看到千奇百怪的真实动物时，他们脑子里会冒出各种想法和问题，如果父母能够耐心为孩子解答，孩子就能了解很多动物知识，而这也是孩子学习的途径之一。

你会发现，孩子在观看动物时会不停地问问题，家长不能嫌烦。为防一问三不知，在陪孩子逛动物园之前，最好先通过各种渠道了解一下常见动物的常识，例如长颈鹿为何脖子长，老虎为什么额头有个“王”字，猴子为什么能上蹿下跳等。

凝凝来到动物园后，孔雀首先引起了她的极大兴趣，她好奇地问爸爸：“爸爸，我在书上看到孔雀的尾巴很漂亮啊，为什么这只孔雀尾巴光秃秃的呢？”

爸爸笑笑回答说：“孔雀的尾巴不是每时每刻都张开的，只有到了春暖花开的时候，雄孔雀看到了自己喜欢的雌孔雀，为了向她表达爱慕之情，雄孔雀就会打开漂亮的尾巴，而雌孔雀就是根据谁的尾巴最漂亮而选择自己的新郎的。”

“啊？孔雀也要结婚吗？”凝凝张大嘴巴，惊讶地说。

“是呀，只有这样才能生出孔雀宝宝啊。”

“那孔雀宝宝是怎么生出来的呢？”凝凝打破沙锅问到底。

“雌孔雀会生下蛋，孔雀宝宝就在蛋里，然后孔雀妈妈会把孔雀宝宝孵出来。”爸爸耐心地继续回答。

“那孔雀妈妈是怎么孵蛋的？”

“就像鸡妈妈孵小鸡一样啊。”

“鸡妈妈是怎么孵小鸡的呢？”

……

平时话不多的凝凝成了一个小话唠，总有问不完的问题。不一会儿，她又开始大喊：“快看，有两只孔雀的尾巴张开了呢，好漂亮！咦，那只孔雀怎么不开屏呀？”

“因为那只可能是只雌孔雀，只有雄孔雀才开屏。”

“孔雀吃什么呢？喜欢吃冰激凌吗？”

“孔雀爱吃大米、小米和虫子。”

说道，爸爸就从饲养员那里买了一袋小米，凝凝用力向网内撒去，孔雀们争相过来抢食吃，凝凝乐得合不拢嘴。

孩子就是如此，看到他们没见过的东西，碰到他们不懂的问题，他们就会寻根究底，他们可以从小狗是怎么生出来的，到小树为什么不能生小狗，到太阳是不是也能生小狗问个不停。所以，父母带孩子逛动物园不仅仅是走马灯似地让孩子看动物，而是带着重大任务去的，就是让孩子多了解动物常识，丰富孩子的知识，加深孩子对动物的了解。所以，玩中蕴藏学习，才是孩子最容易接受和最能在短时间内学会的方式。

一起逛动物园

出发前。在去动物园之前，可以先给孩子看一些动物画册，让他熟悉动物的名称，观察画册上的长颈鹿、梅花鹿、大熊猫等长的什么样子。这样孩子就会在头脑中自然而然地产生对这些动物的幻想，这对培养孩子的想象力非常有帮助。

在动物园。要积极帮助孩子认识各种动物，向孩子讲解动物的习性，各个身体部位的作用等。

离开后。让孩子将在动物园中的见闻讲给爷爷奶奶等他人听，一方面可以加深孩子的印象，另一方面也可以很好地锻炼孩子的记忆力及表达能力。

逛动物园注意事项

★父母要全程陪同，如果遇到狮虎山、熊山这样的游览区，一定要注意安全，不要让孩子靠得太近。

★年龄太小的孩子正处于发育阶段，所以尽量带他在绿荫下小憩或者散步，很多禽类动物有着细小的绒毛，很容易引起孩子上呼吸道过敏或者疾病。

★不能让孩子随意投食动物，尽管有些动物是杂食性，但很多游客看似好心的投食，其实可能会伤害它们，很容易引起动物疾病，甚至会致命。

★有些孩子在看到睡觉或者懒洋洋不愿动弹的动物时，喜欢兴奋地大叫或者拍打丝网、玻璃，这其实很危险，因为很多动物喜欢夜间活动，白天休息。这样做会打扰它们正常生活，扰乱它们的固有习性，要多提醒孩子，让孩子换个角度想问题，比如跟他说：如果你在睡觉，有人打扰你，你会不会也不高兴呢？也会很生气呢？

★如果孩子问家长问题，家长也搞不太懂，千万不要敷衍了事或者顺嘴胡诌，很多动物的笼舍上面都有介绍动物习性的牌子，家长可以参照，如果孩子特别喜欢某种动物，此后还可以给孩子买书或者光盘。

★在很多动物园中，还有一个小小动物饲喂区，家长可以带孩子喂小动物，如果自己带的蔬菜、水果，切记不要腐烂变质的。

★有些肉食动物会当场进食，而孩子的胆量都比较小，承受不了残忍的场面，为了防止给孩子带来心理上的阴影，父母最好想方设法让孩子避开。

TIPS：尽管带孩子逛动物园其乐无穷，但是父母不能放松警惕，尤其是孩子的安全问题，不要让孩子太靠近笼子，尤其是孩子在逗弄动物时，父母要格外注意。此外，要让孩子遵守动物园的规则，以防孩子做出不文明行为。

参观博物馆：提高孩子的文化素养

了解一个人就要了解他的过去，而了解一个地方、一段历史就要从博物馆开始，一座博物馆就是一部物化的发展史，人们通过与文物和历史的对话，穿过时空的阻隔，可以俯瞰历史的风风雨雨。带孩子去参观博物馆，可以让孩子很好地了解历史，触摸时间的纹理，感受人类的伟大，领悟生活的美好，还能提高孩子的文化素养，丰富他们的内涵。

博物馆里储藏着很多活知识，有着很多奇妙的东西等待孩子进入这个宝库。利用博物馆资源对孩子进行教育，接受历史与艺术的熏陶，对于培养气质、审美观和综合素质有着别的方式无法替代的巨大作用，比孩子上兴趣班和特长班要强很多。

咚咚刚上幼儿园时，妈妈就经常带他去博物馆，这个星期天，妈妈又带他来到了故宫和天坛。咚咚对古色古香的建筑很有兴趣，不停地问妈妈："妈妈，这里的房子好大呀，是什么盖的呢？为什么不盖成楼房？"

为了满足咚咚的好奇心，妈妈又带他来到了古代建筑博物馆，他们一路参观，妈妈一路给咚咚讲解："天坛的祈年殿三重檐和金丝楠木大柱，故宫角楼9梁18柱72条脊，鲁班发明锯子盖宫殿，李春建造赵州桥……"咚咚似懂非懂地认真听着，还不停地追问："还有吗？好伟大啊！"

博物馆对于孩子而言，不仅仅是一个民族文化补习的地方，它还是人们休闲的主要场所之一，因为里面有着难得的静谧和幽雅的氛围，假如你带孩子去博物馆，你可以得到完全的放松，通过参观博物馆，还能给孩子讲解与品读历史。

但是，有些家长发现这样一个问题，孩子仿佛只对那些动物标本感兴趣，对其他的东西一点感觉也没有，甚至连看都懒得看一眼。还有些家长认为，博物馆是给大人们参观的，孩子们根本看不懂，只不过是瞎耽误工夫罢了。

其实，主要原因是因为家长没有具体了解博物馆的功能，也没有给孩子正确的引导，结果不但浪费了自己的时间，还浪费了宝贵的历史资源与给孩子良好教育的机会。

很多家长把逛博物馆当成逛公园，非常随意，而这两个地方有着巨大的差别。逛公园是为了欣赏自然与人文景观，放松身心，玩儿才是主要目的。所以，你可以与孩子尽情戏耍、欢呼，玩得淋漓尽致。但博物馆有着深厚的文化底蕴，在参观之前应该给孩子对某一领域的知识做一个浅显的普及，这样能扩大孩子的视野，不至于让孩子进入博物馆后对里面的东西一无所知。对此，多多的爸爸就做得非常好。

为了培养多多广泛的爱好与兴趣，在多多还不会走路的时候，爸爸就经常带她去各种博物馆。多多四岁时最喜欢去自然博物馆，爸爸就收集了很多与动植物有关的材料，还仔细地分成不同的专题，每次参观前让多多熟悉最简单的常识，在参观中爸爸就充当多多的讲解员。

虽然市里的自然博物馆多多已经去了无数次，但每次她都会有新的体验，学到新的知识，所以依然百看不厌。如今，七岁的多多进入博物馆还能给爸爸做讲解，就像一个小生物专家。在学校，她还给同学们讲起了恐龙灭绝、猿猴进化的知识，讲得栩栩如生、头头是道，赢得了老师和同学的很多夸奖。

除此之外，爸爸还特意带多多来到有着浓厚文化底蕴的北京，这是个让孩子增长知识、打开眼界的好地方，也是个博物馆集中的地方，这

里汇集了上下五千年的中华瑰宝。

在之前，多多就读过了很多方面的书籍，但大都是抽象又无法证实的，所以多多没有很深的印象，到了北京，这个欠缺得到弥补了。

在军事博物馆，多多看到了很多军事文物，参观了老一辈革命家的光辉事迹展览，从古代五花八门的冷兵器到现代的导弹、大炮等都一一认识，虽然多多是个女孩，但骨子里也喜欢军事，有了一般小女孩没有的硬朗气质。

在国家博物馆，多多又了解和加深了对中国各朝代大事和著名人物的了解。北京自然博物馆当然是多多最喜欢的地方，在这里多多对自然的了解更进一步，让她收获颇丰，感到自然的世界是无穷尽的，需要她不断地努力学习与探索。

接着，多多又参观了故宫、北京天文台、十三陵等，收获真是多，简直让多多流连忘返。

时间一晃就过去了，尽管多多的小脑袋不能记住所有东西，但是这成了多多最为骄傲与难忘的回忆，这对她来说受益匪浅。

当然，不是所有孩子都像多多一样天生与博物馆有着不解之缘，大多数孩子对此并无兴趣，所以激发孩子对博物馆产生兴趣非常重要。父母可以告诉孩子那里有什么好玩儿的东西，给他讲一些妙趣横生的历史故事，以及博物馆的文化乐事等。

有些家长带孩子去博物馆后只是一味地灌输知识，回来还要求孩子原原本本地复述，这种只重视结果，不看重过程的做法会让孩子感到压力大、紧张，其实参观博物馆对孩子而言是一个文化启蒙的过程，目的是培养孩子的好奇心与兴趣及文化素养，而不是学到多少知识。

一些博物馆还为孩子开辟了动手区域，大多数孩子很喜欢这里，希望亲自动手尝试，此时父母应该主动让孩子去做，不要凡事包办，不管孩子操作的是否准确得当，能否成功，只要孩子肯动手动脑，对孩子来说都是有益的，都需要家长的全力支持。

充充爸爸的秘笈

带孩子去博物馆的好处很多，但怎样才能让孩子对博物馆产生兴趣呢？到了博物馆又如何带孩子参观？对此，充充爸爸有着自己的“独家秘笈”。

秘笈一：勾引法

在带孩子去博物馆前既不能说得太直白，也不能敷衍，要在对话中用诱惑性的语言来刺激孩子的兴趣，让他有想了解的冲动。

寒假期间，爸爸就和充充商量去博物馆参观，但这个提议就遭到了充充的反对：“我不想去，那里没有滑梯，小朋友也少，一点意思也没有！”

爸爸并没有急着批评充充，也没有给他讲道理，阐述去博物馆的好处，而是说：“行，你决定。”

但是，爸爸并不是放弃了，而是为了不激起孩子的逆反心理。

午饭后，充充在看动画片，爸爸说：“把声音关小一些，别吵醒别人睡觉。”

“可是这是白天，谁睡觉呀？”充充奇怪地问。

“你不知道了吧，现在美国小朋友那里是晚上，他们在睡觉呀。”

“真的？这是怎么回事呢？”充充立即对动画片失去了兴趣，跑到爸爸身边好奇地问道。

“我小时候去过天文博物馆，才知道地球是圆的，它会转，到了这个时候太阳照到我们这边，照不到美国，所以那边是黑天。”

“那我也想去天文博物馆。”

“那里可是没有滑梯和变形金刚噢！”

“我不要，我就是想去看看。”充充坚定地说。

接着，爸爸和充充一起准备第二天去博物馆的书包，还给他讲了很多天文馆里面的东西，再次勾起充充的兴趣，就这样充充第一次走进了天文知识的世界。

秘笈二：追随法

在去地质博物馆时，那里有卖各种首饰和玩具的，充充到了之后完全忘记了此行的目的，只一味地把玩各种好玩的东西。

爸爸提醒说：“人太多了，等人少了咱们再来买吧。”

虽然充充答应了，但在参观时显然心不在焉，时不时朝小卖部的方向看去，

爸爸提醒说："这个叫陨石，这是天上的小星星，比你刚才看到的小卖部的东西漂亮多了呢。人不能一心二用，如果你想回去看看，你就去吧。"

充充得到允诺后，跑了出去但很快回来了说："人还是很多，有三个小朋友在吵架，我懒得理他们。"

见充充情绪平复下来，父子俩继续参观，在爸爸讲解地形、地震、溶洞等形成的过程时，充充显然很认真地在听。

秘笈三：套牢法

从博物馆回来后，回忆一下孩子在参观过程中特别关注什么，对什么感兴趣，此后要做出正确的引导，效果会更好。

从天文馆回来的晚上，爸爸就有意识地拿起了一本《天空和地球》的书刊，充充很快发现爸爸没有看他"钦点"的《米老鼠》，于是问："爸爸，你看的什么呀？"

爸爸就如实回答，这引起了充充的注意："爸爸，这书里有关于星星落到地球上的故事吗？"

"有啊，还有关于你在天文馆看到的火山的故事。"

"真的呀？那你能不能不要给我讲米老鼠了，我想听这本书上的故事。"充充央求道。

就这样，每天讲一篇关于地球的故事成了充充睡前的必修课。

TIPS：除了让博物馆教育孩子外，还要懂得让孩子体会其中的文化氛围，在参观前讲给孩子一些规矩，让孩子懂得，在博物馆什么行为是允许的，什么是不允许的，以及违反规定后会得到什么惩罚。但在参观过程中，不必非阻止孩子讲话，只要不是大吵大闹，就应当与孩子及时互动、讨论。

另外，家长一定要选择适合孩子年龄的博物馆，比如幼儿园小班的孩子适合去儿童博物馆，孩子再大一点，可以去美术馆、自然博物馆等，此后还可以去历史、地理等更加抽象的博物馆。

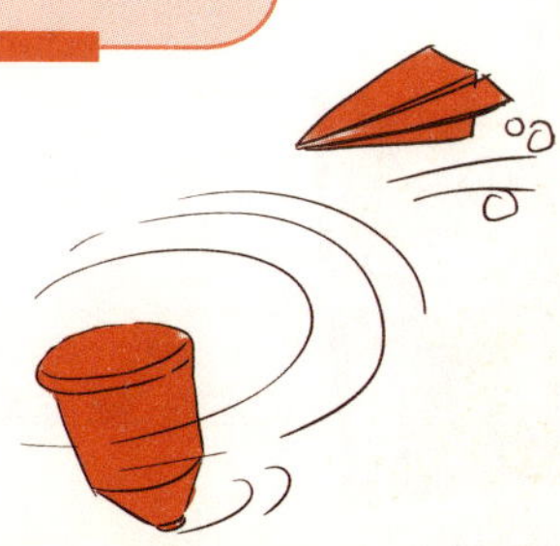

去科技馆：激发孩子对科技的狂热

科技馆就像一个变幻莫测的科幻世界，会飞的碗、音乐屋、穿墙而过、太阳能温泉、机器人跳舞等都能给孩子带来极大的乐趣和兴趣，培养他们对科技的热爱，从而使得孩子具备科技创新意识与能力，生动有趣的科技展品展示给了孩子一个更加神秘的世界，让他们在玩中增长更多的知识才能。

一天，凸凸所在的幼儿园组织去科技馆参观，妈妈本以为就是转转看看，增长一些科学知识，孩子也未必看得懂，就跟着一起去了，却不想科技馆原来那么好玩！

科技馆一共有两层，供孩子玩的项目非常多。凸凸一进门就被门口的大马吸引了，还有自己把自己拉上去的椅子，接着有一个水池，里面有着漂亮的金鱼……凸凸就像刘姥姥进了大观园，左瞧瞧右看看，既好奇又新鲜，孩子们也是热情高涨，就像一群快乐的小鸟。

机器人世界、快乐沙滩、模拟车、4D影院、神秘小屋……最后孩子们被中间最大的儿童乐园给吸引住了。由于孩子们都太小，要求家长陪同，结果凸凸妈妈还没换好鞋子，凸凸就跑没影了，追过去一看，他正在爬洞上台阶的过桥滑梯。

妈妈怕危险，只好一路叫一路追赶，累得腰差点直不起来，最后在海洋球池子中才逮住凸凸。凸凸接着在海洋球池投篮，并在那里逗留了很久，怎么劝也不走。

好不容易从儿童乐园里出来，凸凸又到了快乐沙滩，在那里他可以玩沙子，沙子比较细，凸凸对沙滩上房子里的小工具产生了兴趣，玩了一会儿后，静电球的表演开始了，凸凸这才从小房子里走出来。

关于静电球的表演，凸凸回家跟爸爸是这样描述的："那个姐姐的

头发都竖起来了，姐姐吓得都快哭了。”

中午后，凸凸和妈妈才玩到二楼，二楼还有很多好玩的东西，比如两只对着坐的大青蛙，需要孩子们通力合作把一只大球放回原处的“滚球”等，但学校规定的时间到了，妈妈只好带着凸凸意犹未尽地离开了，并带着无限向往期待下一次再来。

科技馆听上去好像是一个非常枯燥乏味的地方，但是只要你去一次就会发现，带着孩子来参观的人非常多，很多家长跟孩子一样玩得起劲，还索性亲自上阵琢磨所玩的项目到底是怎么回事。

有位妈妈说：“这些东西非常少见，通过亲身体验，我自己都对这些东西的理解更深了，对日常生活的常见现象更了解了。”而很多孩子也表示，能亲自动手，亲身体验是一件相当好玩的事情。

在某科技馆的三楼展厅，几个孩子围着“荷花开了”的展品感受声控技术的神奇，其中有个孩子都来了三次，他说：“这个荷花和我们家楼道里的灯是一样的，一跺脚或者喊一声灯就会亮，好神奇啊！”

本来中间有一面镜子隔开，但被隔开的两个孩子却能在同一边看到两个脸；一般情况下，我们的眼睛是看不到声波的，但通过一个设备，你就能轻松捉到它；一个盒子中放着一个金币，你看得见却怎么也抓不到……这就是现代的科技馆，充满了无限的智慧与科技的奥秘，大大激发了孩子的好奇心。尽管看上去很费解，但只要你帮孩子解释一下一旁的说明，他聪明的小脑袋瓜里很多疑问就会迎刃而解。

在馆中，孩子通过动手与体验就可以了解奇妙的科学现象，让孩子对科学产生浓厚的兴趣，这种寓教于乐的方式非常受孩子欢迎。

培养孩子的科学探索精神

科技馆是集科学性、知识性、趣味性于一身的教育场所，反映科学原理及技术应用，其主要教育形式就是展览教育，它通过科普知识的宣传，培养人们的科学思想，用科学看待事物的方法和探索科学的精神。

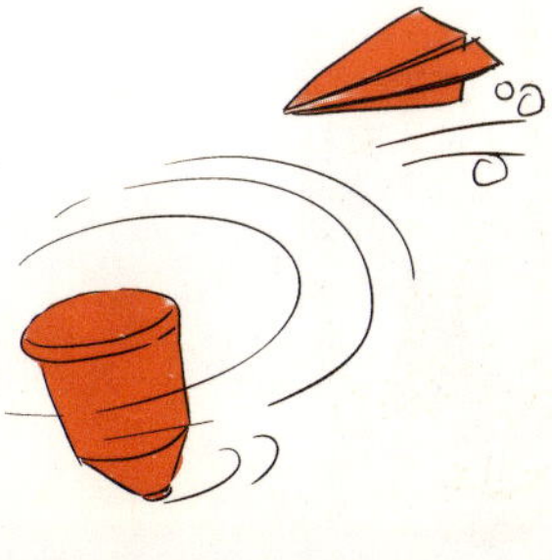

同时，科技馆还会组织科普实践活动，举办科普讲座，这在有着强烈的探索欲望和好奇心的孩子眼中，是一种巨大的精神享受。

鼓励孩子探索科学现象

大多科技馆会以通过实物展示和亲自体验的方式，使得孩子有机会接触到各种有趣的科学现象和实验方法，尤其是关于电、声、光、机械等设备，一是比较新奇，二是通过亲自动手进行体验，能大大开阔孩子的眼界，激发孩子的学习兴趣，提高孩子的动手及动脑能力。

奇奇的爸爸说："我只要有时间就带奇奇去科技馆，他总能在那里待上一整天的时间。有一段时间，我特别忙，整天加班熬夜，即便这样，我也要抽出时间带他去，还鼓励他亲自参与科技馆的实验，我则坐在一边休息，让他尽情地体验科学的奥妙。"

古人说："纸上得来终觉浅，绝知此事须躬行。"如今很多孩子接受的教育理论性较强，实践性和实验性较弱，所以家长要多让孩子亲自动手，让孩子在亲身体验中学习知识，培养探究科学的兴趣爱好，常带孩子去科技馆就是最有效的方法之一。

TIPS: 让孩子对科学发明产生兴趣，提高孩子动手和动脑的能力是一个循序渐进的过程，不可能一蹴而就，所以家长不要期望孩子多去几次科技馆就能实现，就能获得飞跃性的提升和改变。科学的魅力是在孩子的心中慢慢体现出来的，孩子对于科学的兴趣也需要长期的熏陶与累积。

有位教育专家说："不要刻意让孩子去学习，只要你经常把他放在学习的环境中，他就自然懂得了学习。"这就如一个天天在卢浮宫玩耍长大的孩子，长大后天生对于艺术有着敏锐的洞察力和感悟力一样。

一般科技馆的展厅分类

古代传统技术展厅

这个展厅陈列着反映中华民族灿烂文明成就的珍品，比如介绍中国古代四大发明，天文、纺织、陶瓷、中药、手工艺、刺绣等学科内容。另外还有古代军事上的火箭、战船等，天文学上的浑天仪、地动仪等，还有设计精巧的指南针、水车等。

现代科技展厅

其中包括大量现代化的，能让孩子动手实践的设施，系统地展示了光、电、声、力、技术、信息等多种学科的基本原理和成果。

影厅

各种现代荧屏技术、最先进的银幕和设备齐聚这里，有着一流的画面质量、声音效果，可以给孩子带来最好的视听和观看体验。

chapter 5 独特个性篇

——玩出自我，让孩子做回自己

去农村玩：让生活在城里的孩子体验不同生活

城市里的孩子对鳞次栉比的高楼大厦并不陌生，对来来往往的高级轿车也习以为常，对高档的快餐店和酒店更不陌生，最喜欢去的地方就是公园和游乐园。但是，这些对于孩子们来说慢慢会变得了无乐趣，他们会认为生活本来就是这个样子的，会让孩子安于现状，安于享乐，其实与城市不同的地方有很多，农村就可以让孩子体验到不同的生活。

紫涵的妈妈从小在农村长大，所以一有假期，妈妈就带紫涵去她的出生地。第一次去农村时，紫涵对那里充满了向往。

回老家需要坐火车然后再转汽车，终于在村口妈妈看到了迎接自己的一个远房舅舅，他驾着牛车正在等候他们。紫涵看到牛吓得直往妈妈身后躲，怎么也不肯上车，妈妈连哄带骗地将她弄上了牛车。

在车上，紫涵脑袋埋在妈妈怀里，眼睛却露出一条缝偷偷看着牛，妈妈一直在给牛说好话，说牛温驯又勤劳，等到家时，紫涵差不多已经喜欢上牛了，几个小时后，还敢跑到院子里，抓一把青草给牛吃，还学着舅舅家的小表哥给牛刷毛。

原本妈妈觉得紫涵长途跋涉会很累，打算让她睡上一觉休息休息，可是这

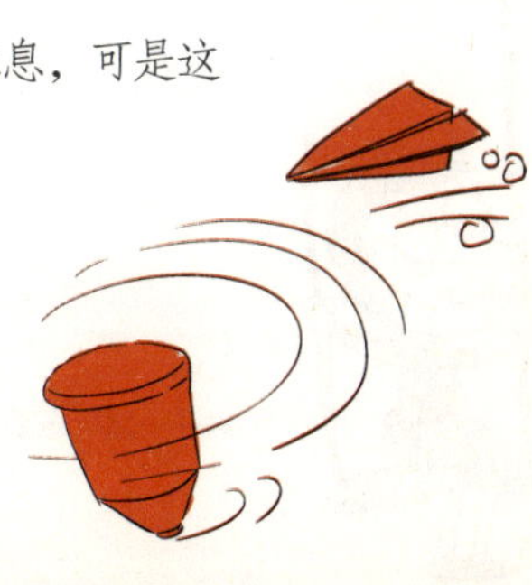

里的一切对紫涵来说都是那么陌生、新鲜，结果兴奋的紫涵怎么也睡不着。

刚进家门，紫涵就看到一个很大的灶台和上面的一口大锅，她好奇地问妈妈：“这是什么？”知道这是做饭的锅时，紫涵惊讶地睁大了眼睛，好像看到外星球的东西一样。

后院有一片菜地，种了很多蔬菜，但紫涵只认识韭菜，因为她很爱吃韭菜饺子，墙角处还有一个篱笆圈，里面养着几只白白的大鹅，看到紫涵这个陌生人，伸长了脖子嘎嘎地叫，地上还有几个大大的鹅蛋。紫涵在小表哥的带领下小心翼翼地进入鹅圈，将温乎乎的鹅蛋握在手里朝妈妈挥舞。

墙角的另一边还有猪圈，有一头大猪和几头小猪崽，紫涵看着猪可爱的样子被逗得直笑，还学着大人给猪喂食。

出了后院，有一条清澈的小溪，里面有很多成群结队的小蝌蚪，开始妈妈和紫涵用茶缸捞，一捞就会捞到很多，紫涵数了好几遍都没数清。捞完后，妈妈就将蝌蚪放在脸盆里让紫涵观察，然后告诉她青蛙是吃害虫的能手，然后两个人又将可爱的小蝌蚪放回了河里。

第二天，舅舅要上地里干活，热情地邀请她们一起去，紫涵高兴地一蹦一跳地走在牛屁股后面直到地头，牛来来回回一遍遍地犁地，紫涵就一趟趟地跟着牛后面走，仿佛不知道疲倦，一向爱美的她也顾不上漂亮的小皮鞋和裤脚都脏得不成样子了，搞得脸上还有土渣，惹得在场的大人哈哈大笑。

紫涵虽然爱干净、讲礼貌，但在妈妈的鼓励下，还是跟村里的其他孩子们一起玩了起来，在小表哥的号召下紫涵很快就成了灰头土脸的小脏孩，不到一星期的时间，紫涵就被晒成了“小黑猴”。

时间飞过，妈妈就要带紫涵回家了，紫涵竟然恋恋不舍，和邻居、小伙伴一一道别之后，还跟家里的猪、鹅、牛去道别，临走时，眼睛里浸满了泪水。此后，她还经常打电话回去，问表哥鹅有没有再下蛋，小猪是不是长大了，牛还好吗，小蝌蚪是不是都变成大青蛙了……

为了满足紫涵的愿望，妈妈一有时间就带着她去乡下玩儿，而每次紫涵都有新的体验。

去农村不只是为了让孩子图新鲜，还可以让孩子认识到在城市里没有见过的东西，并感受农村人朴实的生活，看到农民面朝黄土背朝天的辛勤劳作，知道农民的不易，粮食的来之不易。尤其在夏日，还可以让他们看到一眼望不到边的绿油油的农田，走到田间地头还可以闻闻泥土的芬芳，晚上数着星星听着青蛙和知了的叫声，享受大自然带给他们的一切美妙。

其实，很多家长意识到了让孩子去农村体验生活的好处，还有意与学校联手让孩子与农村孩子结对子，曾经有所城市的重点小学就与农村结成了对子，并组织孩子去农村体验生活，结果却差强人意，城市孩子的表现让人唏嘘不已。

镜头一：准备出发

在出发前，老师特意叮嘱家长，此次乡村之行包吃包住，除了必要的衣物不需要给孩子带任何东西。但是准备出发的孩子却背着大包小包，各种各样的食物一应俱全，一个孩子说："我妈说农村没有肉，给我带了鸡翅、鸡腿。"

大巴车行驶途中，老师给孩子分发矿泉水，有孩子说："我不喝这个牌子的，一会儿下了车，我自己到超市买。"搞得老师无话可说。

镜头二：触摸贫困

当大巴车驶进农村，农村的孩子敲锣打鼓地欢迎他们的到来，看着农村孩子穿着破旧的衣服，光着沾满泥污的小脚，城里很多孩子皱起眉头，下意识地躲避。尽管没有华丽的舞台，但农村孩子还是尽心尽力地在散发着阵阵牛粪味的操场上为来客表演节目，而城市孩子捂着鼻子，一脸的不耐烦，有的甚至打起了瞌睡。

镜头三：走进贫困

当走进一家贫困户体验时，主人就把碗端出来让孩子们喝水，看着一摞颜色暗淡的大碗，孩子们扭过头说："这能喝吗？好脏。"

主人顿时不知所措，老师再也看不下去，训斥了几句，没想到有两个孩子开始顶嘴："老师你觉得这里好，你怎么不留在这里？""谁叫他们生在农村！"……

镜头四：干农活

孩子们开始在村民的带领下摘玉米、刨花生，一开始他们对这片土地感到好奇，争抢农具，但没干上几分钟就开始喊累，坐在地头不肯动弹，老师只好带着

他们返回。路上，一群人在砍树，村里的孩子马上过去帮忙，而城里的孩子则在一边大喊“加油”。原来，他们砍树是为了供孩子上学，旁边几个城里的孩子用鄙夷的语气说：“上不起学干吗还要上！”

镜头五：吃农家饭

看着村民精心准备的一桌农家饭，城市孩子几乎没有一个动筷子，有一个孩子转身问其中一个村民：“你给我们做饭时洗手了吗？”

“洗了。”

“农村人做饭前也知道洗手？”这个孩子将信将疑地说。

有几个孩子勉强拿起不太白的馒头，还有几个转身回到车上找出自己的包，掏出随身带的食品开始吃起来，结果所有孩子也开始效仿，一桌饭菜没被孩子吃上几口。

镜头六：玩游戏

老师组织村里孩子和城里孩子玩游戏时，由于玩法不同，城市孩子对着农村孩子大喊“土包子，乡巴佬”。有的村里孩子气得转身离开，有的则满含泪水，站在那里不知所措。

城里孩子之所以到了农村出现以上令人寒心的状况，就与父母们的教育有关，过于骄纵导致他们不懂得尊重别人，不懂得去尊重比自己贫苦的人们，这对于他们的成长是极其不利的。

学者周国平说：“一个人的童年，最好在农村度过。在一定意义上，城里孩子是没有童年的。”

在农村，人才能回到自然的本真，如果孩子从小割断了与自然的联系，那么他的童年就是不完整的、缺失的，所以，在孩子很小的时候，就应该让他体验多姿多彩的农村生活，认识繁多的动植物种类，体验农村人的勤劳、朴实与善良，感受农村夜晚的深邃、宁静，这一定会给长期让电脑、轿车、肯德基包围的孩子留下最为美好的童年印象。

家长注意事项

★体验并非简单的走马观花，要让孩子知道，在广袤的祖国大地上，有城市也有农村，尽管农村孩子有着不同的生活和成长环境，但人生来就是平等的，农

村孩子也和城市孩子一样善良、友好、聪明。

★对于孩子而言，社会与人生都是白纸一张，绚丽或暗淡的图画是否会诞生，家长肩负着重大责任，很多大城市的孩子对农村基本上没有什么印象，对农村的感受和体会基本上来自父母的描述或者媒体报道。如果家长告诉孩子农村有多不好，生活苦累等观点，孩子就会产生排斥、厌恶农村的心理。

★有些家长总是在教育孩子的过程中有意或者无意对孩子说“不好好学习，你就去农村种地吧”“你看看那些民工，你长大后可别做这样的人”等，走在大街小巷或者在公交车以及地铁上，总是对农村人一副鄙夷的表情，或者拉着孩子赶紧躲开，说“脏”，这些都会影响孩子的心理。

爬山：塑造孩子坚强的个性

每个父母都希望孩子有坚强的个性与品质，但是对于独生子女来说，如何培养坚强的个性成了一个难题。但众多父母在育儿过程中总结出了一个非常好的方法，那就是爬山。想爬山的人才能最终到达山顶，爬山的过程中，通过克服重重劳累与困难，才能看到山顶最美丽的风景。

在生活中，父母经常跟孩子一起爬山，对孩子的身心健康非常有好处，既能调节孩子疲劳的学习生活，缓解平日紧张的神经，开阔孩子的视野，还能在爬山过程中，塑造孩子战胜困难的品质，增强孩子的耐心与意志力。

在阳光明媚、空气清新的日子里，陪孩子多爬山还能调节孩子的心肺、呼吸功能，增强孩子的抗病能力，提高毛细血管的循环功能，代替大血管功能，从而降低心脏病的几率。此外，爬山还能锻炼孩子的腰部、腿部力量，提高肌肉韧性。

爬山还是非常好的有氧运动，使得肌肉获得比平常高十倍的氧气，有利于身

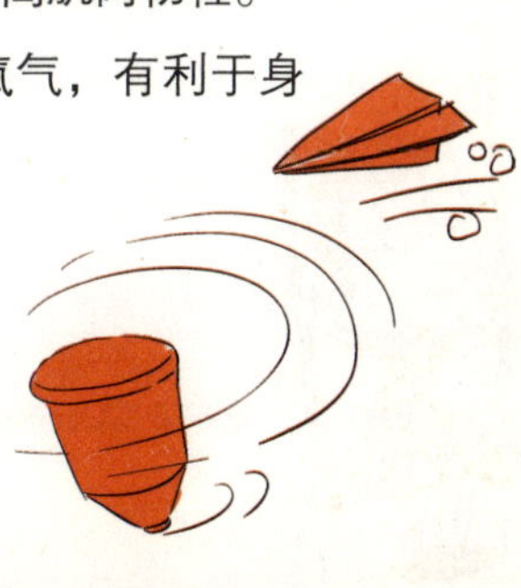

体排出更多的废弃物，吸收更多能量，在促进新陈代谢的同时，还能加快脂肪的消耗量，所以爬山还具有强大的塑形功能。尤其对于那些偏胖，不爱运动的孩子来讲是最合适的运动。

宇承十三岁了，在他上幼儿园大班时，父母就带他登上了庐山。由于宇承当时年龄小，妈妈选择了随旅行社去庐山，他们首先乘坐火车来到九江，火车上，宇承还认识了一名叫畅畅的小朋友，两个人结下了深厚的友谊。

大家一起乘车直接到了庐山的山顶，尽管一路没有体会到登山的乐趣，但是节省了体力，饱览了山上美丽的风景。妈妈还教给了宇承一首诗——横看成岭侧成峰，远近高低各不同；不识庐山真面目，只缘身在此山中。

他们还参观了毛主席曾经在那里拍照的仙人洞，主席为此题下——暮色苍茫看劲松，乱云飞渡仍从容；天生一个仙人洞，无限风光在险峰。接着，他们欣赏了独特的庐山瀑布，使得宇承更深刻体会到了早已背诵过的一首诗——日照香炉生紫烟，遥看瀑布挂前川。飞流直下三千尺，疑是银河落九天……

游庐山并未让宇承体会到爬山的乐趣，更谈不上培养他坚强的性格，但路上的经历和山顶美好的风光引起了宇承的极大兴趣，所以此后不管父母带宇承去名山大川还是近处小山，宇承的积极性都很高。

第二年，父母带着宇承来到了黄山，并约定第二天起个大早看日出，当妈妈喊宇承起床的时候，他正睡得香甜，但为了看到美丽的日出奇观，他还是挣扎着起来了。简单地洗漱之后，宇承背上自己的小背包和父母踏上了前往光明顶的路。当时天还是黑的，也没有带手电，只好借着同行人的手电光一起走，足足爬了两个小时才到达山顶，而那里早有很多人。宇承看到鲜红的太阳从东方升起时，激动得说不出话，一路的疲劳也忘得一干二净。

随便吃了随身携带的早饭之后，一家人继续前行，去爬天都峰，那里

是鸟瞰黄山壮丽全景的最理想之地，所以有人说“不登天都峰，等于一场空”，虽然那里不是黄山最高处，但路程险峻，百丈云梯几乎是直上直下的，在爸爸妈妈的一路鼓励下，不到七岁的宇承竟然一个人登了上去。

此时，大人们已经疲惫不堪，更别说小小的宇承，所以只有极少数人愿意再去爬著名的莲花峰，妈妈怕孩子体力不支，选择了下山。下山有两个选择，一是乘坐缆车，二是步行。当时大家已经爬了八个小时的山，爸爸都觉得两腿疲软，想到儿子，便决定乘坐缆车，妈妈问宇承的意见，没想到宇承兴致依然很高，居然决定步行。

天都峰下山的路更险了，风景也更好，花了五个小时的时间才到达山脚，但一路上美丽的风景让宇承大开了眼界，竟然还能蹦蹦跳跳地走路。

这次，宇承真正体会到了爬山的乐趣，也锻炼了意志，但还有遗憾，没有登上黄山最高峰——莲花峰。

宇承十岁时，父母又带他来到了泰山，爸爸怕腿疼，就事先买了一根拐杖，宇承还笑话爸爸：“还没爬呢，爸爸就害怕了，哈哈！”

由于天气不好，山上雾气很大，走着走着还下起了雨，一家人没过多长时间就累坏了，再加上路滑，简直是寸步难行，宇承脸上也露出了疲惫之色。雨停了之后，天气格外阴冷，宇承冻得牙齿咯咯地打架，爸爸找了一个可以休息的地方坐下来，吃了点东西，喝了饮料，继续前行。

又过了不到两个小时，爸爸妈妈累得都要趴下了，妈妈心里嘀咕：“我们大人如果喊累，孩子就会潜移默化地懈怠，决不能后退，一定要爬到山顶。”于是，妈妈一个劲儿地鼓励宇承往上爬，没想到宇承还有几次说：“我先上了，我在上面等你们。”

“给我一个包，不然你会很累。”爸爸说。

“我不累，我还想帮你背一个呢。”儿子坚定地说，看着儿子的背影，爸爸妈妈相视一笑，力气也足了很多。

大约过了三个小时，终于到达了山顶，山顶仍然下着雨，风也很大，所以四周一片朦胧，体会不到“一览众山小”的感觉，但让爸爸妈妈高兴的是，宇承终于成了一个小小男子汉。

在宇承成长的过程中，他又随父母爬了华山，从庐山到黄山，从泰山到华山，四次爬山经历一次比一次凶险，一次比一次困难，也见证了宇承的成长——年龄一次比一次大，一次比一次懂事，性格一次比一次成熟，一次比一次坚强。

孩子坚强的个性不一定是全靠爬山培养出来的，但爬山绝对是塑造孩子坚强个性的重要原因之一。在爬山的过程中，孩子吃了苦头，受了劳累，也正是因为如此孩子才会逐渐成熟懂事，变得更加坚强。

如今，在城里长大的孩子衣来伸手饭来张口，尤其是独生子女，性情懦弱，大都成了温室里的花朵，而爬山则可以弥补孩子的这些不足，让孩子培养起传统的优秀品质，从而影响和造就他们的一生。

爬山前准备

事先跟孩子介绍山的传说、形成、构造等方面知识，使得大山充满神秘感，激发孩子对于爬山探幽的渴望。

准备必需的食品和饮品，比如蛋糕、水果、话梅、矿泉水等；准备相关物品，比如穿宽松的运动装、轻便的鞋子，切忌穿底滑的鞋子；准备擦汗用的毛巾，及坐下来休息时用的塑料布、报纸等。

跟孩子讲明爬山的规定，提出注意事项及相关要求等：

（1）爬山游玩时，要听爸爸妈妈的话，不要擅自行动；

（2）要注意安全，注意脚下，走好，走稳；

（3）仔细欣赏风景，观察石头、树木、动物等；

（4）要勇敢坚强，尽量坚持往上爬，有困难要自己克服。

TIPS: 爬山前可以给孩子准备一面红旗，鼓励孩子爬到山顶后，亲自将这旗帜插到最高处，还可以准备相机等，为孩子摄影留念。

爬山要领

上山：身体前倾，重心适当前移，这样能有效地使得身体向上前行。上山时步子比平时走路要稍微小一些，脚的落点要近，前脚掌先着地。当坡度陡峭时，膝盖要抬高，上身前倾的角度要大一些，有必要时要手脚并用，但不能憋气。

下山：上身直立或者向后仰。当坡度不大时，步子可以加大，速度要放慢，脚步落远一些，落地时膝关节要略屈，重心降低，用以缓冲。一般而言，坡度较大时，不能快速跑下，可以侧身和脚横着落地的方式，或者采用“S”形的路线向下慢跑。

TIPS: 爬山前可以带孩子爬楼梯训练动作要领，并熟悉掌握。在爬山过程中，要根据孩子的实际情况、年龄等选择适当的路线、爬的高度、休息的次数等，要让孩子走在最前面，家长在后面做好保护措施，适当的时候可以在前面牵着孩子的手。另外，在爬山时，可以引导孩子思考、观察、想象，以丰富孩子的知识。

爬山注意事项

★不要在爬的同时让孩子四处看风景，分散孩子的注意力，可以在休息的时候再让孩子欣赏周边的风景，边爬边看很容易造成脚踝扭伤等意外。

★登山最好选择在初夏或初秋，此时景色宜人、空气清爽，比较适合登高观景。春天风沙较大，夏天天气炎热且紫外线过强，冬天天气寒冷容易冻伤。

★孩子刚开始爬山时，不要选择太过高或者陡峭的山，这对于年龄较小的孩子来说，体力和耐力都会跟不上，如果半路返回会影响心情，所以前几次爬山最好先找孩子比较容易爬的小山，让孩子体验爬山的乐趣。

★跟孩子合影留念要注意地点，崖边的风景虽然美丽，但容易发生事故，千万不要因一时兴起，而让孩子承担危险隐患，拍照前一定要替孩子选好站立地点。

★乘坐缆车也要格外注意，很多山上的缆车规格不一，在乘坐之前一定要确定此处旅游单位的设施是否正规和安全，而且缆车在规定的时间内是否进行过安检与维修。

过家家：让孩子“导演”自己的生活

角色扮演是一种很特殊的游戏，是孩子以自身或者他物为媒介，对他人或者他物的态度及行为的模仿。孩子通过“过家家”等类似的游戏可以增强对生活的了解，能够让孩子“导演”自己的生活，并让生活变得和游戏一样有趣，对生活更加热爱。

你一定还记得小时候和小伙伴们在一起玩“娶媳妇”的游戏，大家七嘴八舌地通过抓阄选出了“新郎”和“新娘”，然后分成两拨人，一拨是“新娘”的娘家人，另一拨则是“新郎”的家人，两拨人拉开一定的距离。

当娶媳妇仪式正式开始后，“新郎”就带着自己一边的人敲锣打鼓，“滴滴答答咚咚”地抬着轿子来迎娶“新娘”。“新娘”头上盖着漂亮的丝绸布，身后有两个女孩子作为她的伴娘。

接着，“新娘”坐在由两个男孩用手臂挽成的“花轿”上，乐队则在前面“咣咣”、“咚咚”地开道，还有唢呐的“呜呜啦啦”声。

“新郎”家到了，“轿子”慢慢放下，“新郎”和“新娘”并排站好，主持人大声喊道：“一拜天地，二拜高堂，夫妻对拜，送入洞房”。在大家的簇拥和欢声笑语中，“新人”一一拜过后，“新娘”被送入“洞房”。

尽管现在看来这样的游戏有些幼稚和无聊，但当时大家都玩得意犹未尽，叽叽喳喳又开始了新一轮的“娶媳妇”游戏。

“过家家”是孩子模仿成年人的一种游戏，在游戏中，孩子们还会把自己扮演成爸爸或者妈妈，将玩具娃娃当做宝宝，有时候会邀请其他小伙伴客串一些角色。他们在玩游戏时十分严肃、认真，一招一式俨然与现实生活中的成人一样，只是因为年龄小，神情很稚嫩，每每让人忍俊不禁。

也正是这样一个既简单又花样百出的游戏，给很多人的童年生活增添了无限

美好的色彩。在不同年龄、不同时间、不同地点，不同人物玩的感觉也各有不同。它就像一个魔方，向不同方向旋转，所看到的画面也是多姿多彩的。

“过家家”满足了孩子对未来生活的渴望，在游戏中他们是自己的主宰者，可以按照自己的意愿“导演”自己的职业、人生、性格，以及最终大圆满的结局。即便对什么地方不满意，再玩一次就是了。

结婚游戏是很多孩子比较钟情的，为此很多父母担心这样的游戏对孩子的身心会产生不良影响。但有教育专家表示，“过家家”只是一种模仿行为，父母不必为此过于担忧。

馨馨今年四岁，上中班。最近学校组织了元旦晚会，漂亮的馨馨被打扮成“新娘”，与班里另一名当“新郎”的小帅哥手挽着手，伴随着《婚礼进行曲》缓缓步入礼堂，用此仪式作为晚会的开幕式。为此，老师还特意为他们拍照留念。

馨馨回到家后，兴奋地将照片拿给妈妈看，妈妈当时只见馨馨满脸绯红，对此并未在意。可是没几天，妈妈带着馨馨在小区广场玩耍，馨馨竟然拉着一个差不多年龄的小男孩表示要结婚入洞房，还装模作样地要上床睡觉。

妈妈为此感到很生气，怕女儿在结婚游戏中堕落，觉得幼儿园此前的活动太过成人化，甚至下决心要给馨馨转园，但馨馨不以为然地说：“我喜欢当新娘，会戴上漂亮的头纱。”

馨馨妈妈对此过于焦虑了，另外还有些父母不以为然，甚至阻止，其实“过家家”游戏反映了孩子对生活的认知，父母可以通过这种游戏观察孩子对生活的态度，以及他们对目前的生活状态是否满意，大多数孩子会在游戏中有意或者无意地把他所希望的生活展现出来。

与孩子一起“过家家”

游戏一：打电话

适合年龄：1～2岁

游戏道具：玩具电话

参加人数：2人

游戏玩法：

（1）将玩具电话给孩子一个，妈妈或者爸爸一个，然后两个人扮演不同的角色聊天。妈妈可以将电话放在耳边说："喂，我是妈妈，你是宝宝吗？"此时，孩子就会模仿妈妈的样子，将电话放在耳边，歪着小脑袋，对着话筒咿咿呀呀地说话。

（2）只要家长与孩子好好配合，你还会发现孩子具有表演"话剧"的天赋，他可以不用任何道具，剧中的场景只凭自己的表演和肢体动作，例如吃东西、打电话等，他们会一边自编自演，一边喃喃自语："妈妈，我给你剥香蕉吧。"然后仿照妈妈平时给自己剥香蕉的动作，还装模作样地将"香蕉"放到妈妈手里，给你带来意外惊喜。

游戏心得：

这个年龄段的孩子正是学习语言的最佳时期，喜欢说谁也听不懂的话，还喜欢模仿家人打电话，父母不妨好好利用这个机会，让孩子学习说话。

游戏二：做饭

适合年龄：2～4岁

游戏道具：蔬菜、玩具厨房用品等

参加人数：2人

游戏玩法：

（1）做饭时，让孩子在旁边观察，学习如何择菜、洗菜、切菜等，让孩子熟悉做饭的过程，也可以主动让孩子帮助自己择菜，同时教他认识菜的种类，哪些菜需要去皮吃，哪些只能吃叶子，哪些部位是不能吃的等。

（2）摆出玩具厨房用品，和孩子一起玩做饭游戏，事先告诉孩子："今天你来当妈妈，给我做饭好不好？"一般孩子听到这话都会很高兴，还能说出很多妈妈常做的或者自己特别喜欢吃的菜名，询问妈妈做这些好不好。

（3）给孩子一些蔬菜，让他随意用玩具模仿切菜、炒菜等，妈妈只作为旁观者，最好不要干涉和打扰他。

（4）在孩子“做饭”期间，妈妈可以适当提醒孩子：“这个菜要怎样切才好呢？炒菜一般先放什么呢？”如果孩子不知道，可以给他一些提示：你先想想妈妈平时是怎么做饭的。也可以手把手示范给孩子看。

（5）“饭”做好后，孩子会像模像样地“端”给你吃，此时你一定要装作很好吃，很愿意吃，很高兴的样子，然后给孩子及时的肯定与鼓励，以便提高他做游戏的积极性。

（6）妈妈还可以给孩子提几点建议，比如饭稍微咸了点，怎么办呢？还可以给孩子提出一些问题，让孩子自己找出解决问题的方法。

游戏心得：

孩子参与到这个游戏当中来，可以体会到妈妈平时的辛苦，有利于培养孩子的孝心。另外，父母还可以跟孩子玩“老师上课”、“小导购卖东西”、“小医生看病”等游戏，让孩子扮演不同的角色。

游戏三：当爸爸妈妈

适合年龄：4～6岁

游戏道具：玩具娃娃

参加人数：2人及以上

游戏玩法：

（1）几个孩子在一起玩儿，让女孩当妈妈，男孩当爸爸，年龄较小的当宝宝，如果没有人愿意当宝宝或者孩子不够，可以由玩具娃娃来充当。

（2）闹钟响起了，大家纷纷起床，“爸爸”拿起公文包准备上班，“妈妈”则要做好早饭，然后带宝宝，给宝宝喂奶，收拾房间等。

（3）“爸爸”提着包出去走一圈就表示上班了，然后回到家里，因为中午到了，需要回来吃午饭。“妈妈”紧接着去厨房准备做饭，就像个小家庭主妇，用厨房玩具做出一顿丰盛的午餐。

（4）午餐上桌后，叫全家人吃饭，“妈妈”则抱过小宝宝，一边吃饭一边哄孩子，还模仿妈妈平时的语言和动作。

（5）天黑了，“爸爸”下班回家，晚餐过后，妈妈洗碗、洗漱，哄宝宝睡觉，给宝宝讲故事，躺在宝宝的身边轻轻拍打，嘴里还哼着歌谣。

游戏心得：

此类游戏往往是孩子眼中日常生活的展现，体现了孩子内心所想，比如妈妈平时爱唠叨，扮演妈妈的孩子就会像妈妈一样啰嗦个没完；爸爸妈妈爱吵架，孩子就会模仿他们大吵大闹。父母们可以通过这个游戏进入孩子的内心世界，并要有意识地改正自己在日常生活中从未发现过的错误做法，给孩子一个更加美满幸福的家庭。

如何陪孩子玩“过家家”

“过家家”是没有什么规矩的，父母一定不要干涉孩子，不要非告诉孩子应该怎么做，要让他们随意发挥。

你要把自己也当成小孩子，很高兴参与到孩子的游戏当中，比如，孩子装作削苹果给你吃，你要高高兴兴地接过来，还说“很好吃呢”。

给孩子适当的鼓励和建议，引导孩子学会自己解决问题，比如孩子给你“做饭”吃，你说“我爱吃辣一些的”，让孩子自己考虑怎么办。

只要有时间，就可以尽量多跟孩子玩这个游戏，或者多让他参加集体活动，跟其他小伙伴玩的话他们会更加快乐。

野营：培养自强自立的孩子

野营即在野外居住、娱乐，野营时，人们的生活节奏会自然松弛，悠然自得。人们白天尽情地沐浴在阳光与雨露之中，吸收大自然的营养，晚上点起篝火，支起帐篷，载歌载舞，品味美味烧烤。野营普遍受到孩子们的欢迎，同时它也可以锻炼与培养孩子自强自立的个性。

野营无论对于大人还是孩子，都是最有趣味的活动项目，不用购物、买门票，带着孩子去野营可以彻彻底底地与大自然来一次亲密接触，将装备打包好，就可以找一个山清水秀的地方，搭起炉灶、支起帐篷，体验与自然的和谐共存。

沉醉在鸟语花香，溪水潺潺中，孩子不但可以学到很多大自然的知识，也能在这个过程中对自己有一个全新的认识。

周末，梦梦的妈妈和几个有孩子的同事相约，三家人驱车自驾游，带上孩子去郊区的山上野营。周五晚上，爸爸急匆匆去买了帐篷等相关用品，妈妈则准备好了手电筒、锅碗瓢盆、油盐酱醋等。

周六上午，三家人在高速公路口集合，车上装着满满的生活必需物资，朝着目标进发。两个小时后，到达目的地，梦梦和其他两个小朋友高兴地又蹦又跳。

他们到了一片树林，那是开发的野营乐园，有鲜黄的柿子、大红

的苹果、碧绿的核桃、熟透的枣等，地里还有花生、地瓜，应有尽有。小男孩贪恋高枝上更好的果子，兴冲冲地爬了上去，梦梦则在树底下捡起他们摇下或者扔下来的果实。

大家边走边摘，直到随身带的几个方便袋全部装满，然后在小溪边用清澈的溪水随便洗了洗就开吃了。

树林中有很多散养鸡，梦梦妈妈下达任务，让孩子们捉上两只肥大的作为晚餐，孩子们个个摩拳擦掌，撵得鸡四处飞蹿，好不热闹。

下午，大家一起去刨花生，大人拿着随身带的小锄头，孩子们则跟在后面捡拾，一起一蹲，没有一个人喊累。夕阳西下之时，大家在一片空地上准备搭帐篷，孩子作为助手，一会儿被妈妈叫过来扯着一个角，一会儿被爸爸拉过来帮忙扶着杆子，个个忙得乐不可支。

接下来的工作是准备晚饭，爸爸准备杀鸡，妈妈烧水，孩子们捡柴，大家忙得热火朝天。

很快，三个孩子捡来一大堆柴火，但大多不能用，梦梦妈妈教给他们什么样的柴火能用，什么样的不能用，孩子听完后恍然大悟，又赶忙四散去捡，这次孩子们捡的柴火一点就着了。

梦梦爸爸还引导孩子们在附近挖了一个洞，让他们自己烤地瓜和花生，上面还有用小土块做成的小烟囱，这是爸爸小时候玩过的，如今孩子们玩起来也倍感有乐趣。

吃过别样的晚餐，大家用剩下的柴火点起篝火，大人小孩九个人围着篝火嘻嘻哈哈跳起舞，然后各家轮流表演节目，梦梦被推荐为主持人。演出结束后，梦梦发现四周有亮亮的光点，就像天上的星星，原来那是可爱的萤火虫，几个孩子又兴致勃勃地抓起萤火虫，然后放到吃完的罐头瓶中，再把罐头瓶拿到帐篷里，让萤火虫在帐篷里飞舞，十分有趣。

不知不觉已到深夜，孩子们伴着虫鸣声酣酣睡去，梦梦做了一个非常美丽的梦。第二天一大早，梦梦发现鲜嫩的草上都是露水，三个孩子在草地上追逐打闹，裤腿都被打湿了。中午，孩子们和大人一起收拾行头打道回府，几个孩子都有些恋恋不舍。

孩子们平日学校、家两点一线，难免感觉到枯燥和乏味，带他们出门后，他们就会像出笼的小鸟，随便走到哪里都感觉到新鲜。野营对于他们来说一般都很“奢侈”，父母可以常常带他们出去走走，让他们在草地上打滚、跳跃，呼吸新鲜空气，让他们自由自在地享受属于自己的快乐时光。

平时，很多家长怕孩子一出门就生病，对孩子过度呵护，不能让孩子吹风、不能晒太阳，不能在外面疯玩，更不能睡在帐篷里。过度的呵护导致孩子们患上了“超保护综合征”，这些孩子体质差，心理脆弱，男孩子缺乏阳刚之气，女孩子娇柔羸弱，他们无法自立，更不能自强，离开父母无所适从。

有心理研究发现，受到父母过度呵护的独生子女进入社会后很容易出现各种心理问题。从这个意义上来讲，让孩子“野”一些没有什么坏处。“野”并非粗野，而是让孩子从小接近自然，接受摔打，增强能力，变得自立自强，这也是一个人素质的重要组成部分。

另外，带孩子野营还能培养孩子的野外生存能力。当到了野外，所有生活用品都不会一应俱全，会遇到各种各样的困难，此时，家长要多考验孩子，让他多动脑子，比如如何搭建炉灶和帐篷，怎么取水，没柴火烧怎么办等。让孩子与大人一起克服困难，并想方设法解决困难。

也正是这样的活动，才能很好地锻炼孩子的动手及野外生存能力，锻炼孩子的意志。时常带孩子野营，不仅让孩子的身心得到放松，体验快乐时光，还能让孩子懂得美好生活的来之不易，让他们懂得珍惜。

选择营地

营地要选在平坦、干燥、视线开阔、上下都有通路，能够避风排水，而且取水方便的地方。以下几种危险地形切不能选做营地：

（1）峡谷中央——易发山洪；

（2）近水处——易涨水；

（3）独立的树下——易发生电击；

（4）高凸之地——易刮强风；

（5）草树丛——易被蛇虫咬伤；

（6）悬崖下——易有落石。

使用帐篷注意事项

（1）帐篷入口要背风；

（2）如处于雨季，为防止下雨帐篷被淹，事先在篷顶边线正下方挖一条排水沟；

（3）帐篷的四个角要用大石头压实，以免被风吹走；

（4）帐篷里要保持空气流通，不要在里面做饭，以免引发大火；

（5）睡前仔细检查帐篷周围所有火苗是否都已熄灭，帐篷是否足够牢固。

物品应用常识

（1）大人和孩子都要穿着贴身的长衣裤，避免被蚊虫叮咬和被树枝扯挂，如果衣服太宽大，要将裤腿和袖口提前扎紧；

（2）鞋子要合脚防滑，当孩子感到脚疼痛时，要迅速给他的痛处贴上小片医用胶布，防止起泡；

（3）准备好御寒衣物，野外气温一般比室内要低很多；

（4）准备足够的饮用水、食物、驱蚊药、止泻药等用品；

（5）携带放大镜、望远镜、手电、哨子、多用途工具刀等，这些可以给孩子带来额外的乐趣。

TIPS：切勿让孩子摘食陌生的植物果实，接触陌生动物，也不要让他一人四处走动。另外要注意提醒孩子保护环境，不随意丢弃垃圾等。

特殊野营

家庭“野营”

在孩子较小时，可以在自家的起居室让孩子提前体验“野营”，虽然这样会缺少特殊的环境氛围，但也会有着对孩子意想不到的好处。

父母可以适当地控制地毯、室温等，营造出野营的氛围，然后在客厅支起小三角帐篷，或者把毯子搭在家具上做一个模拟帐篷，拿出枕头、睡袋、手电筒等野营用具，夜晚来临关上所有电灯，与孩子睡在里面，来一次不同的家庭自助野营之旅。

后院“野营”

如果你的家里有个不错的后院或者阳台，也可以跟孩子享受一次野营经历。

（1）在家里高大的植物或者仿真植物上挂上白色的闪光灯泡，用来模拟星光；

（2）用胶带把夜光灯粘在天花板和墙上；

（3）放一些有虫叫蛙鸣等夜晚大自然的声音；

（4）支上帐篷，或者在两根树枝之间拉上一条绳子，挂上床单装作帐篷；

（5）在星光下开始野营活动；

（6）用烧烤架烤一些肉串，还可用微波炉做小馅饼；

（7）在浴缸装满水，让孩子穿上泳衣开始“游泳”；

（8）一家人躺在帐篷里，给孩子讲讲自己童年的趣事或者他喜欢听的故事。

参加家庭会议：培养有决断力的孩子

教育的目的是为了让孩子懂得一些规范，但绝对不是让孩子按部就班，这样的孩子只会成为被父母控制的机器人，永远没有自己的判断、思想，更没有决断力，做任何事情优柔寡断，那么等他们长大后就很难抓住人生的好机会，即便孩子有再好的能力和条件，也会因为迟疑不前而会落败。

决断力是一个有个性的人最应该具备的气质，它代表的是一种清醒的意识，它具有一种敢于突破、自我做主的魅力，能够防止孩子落入陷阱，让孩子长大更

加有魄力、干练。

所谓决断力就是遇事能够当机立断，但这种决断应该是果断，而不是武断，与决断力相对应的是攻击性与波动性。

要培养孩子的决断力，需要父母将教育落实到生活细节当中，多征求孩子的意见，随时问问孩子的想法，也可以对假设的生活情景进行讨论，并选择最佳的解决方案。培养孩子决断力的最佳方法就是定时组织家庭会议，并让孩子参加，将他作为会议的成员，让他发表自己的看法。

一天，聪聪的爸爸下班后，妈妈告诉他，女儿的幼儿园要开兴趣班，有书法、绘画、舞蹈、跆拳道、英语等好多种，跟他商量一下到底给女儿报什么。

爸爸说："报书法，女孩子嘛，对培养她的贤淑气质有好处。"

妈妈说："再报个舞蹈，可以塑造女孩优美的形体。"

爸爸说："那就报这两个班，咱们还是问问聪聪自己的想法吧。"

妈妈说："小孩子懂什么！问也是白问。"

吃饭时，爸爸顺嘴跟聪聪说："给你报书法班和舞蹈班吧，女孩子写得一手好字，让人很羡慕，穿着白色的舞鞋，也好神气！"

没想到，聪聪虽小，但回答一点也不含糊，一脸不高兴地说："不要，我都不喜欢，我要学画画！"

"画画？那多没意思！将来你能画出多大名堂来，听爸爸妈妈的，报书法和舞蹈。"妈妈说。

"是我要学兴趣班，为什么不让我自己选？我就要画画，我喜欢！"聪聪坚持自己的意见。

爸爸看到母女两个争执不下，却在一旁窃笑，妈妈把他拉到卧室说："你也不劝劝孩子，还偷乐！"

爸爸说："这是好事，你没发现咱们聪聪是个很有主见和决断力的孩子吗？这不也是你我所希望的吗？"

从聪聪懂事开始，爸爸就很有意识地培养聪聪的决断力，凡事征求

她的意见，让她自己做主，比如早餐吃面包还是油条，晚上听什么故事，周末去公园还是动物园，假期去奶奶家还是姥姥家等。最重要的是，每周五晚上定期举行家庭会议，聪聪作为重要参会人员入席，有时候还会让她来主持，充分听取她的建议。

比如有一次爸爸妈妈考虑重新装修聪聪的房间，就为此召开了一次临时家庭会议，会上，大家讨论了墙壁的颜色用什么好，装饰画选择什么，要重新买入什么家具。

一开始大家争论不休，妈妈说："女孩子嘛，都喜欢粉红色，全部刷成粉红色吧，很温馨。"爸爸说："还是蓝色的好，干净清爽。"

可是聪聪都不同意，她说："我喜欢绿色，绿色好漂亮的。"

经过一番讨论，爸爸妈妈决定还是听取聪聪的意见，聪聪顺利拿下第一关，高兴极了。

接着，三口人开始选择装饰画，妈妈觉得应该用hello kitty装饰，爸爸觉得太幼稚，为此夫妻俩还吵了起来，聪聪看着大人吵完，然后说：

"我的房间，我喜欢什么就应该用什么画呀，我喜欢海豚，想在床头贴上大大的海豚。"

"墙是绿色的，而海豚应该生活在蓝色的海洋里，不协调。"爸爸说。

"就贴海豚，说不定海豚更喜欢绿色。"聪聪执意说道。

……

会议结束后，聪聪的大部分意见被采纳，装修散味一段时间后，聪聪就住进了自己梦想中的小屋，开始几天兴奋得睡不着觉。

通过平时的锻炼和例行家庭会议，聪聪的自信心越来越强，有些孩子遇到陌生事物和选择性的问题总是害羞或者畏缩不前，迟迟做不出选择，下不了决心，而聪聪做事爽快干练，经过分析，觉得自己是对的，就大胆做出决定，并勇敢地做下去。

孩子从发出第一声啼哭起就是独立的生命个体，开始了属于自己的人生。而在他们成长的道路上会遇到无数个或大或小的选择，喜也好，忧也罢，欢笑或者泪水，都应该由他们自己去决断和体验。

作为父母，除了尽可能为他们撑起一方安宁的天地，及时做出善意的提醒之外，谁都不可能替代孩子去生活，谁都不能陪他走完一辈子，每时每刻为他遮风挡雨，所以，谁都不希望孩子在未来无数的纷繁复杂的选择面前无所适从或者怯懦退让。

孩子年龄较小时，他会经常判断错误，此时父母不要着急纠正，有些错误的判断需要孩子去亲身体验，亲身经历的印象强于父母强迫他接受自己的意见。

培养有决断力的孩子成了父母教育中的重要任务。培养孩子决断力，一方面要培养他反对自己不认可的事情，另一方面也要鼓励他接受好的建议。只有这样，孩子的判断力才会不偏不倚、准确无误。所以，在家庭会议中要多讨论，并使之成为一种习惯，父母不仅要充分听取孩子的建议，还要让他学会接纳别人好的建议，并作出最准确的判断。

久而久之，孩子头脑中就会形成一个观念——我有权利追求自己的理想，有能力去决定自己的人生。

成功家庭会议要素

（1）规定会议时间，例如每周一次，每个家庭成员都要准时出席。确定了会议时间后不要轻易更改，不要因为忙或其他事情而改变或者取消，因为孩子会根据你的行为来判断家庭会议的重要性。

（2）拟定会议主题，可以写在便利贴上，然后贴在冰箱上，让每个人都看到，例如本周讨论暑假安排的问题。

（3）用感激和赞扬的话语作为会议开场白，这样每个人都有感激与被感激，赞扬与被赞扬的机会，比如爸爸说：“首先宣布一个好消息，儿子上周学习排名又前进了两个，值得鼓励；再次，我这周时常加班，儿子全靠妈妈一人照顾，你辛苦了……”

（4）家庭成员轮流主持会议和做会议记录。主持人负责组织、主持会议，宣布讨论议题，鼓励其他成员发言并做会议计划；记录员要记下每个人发表的建议，并标记出达成共识和尚需要进一步讨论的问题。

（5）如果大家提出的解决方案比较多，可以实行投票表决法，在方案实行之前一定要获得全部家庭成员的一致通过。需要注意的是，有时候某个议题需要进行长达数天或者几十天的讨论才能达成，比如孩子上大班时就开始讨论该让他上哪所小学等。

（6）如果所讨论的议题没有涉及每个家庭成员，问题的提出人可以自己选择合适的建议；如果问题涉及每个家庭成员必须要征得全家的一致同意。比如给孩子报兴趣班，重在听取孩子的意见，而要购置某个家具，则最好听取每个人的意见。

（7）每个人都要认真倾听他人的意见。

（8）参考日历，安排家庭外出时间和日程计划，确保能参与重要的家庭活动，并将重要活动在日历上做好标记。

（9）可以用甜点和游戏结束会议，能够很好地促进家庭成员关系的融洽，会议不应严肃、枯燥，要充满乐趣和具有建设性。

（10）切勿在晚餐时顺便开会，这样大家既吃不好，又不能集中精力解决问题，尤其对于孩子而言，他的大部分精力都在吃上，很难专心地思考。

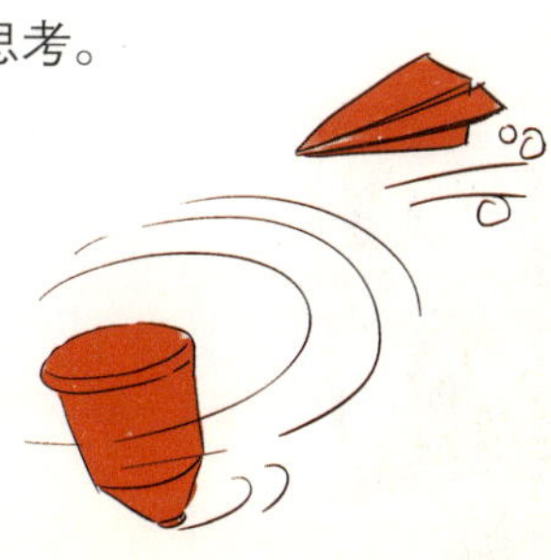

TIPS: 家庭会议的成功需要时间的积累，不可能完美无缺，父母要学会杜绝管制和训斥，让孩子能够意识到父母很重视他的声音。很多家庭一开始举行会议，但没有坚持下去，就是因为通过会议并没有找到万全的解决问题的方法，这种想法不切实际，你可以从众多方案中挑选一个进行试行，如果行不通再另寻他法。

父母必须端正观念，家庭会议所带来的长远好处远远比短期所遭遇的挫折和失败要重要得多，而且会议的目的是为了培养孩子的决断力，并非为了解决生活中的所有难题。

看大海：开阔孩子的心胸

小时候，不管爸爸妈妈和老师怎样描述大海的美丽与壮阔，我们幼小的心灵只是增加了更多的向往与猜测，那湛蓝的水，辽阔的海平面，神奇的海底世界就像一个个谜，等待我们去解开。带孩子去看海，体会大海的变幻莫测与丰富多彩，可以展开他们童幻的翅膀，敞开他们海一样的胸襟。

大海是美丽的宝库，面对一望无际的浩瀚海洋，会让人心旷神怡，产生无限遐想。大海是壮观而博大的，父母要教会孩子去欣赏大海，在欣赏的同时，要积极培养孩子热爱大海的情感，以及像大海一样宽广的胸怀。

所以，在这个夏天和孩子一起去看大海吧，让他光着小脚丫与海浪嬉戏；让他用小手堆砌梦想中的城堡；让他在碧海蓝天之间大声呐喊，放声欢笑。

安安似乎天生与大海有着不解之缘，每次看到电视中播放大海的景象，他总是兴奋异常，用小手指着电视大声说：“大海，大海！”

于是，看海成了安安的梦想，为了能够实现他这个梦想，妈妈决定在安安过完三岁生日的夏天带他去看海，也希望安安长大后能够成为顶天立地的男子汉，有着大海一样的心胸。

当妈妈的想法跟安安说起时，安安按捺不住激动之情，立即拉着妈妈的手，恨不得能够立即看到大海。当车辆行驶在去大海的路上时，安安透过车窗看到一片蓄水池，竟然大叫起来：“到海边了，到海边了！”

妈妈解释说：“这不是大海，这是水塘，咱们离海还远着呢。”安安马上安静下来，表情有些失望。在车辆行驶的过程中，安安隔段时间就问：“怎么还没到？”搞得爸爸开车都有些着急了。

几个小时后，安安听到了海浪的声音，打开车窗已经能感受到海风的清凉，安安终于要看到了大海，竟然显得有些手足无措。

到达海边后，妈妈给安安换上小泳裤，安安顾不上拿好游泳圈就向大海狂奔而去，妈妈只好加快脚步追上去。海浪一冲过来，安安就哈哈地笑着往回跑，仿佛有人在后面追赶他。

妈妈给他套上游泳圈，安安这才慢慢向大海靠近，让海浪冲着自己的身体，他第一次来海边竟然也不打怵，爸爸妈妈一左一右拉着他的小手保护着，让他的双脚在海水中踢来踢去，玩得不亦乐乎。

平时喜欢睡午觉的安安到了中午一点困意也没有，在沙滩上跟其他小朋友一起盖城堡，他还挖了个沙坑，往里面埋上水瓶子，说这是“大炮”，能打坏人。

傍晚时分，夕阳西下，海格外地平静，安安也有些累了，坐在海边依偎在妈妈怀里，妈妈为了激起他对大海更好的憧憬与向往，跟他讲起了凡高的作品《日出》中所画的大海绚丽的色彩，还有音乐家贝多芬的《月光曲》中描写的月光下大海的风姿，从而使得安安用一种美好的心境来欣赏大海。

安安在太阳落下时，没有像以往那样淘气，看着远方红红的将要没入地平线的太阳，竟然出奇地安静，仿佛在想着什么心事。

在孩子2～4岁这个阶段，他们心理发展的主要任务就是克服羞怯与疑虑，发展自主感，同时体验着意志的实现，也就是说，这个阶段的孩子渴望到更广阔的空间去探索新的环境，这对他认识自己、他人和世界有着很大的帮助。此时，父母常常带他们去看看大海正迎合了孩子的这种需求。

另外，在欣赏大海的过程中，父母可以对孩子进行启发式的提问，让孩子带着目的去欣赏大海。例如，你可以问孩子：大海安静的时候会怎样？大海生气的时候又会怎样？在与孩子讨论问题的过程中，可以丰富孩子的词汇，理解无边无际、蔚蓝、起伏不定等词语的含义。在看到大海时，父母要让孩子讲述一下自己此时的心情，可以培养孩子的语言表达能力及对大海的热爱之情。

沐浴在清凉的海水之中是非常美好的享受，又能锻炼体魄，父母可以让孩子穿上泳衣在海水中嬉水，当然一定要注意安全，做好保护工作。

海边活动

尝海水

到了海边，不要忘记让孩子尝尝海水的味道，如果孩子连海水什么滋味都不知道，那就白来了。

沙子“棉被”

用沙子盖在孩子身上，把他埋在沙子中，又舒服又能防晒，说不定埋着埋着，小家伙就甜甜地睡着了。

捡贝壳

海边有很多美丽的贝壳，又大又漂亮的贝壳总会让孩子兴奋地尖叫，父母可以跟孩子一起捡，边捡边数，可以发展孩子的计算能力。回到家之后，还可以让孩子动手用贝壳来进行一些小制作。

盖“图章”

在松松软软的沙子上让孩子印下属于他自己的独一无二的“图章”——脚印、手印、屁股印、身体印，等等，等到海浪冲上来，再退下去，他会发现——咦？“图章”不见了！

建城堡

用简单的玩沙工具，再加上捡来的贝壳、石块等，再加上沙子就能建

立起一座座雄伟壮观的城堡。但千万不要让城堡离海水太近，尤其是在涨潮的时候，海水容易把孩子花费了半天的心血给毁掉，到时候他不哭鼻子才怪。

沙滩寻宝

在沙滩上画一个比较大的圆圈，把贝壳当做“宝物”，妈妈将“宝物”埋到圆圈内的沙子里，要尽量掩盖好，然后让爸爸和孩子一起“寻宝”，比赛谁最先找到“宝物”。获胜者将成为下一轮比赛中的“藏宝人”。

画画

让孩子随心所欲地画他平时见到的人或者梦中的东西，或者自己喜欢的动画人物，尽情地让他展开想象力。

下五子棋

在沙地上画一个棋盘，用捡来的贝壳做棋子，与孩子听着海的歌唱，吹着海风下一盘别开生面的五子棋，是不是很惬意?

看海前准备

（1）防晒用品：海边的阳光很毒辣，而孩子皮肤又很细嫩，容易被晒伤。除了大人要带上防晒霜之外，还要带上孩子专用的防晒用品。另外，遮阳帽等也是必备用品，而且游泳圈最好也要带遮阳篷。

（2）衣物：去大连、青岛等这些北方城市时，一早一晚天气都比较凉，所以要带上长袖长裤。另外，夜间活动时，长衣裤还能给孩子保暖和防止蚊虫叮咬，而且对于敏感皮肤的人而言，这是最好的防晒装备。另外，要带上泳衣泳裤，这样可以与孩子一起在海水中尽情游玩。

（3）凉鞋或轻便拖鞋：这些可以方便孩子随时下水玩耍，很多户外品牌都有既穿着舒服又有利于行走的凉鞋或者拖鞋。

（4）常用药品：例如防蚊水、止泻药、感冒药、创可贴等，还要带上体温计以备不时之需，而且沙滩上常有小石头容易划伤脚，也要带上创伤药。

（5）多功能军刀：可以帮助你解决意外难题，但如果乘坐飞机时要放进托运箱，否则安检会遇到麻烦。

注意事项

★备足饮用水，夏天海边较热，很容易脱水，要及时给孩子补充水分。还可以带一些水果，例如香蕉、苹果、荔枝等吃起来方便的。

★孩子去海里玩水时，要给他穿上一件充气背心，以防被水淹。

★给孩子准备好玩沙工具，一般海边有出售，可根据需要为孩子选购。

★海边沙子到处都是，女孩子要格外注意，下身容易沾上小沙粒，一定要用清水给孩子冲洗，不要只是擦拭。一般而言，两瓶矿泉水就足够冲洗干净。另外，如果随身携带比较软的小刷子，也可以很好地清除粘在身上的沙子。

★到了海边，吃海鲜是少不了的，但一定不要过量，大人吃多了尚且可能拉肚子，何况孩子。

★合理安排时间，尽量不要更改孩子已经习惯的作息时间，让孩子休息好才能玩好。

坐过山车：锻炼孩子非凡的胆量

如今，很多孩子，尤其是女孩，胆子非常小，怕黑不敢一个人睡，被雷声吓得哇哇大哭，不敢一个人在家，不敢一个人出门，这些都与他们的成长环境与家长的过度呵护有关。父母如果不利用空闲时间对他们加以锻炼，他们的胆子会越来越小，甚至会成为一个“胆小鬼”，要想让孩子有非凡的胆量，以后能够独闯天下，就要从孩子小时候抓起，玩过山车就是不错的活动之一。

王丛的超凡之处在他七岁的时候就体现了出来，他当时做了一件令人惊讶的事情，通过这件事激发他巨大的潜能，也为后来走上赛车之路埋下了伏笔。

七岁那年的一个周日，外面风和日丽，王丛由爸爸妈妈带着第一次

去游乐园，看到过山车项目，他竟然主动提出要玩。

但是过山车这个项目相当刺激，那种风驰电掣、有惊无险的感觉让很多人着迷，但也让无数人望而却步，一般游乐场中规定低于一米四的儿童不能玩，也是出于对孩子人身安全的考虑。

七岁的王丛已经超过了一米四，但这个年龄的孩子来游乐场，父母也就是带着他们玩一下旋转木马、碰碰车，在观光艇上飘荡几个来回，像王丛这样的几乎不多见。爸爸心里也犯嘀咕："这家伙是不是心血来潮？他有这个胆量吗？"

架不住王丛的再三要求，爸爸经过一番深思熟虑，王丛终于如愿以偿地坐上了过山车，胆小的妈妈远远地观望，给他们加油，一颗心早已经揪成了一团。王丛开始有点兴奋，慢慢地就紧张了，一脸的凝重，手心开始出汗，甚至想打退堂鼓。但坐都坐了，实在"骑虎难下"只好紧握双拳安慰自己。

爸爸早已知道王丛紧张，因为看到他脑门上全是汗，为了鼓励他，爸爸朝他做了一个胜利的手势，王丛心里踏实了一些，轻轻吐了一口气。

过山车有两道保护措施，头套和安全带，但这都是按照成年人的体型设置的，七岁的王丛体型瘦小，头套和安全带都无法切合他的身体结构。为此，爸爸提前给他加了一道防护锁，那就是用自己坚实的臂膀牢牢地挡在王丛胸前，这下王丛又踏实了不少。

过山车开始发出"嘎啦嘎啦"的声响在轨道上缓缓爬升，就像一条链锁将人的心越绷越紧。快到顶部时，所有人都停止了交谈，王丛明显感觉到大家都屏气凝神等到急速俯冲瞬间的到来。

过山车突然俯冲而下，王丛头晕目眩起来，周围的景物一会儿清楚一会儿模糊，耳边的惊呼此起彼伏，他感到腹部和胸部挤压地呼吸困难，头也不能抬起，身体被甩来甩去……

一分钟后，过山车慢慢减速并进站停下来，王丛和爸爸一起深深喘了口气，跟其他惊魂未定的人们把刚才的恐惧幻化成痛快的欢笑，这欢笑代表了胜利。

王丛第一次体会到速度和激情的碰撞，而这需要极大的勇气和恒心，这是他自己感触到的，这感触让他的潜能开始蠢蠢欲动。

爸爸也由此看出儿子有着比同龄孩子非凡的胆量和心理承受能力，就有意引导他学习卡丁车运动，也正是如此，王丛才得以向着梦想中的方向大步前进。

在孩子眼中，父亲是勇敢与坚强的典范，有父亲在，孩子就有了底气和勇气，也有了安全感。所以，要培养孩子勇敢的性格和坚强的品质，父亲要多带孩子体验考量人的胆量的刺激活动，让孩子享受一下冒险的感觉。

然而，很多孩子面对在高空中起起伏伏的过山车，既有想尝试的欲望，又被胆怯和退缩阻止尝试的脚步，对于孩子这种矛盾的心理，父母要多多理解，并耐心地引导和鼓励孩子踏出第一步。

帅帅早就听别人说过过山车有多好玩，多刺激，但一直没有机会去尝试。暑假的一天，在他的要求下，爸爸妈妈带他来到游乐园。

然而，当他见到过山车迂回、惊险的轨道，听到人们的惊呼，就害怕了。爸爸鼓励他说："男子汉嘛，要勇敢，有什么好怕的呢！"尽管有了爸爸的鼓励，帅帅有了一丝勇气，但还是不肯去尝试。

爸爸没有生气，而是和妈妈一起耐心地安慰、劝说和鼓励，帅帅这才坐上过山车。安全带系好之后，过山车很快就开动了，一开始过山车就像蜗牛一样慢吞吞地往上爬，但是几秒钟后，就发出"轰隆隆"的声响，就如瀑布一样，从上窜到下。

帅帅感到头昏脑涨、两耳生风，分不清东南西北，和其他人一起尖叫着。然而，车子仿佛都不理睬，继续在空中拧起了"麻花"，帅帅感到自己就要被扔出去了，但过山车很快"温柔"了下来，又缓缓地停靠站内。帅帅心想："过山车也不过如此嘛！没有他们说的那么可怕！"

孩子天生具有探索和尝试的欲望，只是大多数情况下由于缺乏胆量而不敢尝试，此时如果父母站在他的身边多加开导和鼓励，就会给他们注入强大的精神动力。而这恰恰能很好地锻炼孩子的胆量，培养孩子勇于尝试的精神。

坐过山车注意事项

（1）不要让孩子吃太多的东西，吃得过多，从过山车下来后容易呕吐；

（2）别让孩子在坐过山车前喝饮料，否则当过山车冲到最高点然后俯冲的时候，孩子会反胃；

（3）假如孩子实在胆小，就让他闭上眼睛、捂住耳朵，否则孩子很可能会因为过于强烈的惊险刺激而导致情绪失控；

（4）让孩子系紧鞋带，防止在过山车高速运转时将鞋子甩掉，从而对他人造成伤害；

（5）可以鼓励孩子在感到害怕时大声尖叫，以免恐惧感郁结在胸，对孩子不利；

（6）孩子年龄过小时，最好不要让他尝试坐过山车，一般而言需身高要到达一米四以上，甚至有些孩子需要超过十四岁才能尝试。

TIPS: 假如孩子非常害怕，千万不要强迫孩子去坐过山车，否则会给孩子的精神和心理造成恐怖的刺激，影响孩子的健康成长。也可以让孩子先玩刺激和惊险性小一些的项目，慢慢地让他适应，最好不要一开始就坐过山车。

让孩子智高人胆大的亲子游戏

游戏一：金鸡独立

成人跪地，双手扶起孩子，帮助孩子站立，让他的双手向外伸直端平，慢慢地让他的一条腿放在另一条腿的膝盖上，并站立几分钟，加强孩子的身体平衡性。

游戏二：小狗屈伸

成人帮助孩子跪立在地，用双手撑地，就像猫式动作，指导孩子向后伸直一条腿，然后替换另一条腿，如果孩子平衡性比较好，可以在伸直腿的同时往相反的方向伸直手，这样可以加强腹部的力量。

游戏三：踢腿后空翻

成人平躺在地面上，双膝呈90° 弯曲，孩子趴在成人的小腿上，手握孩子的腹部，小腿轻轻踢动，让他完成360° 后翻，这样可以锻炼孩子的胆量，加强其自信心。

游戏四：泰坦尼克号表演

成人双膝跪地，孩子站在成人的大腿根上，成人双手握住孩子的膝关节靠上部分，帮助他的腿部绷直，接着成人的身体慢慢跪立，孩子的身体会自然形成拱形弯度，这样可以加强孩子的上肢力量。

游戏五：前／后滚翻

成人用右手托住孩子的腹部，孩子的双手会自然垂下撑地，成人的左手可以帮助孩子低下头，同时用右手轻轻向上、向前帮助孩子完成翻跟头动作，通过此项练习可以加强孩子的身体灵活性、促进身体血液循环，加大体内氧的含量。

游戏六：倒立

成人与孩子面对面，让孩子双手撑住地面，头着地，成人要用双手握住孩子的胯部，帮助孩子完成倒立姿势，要确保孩子头部着地，但脖子不能承受任何压力，通过此练习可以加强孩子手臂和腹部的力量，促进血液循环和认知发育。

游戏七：360° 后空翻

让孩子站在成人身体的右边，成人双手握住孩子的胯部，大拇指朝下，右手放在孩子的身前，以右手为轴帮助其完成360° 后空翻，不仅可以促进孩子血液循环，还能增强孩子的胆量。

TIPS：这些游戏可以在让孩子坐过山车之前作为日常练习动作，让孩子慢慢体验惊险刺激的感觉，学会了这些动作，孩子坐上过山车后会更加镇定自若。

放风筝：培养不骄不躁的孩子

当冰雪融化，树木抽芽之时，春天带着温暖的春风来到我们身边，孩子的目光很快被蓝天白云间游弋的风筝牵走了。美丽的“蝴蝶”在白云中扇动着翅膀穿梭，穿过柔和的阳光，缓缓起舞；红色的“金鱼”不知何时也长了翅膀，越飞越高，带走了孩子所有的思绪……放风筝是春天最好的游戏，不但放走了孩子所有的烦恼，还会练就他不骄不躁的性格。

我国的风筝至少具有两千年的历史，汉朝韩信就利用风筝进行测量；梁武帝曾利用风筝送信；南北朝时期有人背着一个硕大的风筝从高处跳下，竟然没有摔死；唐朝时期，风筝成了人们手中的玩具；晚唐时，人们在风筝上捆绑竹笛，风吹声鸣而得名——风筝。

唐宋时期，中国的风筝流传全世界，成为飞行器发明的启蒙物，在美国华盛顿的宇航博物馆中就挂着一只中国风筝，其介绍为：“人类最早的飞行器是中国的风筝。”

千百年来，放风筝成了中国人钟爱的活动，老少皆宜，不仅能健身养目，还能陶冶情操。在春风拂面的季节带着孩子去放风筝，看到孩子和风筝一起玩闹、嬉戏，你也会想起自己的童年。当你跟孩子一起眺望手中的风筝摇曳于万里晴空之时，格外地恬静、欣慰和专注，这会让你抛弃生活中的一切烦恼，孩子也能感受到童年的快乐。

一个风和日丽的周末，雨晗拉着妈妈的手说：“妈妈，外面天空中好多好多的风筝，我也想去公园放风筝。”

妈妈也难得跟女儿过一个完整的周末，就很爽快地答应了，雨晗高兴地直拍手，一路上拿着漂亮的花蝴蝶风筝又蹦又跳。

公园里人很多，有的踢球，有的打羽毛球，有的滑旱冰，更多的人在放风筝。妈妈想告诉雨晗怎么放风筝，雨晗却迫不及待地将风筝拖在身后，学着别人的样子急速地跑起来，但是忙活了大半天，别人的风筝越飞越高，雨晗跑得大汗淋漓，她的风筝还是再一次一头栽到了草地上。

雨晗有些不耐烦了，将手中的线轴狠狠地扔了出去，一屁股坐在路边的椅子上，小脸儿憋得通红，眼睛浸满泪水。妈妈微笑着说："放风筝要有技巧和方法，还要有耐心，像你这样，怎能把花蝴蝶放到高空呢？"

接着，妈妈开始手把手地教雨晗如何放，雨晗也很耐心地一点点地学起来，慢慢地，在雨晗的小手一松一紧之间，她的花蝴蝶越飞越高，雨晗依然不懈怠，眼睛紧紧地仰望高空，嘴角露出一丝微笑。

日常生活中，父母们不妨选一个万里无云的温暖日子，带孩子到户外放放风筝，当孩子通过自己的努力将风筝放到高空时，他的梦想也会跟着风筝起飞，对天空产生无限的遐想。

放风筝不仅仅是一项休闲娱乐活动，还能很好地培养孩子的耐心与不骄不躁的性格，因为放风筝需要技巧，如果没有足够的耐心慢慢进行，就无法让风筝飞上云端。

放风筝是快乐的，但也不太容易操作，父母要耐心地教会孩子掌握放风筝的方法和技巧，这样才能保证风筝扶摇直上。

爸爸带着果果放风筝的那天风有点大，两个人试了很多次都没有把风筝放起来，爸爸担心果果会气馁，不断地鼓励他，果果问："爸爸，为什么别人的风筝飞得那么高，我们的不行呢？"

爸爸笑笑说："别人放之前也跟我们一样很费劲，他们放得这么高就是因为他们坚持不断地努力，所以咱们要加油！"

紧接着，爸爸告诉果果："放风筝可不是一件简单的事哦，需要很多条件，首先需要我们掌握合适的力量，还需要合适的线和合适的风。"

然后，爸爸选择了一个不错的地方，让果果借着风力快速跑动，提醒他手抓紧线，果果跑了几步后，风筝轻轻飞了起来。爸爸再次提醒果果千万不能懈怠，只有风筝飞到一定的高度才能稳定下来。于是果果按照爸爸的引导慢慢地放线，调整方向，风筝居然飞了起来。

不要让孩子小看放风筝，要想让风筝飞上高空并非一件简单的事，首先要教会孩子选择合适的地点和天气，春天和秋天是放风筝最好的时节，清明之前是放风筝的黄金时期，因为此时风向稳定，风速均匀，有利于风筝起飞。

此外，还要让孩子选择比较空旷的场地，周围不能有高大的建筑物和比较高的树木、电线杆等，以防风筝被阻挡和牵绊，而且地面要较为平坦、宽敞。

跟孩子一起放风筝，享受其中的乐趣是最重要的，还要让孩子知道风筝能飞上天的原理，此外放风筝还能让孩子学会张弛有度，让孩子对未来充满无限向往和期待，激励孩子不断地追寻。

制作风筝

准备材料：剪刀、宣纸、竹条、胶水、绳线、彩笔等

具体步骤：

（1）用宣纸、无纺布等剪成长约680毫米，宽约550毫米的风筝面；

（2）和孩子一起设计图案，在宣纸上画出孩子喜欢的动物或者动画人物，

再做两根飘带，让孩子涂上他喜欢的颜色；

（3）削四根竹条，每根大约3毫米的厚度，其中的两条跟风筝面的长和宽相同，另外两条跟风筝面对角线的长度相同；

（4）取出长度与风筝面长和宽相同的两根竹条，长的一端与宽边的中点相交，然后用绳线捆好，另外两根竹条也要相交捆好；

（5）在绑好的竹架上涂上胶水，然后粘在风筝面上；

（6）将与宽边长度相同的竹条用风筝面包好，然后粘牢固；

（7）用一根稍微比风筝面宽边短的绳子捆住风筝宽边竹条的两端（竹架面），让风筝形成一个弧面；

（8）再用两根绳线分别捆在风筝正面的宽边竹条的两端，在两根绳线长度相等处打上一个结（风筝正面）；

（9）再找一根绳线，从风筝背面的中心穿过来，在之前打结的地方再打上另外一个结，这根线要与放风筝的轴线连接在一起；

（10）将飘带牢牢地粘贴在风筝的下方，一定要注意两边的重量要相同。

TIPS：如果孩子第一次放风筝，最好选择在风力为三级左右的时候带他去放。假如你对和孩子共同制作的风筝没多少把握，可以买一只备用，以免孩子因为风筝飞不起来而扫兴。和孩子一起制作风筝的目的是提高孩子的动手能力，一旦风筝放起来，还能满足他的成就感。

放风筝的方法

原地放飞法

成人手拿线轮，让孩子拿着风筝在10米之外迎着风站立。当有风时，及时向孩子发出信号，让孩子把风筝举过头顶，松开手，成人顺势收线，并不断地一边抖动线一边放。

风筝向左偏时要向左甩线，向右偏时要向右甩线。当风筝升空后，要放一段线再稍停片刻，将风筝线一松一紧，这样可以让风筝增加向上的升力。当成人将

风筝放上天后，可以将线轮给孩子，让他感受放风筝的快感。

跑步放飞法

假如放风筝时风力过小，无法将风筝放起，就需要跑步放飞，此时可以让孩子去放飞，当成人松开风筝后，让孩子拉着风筝快速迎风跑一段路程，使得风筝有足够的升力飞起来。

放风筝技巧

（1）掌握风向和风速，可以看树叶的摆动或者抓起一把干树叶撒向空中，看树叶会落到什么方向；

（2）当风力合适时，可以放手让孩子自己去放，逆风快速向前跑，让孩子一边跑一边放线，直到风筝飞到一定的高度，不再往下坠落，就可以停下来原地放线；

（3）如果想让风筝快速起飞，就需要你帮助孩子，让孩子站在原地放线，放上大约15米，你拿着风筝逆风快速跑，并慢慢放开风筝，风筝会稳稳地飞上高空；

（4）假如你们的风筝和别人的风筝交织在一起不必惊慌，可以跟另外一个风筝的主人慢慢靠近，相互调换线轮，线就开始松开，风筝就会自动分开。

TIPS：一定要注意不要让孩子去交通道路、有电线等地方放风筝，以免发生交通事故，妨碍行人和机动车通行或者触电。

调整风筝方法

（1）当风筝总是偏向一侧时，可以调整风筝的上提线，如果风筝向左偏，就把上提线向左边移动一点，反之则向右；

（2）当风筝总是扎跟头时，可以将风筝的尾部加重，假如加重无效，就再将上提线缩短，慢慢地试着去调整；

（3）当风筝左右摇摆时，这是提线的重心太靠上导致的，需要将提线缩短一部分；

（4）当风筝飞的远却飞不高时，可以将上提线缩短，或者降低尾部的重量。

chapter 6

特殊才能篇

——玩出个性，会玩的孩子与众不同

折纸：提高孩子的动手能力

每个父母都希望自己的孩子心灵手巧，也知道动手能力和智力之间的关系，但是现代家庭中，真正让孩子动手的机会很少。孩子年龄小的时候，觉得孩子太小，父母不舍得让他做事；等孩子稍稍大了，又认为孩子学习任务重，压力大，也没必要让孩子动手。这样的结果直接导致长大的孩子结婚了还不会做饭，不会收拾家务，不会处理自己的事情，怎么办？那就要从小培养孩子的动手能力。

人类大脑左半球的主要功能是进行逻辑推理与语言表达，右半球主要负责空间构造与形象思维。左脑控制身体右侧，右脑控制身体左侧，大多数人做事情都用右手，于是左脑得到了很好的锻炼。

相反，由于我们很少用左手做事，所以右脑得到的锻炼就相对少一些，那么要想让孩子充分利用右脑，就要让孩子多动手，其中方法之一就是折纸。孩子仿佛天生对于纸张比较感兴趣，当他们还不会站立的时候，给他一张纸，他会自己玩很久，折纸通过不同图形的变化而吸引孩子，更会让他们喜欢上这种游戏。

折纸是我国多年来的传统游戏，是一种训练手与脑的活动，可以促进大脑的成熟，为孩子智育的发展打下良好的基础，能很好地锻炼孩子手指的灵活性，提

高孩子的动手能力。

折纸游戏对于孩子如此有利，坤坤妈妈当然不会错过。在坤坤两岁的时候，妈妈就买了一本折纸书，从此妈妈跟坤坤一起玩起了折纸游戏。

在折纸的过程中，妈妈一直陪在坤坤身边，和他一起折，两个人同时操作一个步骤，让坤坤按照自己的做，如果坤坤慢了一些，妈妈就有意识地停下来等他一会儿，不然坤坤看到妈妈这么快，更加手忙脚乱，会因此而放弃折下去。

在折的过程中，妈妈还会参照书上的步骤，一边念给孩子听一边折，以便孩子能更好地理解并折好。

坤坤每天从幼儿园放学回来后，吃完饭就和妈妈一起折纸，每次都能折出一个作品，比如飞机、纸鹤、鸭子、手枪等。为了鼓励坤坤，妈妈还买了一个漂亮的本子，里面放满了坤坤的作品，如果家里来了客人或者亲戚，妈妈总让坤坤拿出来给别人看，每个人都夸坤坤心灵手巧，得到赞赏的坤坤更喜欢折纸了。

妈妈发现，折纸不仅让坤坤的动手能力增强了不少，而且还能培养孩子按步骤有顺序地认真做事的好习惯。在折纸过程中，坤坤总是不停地对妈妈说：现在是第四步，马上要进行第五步了。

其次，在折纸的过程中只有认真观察好书上的步骤，才能做好并顺利进行下一步，这也锻炼了坤坤的观察能力。坤坤除了折书上教的折叠方法之外，还会问妈妈："咱们能折一个变形金刚吗？折一个外星人怎样？"这也说明坤坤在折的过程中还充分展开了想象力，并激发了他的创作力。

事实证明，折纸游戏中，孩子积极动手，手脑并用，丰富了他们对客观事物的认识，并培养了他们认真、耐心、细致做事的性格。另外，撕纸、剪纸也同样能达到这样的目的，那么，来吧，让我们和孩子一起玩儿纸吧！

一起玩游戏

七彩雪

适应年龄：1～2岁

道具：五颜六色的纸张

游戏步骤：

（1）准备一些五颜六色的纸，并放上轻柔的音乐；

（2）引起孩子的兴趣，对孩子说：“宝贝，这些纸好看吗？妈妈还能用它们‘变’出很多东西，你跟着妈妈学吧。”

（3）从最简单的东西折起，比如把一张正方形的纸折成长方形，让孩子模仿，孩子做好后要及时鼓励他说：“宝贝折的好棒，这张纸送给你了！”这样宝宝就有了成就感，接着继续带宝宝折正方形、三角形等；

（4）对于一两岁的孩子而言，他们最喜欢的是撕纸，家长可以让孩子先将纸对折起来，一张就能变成两张，然后再折再撕，如此反复纸就会变得越来越多。最后将纸的碎片撒得到处都是，并美其名曰“看，下雪了，还是七彩雪呢”。

变魔术

适应年龄：2～3岁

道具：彩纸、彩笔、剪刀、胶水等

游戏步骤：

（1）为了引起孩子的兴趣，家长可以把折好的千纸鹤、船、小鸟等都装饰在房间中；

（2）让孩子自由选择自己喜欢的彩纸，充分发挥其想象力，允许他随便折，即使他会一把揉成纸团，说这是他的“皮球”，或者把一张被他弄得乱七八糟的纸说成是“变形金刚”等；

（3）孩子很快就会对这些四不像的“作品”感到厌烦，开始希望自己折出来的东西像屋里装饰的千纸鹤等那样好看。此时，父母要积极干预，激起孩子的折纸热情，让孩子跟着自己一起做。比如可以在金黄色的彩纸上画出小猫的形状，让孩子用剪刀剪下来，并画上黑色的眼睛、胡须、耳朵，就变成一只形象的小猫了。

动物化装舞会

适合年龄：3～5岁

道具：彩纸、水彩笔、贴纸、剪刀、带松紧带的卡纸等

游戏步骤：

（1）将要进行游戏的房间简单装扮一下，用彩纸做成拉花悬挂在天花板上，再放上一些气球，营造出欢快的节日气氛，博得孩子欢心；

（2）家长可以启发孩子说："动物化装舞会马上要开始了，我们要打扮成可爱的小动物，可是忘记买面具了怎么办呢？我们动手做好吗？"孩子肯定会很高兴地答应，因为他对此舞会非常感兴趣，并希望亲手制作自己喜欢的小动物的面具；

（3）在卡纸上画出孩子喜欢的动物脸的基本轮廓，用剪刀剪好；

（4）将卡纸戴在孩子头上，但是卡纸会把脸挡住，孩子会说："我什么也看不到？露出眼睛才行啊。"此时，家长让孩子自己将眼睛的地方找准并剪出两个洞，然后依次让孩子剪出耳朵、鼻子、嘴巴等。

纸飞机

适合年龄：6～9岁

道具：干净的废纸

游戏步骤：

（1）将一张长方形的纸短边朝怀里放在桌子上，左右对折，并在纸张的中间折出一道折叠线；

（2）把对折后的纸打开，将左上角和右上角折向中间的折叠线，分别折成小三角形；

（3）再将三角形的部分依照之间的中间折叠线，左右向上对折，从而折出飞机的头部；

（4）将折好的纸张按照开始的折叠线向外侧展，就是机翼了，一个简单的纸飞机就折叠完毕。

TIPS：可以让几个孩子用自己折叠的飞机进行飞行比赛，看谁的纸飞机飞的时间长，拐弯的姿势更优美。

另外，折纸船也是很多孩子喜欢的游戏，尤其是雨过天晴之后，将叠好的纸船放在水中，看着小船漂走，而且还能左右晃动，也会给孩子留下美好的童年回忆。

提高孩子动手能力的方法

培养孩子的动手习惯

在孩子很小的时候，让他自己动手整理自己的玩具，自己洗手、洗脸、脱衣服等；孩子再大一些，让他打扫自己的房间，洗自己的袜子、手绢等，帮父母拿一些比较轻的东西；再大一些可以让孩子给花浇水，帮妈妈洗碗、拖地、整理自己的衣服等……

其实孩子很喜欢做这些小事情，父母不要阻止和担心孩子给自己添乱，而是要教会孩子掌握做事的方法和动作要领，也要让孩子坚持下去，养成自己动手做事的好习惯。

为孩子提供条件

随着孩子年龄的增长，他们的独立意识越来越强，让孩子自己动手，父母要注意给孩子提供必要的条件，比如适合孩子的小毛巾、脸盆、桌椅等，适合他身高和体力的小扫把、小抹布、小水桶等，让孩子拥有属于自己的一片天地，并教会他爱护自己的“劳动工具”。

充分调动孩子自己动手的积极性

孩子都有着很强的好奇心，对自己感兴趣的事情往往会主动要求去做，父母要学会调动孩子自己动手的积极性，比如给孩子买个漂亮的卡通汤匙，孩子就会嚷嚷着主动要求自己吃饭。当孩子完成或者做某件事时，父母要给孩子及时的表扬和赞许，这些都是孩子通过自己动手得到的最好奖励，会从内心产生自豪感，从而增强孩子的动手积极性。

给孩子购买操作性强的玩具

比如拼图、积木、橡皮泥等，都可以为孩子创造自己动手的小天地，还可以根据孩子的动手规律，拿一些废纸让他撕，拿画笔让他画等。这些玩具和简单的游戏，既锻炼了孩子的动手能力，又锻炼了动脑能力。

鼓励孩子持之以恒

孩子做很多事情大都是凭一时的兴趣，孩子的兴趣又不稳定，今天做的事情说不定明天就没了兴趣，所以父母要经常提醒孩子按时去做他应该做的事情，鼓励孩子持之以恒。

TIPS: 有些家长发现，在培养孩子动手能力时，孩子有一段时间停滞不前，心理学上将其称之为“高原期”。此时，父母要激励孩子不能放弃，要继续练习，当达到一定阶段，就会出现质的飞跃，这就是所谓的“熟能生巧”了。

购物：培养小小理财专家

“给孩子鱼吃，不如给孩子钓竿”，给孩子积累资产，不如让他从小养成正确的理财观念，对孩子来说这才是最有价值的财产。要让孩子学会理财，就需要父母在日常生活中教会他们理财的方法，购物过程中教孩子理财是最实用的方法之一。

随着人们生活水平的普遍提高，以及独生子女家庭的增多，孩子成了绝对的中心，这直接导致一大批“啃老族”的出现，再加上很多人不善于理财，不会理财，又出现了一批“卡奴”和“月光族”，这更加证明，让孩子学会理财是多么重要。

在理财观念越来越普及的今天，大多数父母越来越认识到理财的重要性，围绕孩子的资产分配也成了整个家庭的重心，父母更希望从小培养孩子的财商，为他们树立正确的财富观。

春节期间，亦寒俨然成了一个不折不扣的“小富翁”，收到了将近两千元的压岁钱，姥姥给200元，小姨给100元，舅舅给100元……亦寒高兴极了。

然而，有一天妈妈把她叫到身边问道：“寒寒，你的压岁钱呢？妈妈帮你存起来好不好，以后给你交学费，你可以去学喜欢的钢琴。”

本来亦寒想把钱拿出来在妈妈面前炫耀一番，听妈妈这么一说，立即说：“我不，这是我的钱，为什么要给你？”

妈妈好心劝道：“这又不是你自己挣的，而且你平时有零花钱，你留着这些钱没用，妈妈又不乱花，也是给你上学用。”

亦寒极不情愿地把钱给了妈妈，但后来几天再有人给她压岁钱，她从不在妈妈面前数，而是偷偷地跑出去全部花光，买了一大堆没用的东西回来。这让妈妈非常气恼，却又无计可施，苦口婆心地讲道理，孩子未必听得进去。

一次，妈妈带着亦寒出去买醋，结果发现，第一家超市的标价是6元，第二家是5元，而且妈妈通过比较发现，这两家的醋质量和重量完全相同。

看到妈妈为了一瓶醋竟然跑了两个超市，亦寒很不解地问：“妈妈，不就是一瓶醋吗，咱又不差那一元钱，你直接买了就好了，这样跑来跑去好累。”

妈妈一想，耐心地跟亦寒说：“宝贝，虽然这样只省下一元钱，但是时间长了，买的东西多了，就能省下不少钱呢。一分钱也是钱，爸爸妈妈每天上班下班挣钱，是不是付出很多劳动啊？所以，我们要货比三家，这可是妈妈多年的购物经验噢！”

亦寒顿时说不出话，想想自己为了压岁钱的事和妈妈对着干，想想爸爸妈妈的辛苦非常羞愧，同时，她也从妈妈那里学到了一条重要的省钱之道。

还有一次，妈妈去商场给亦寒买裙子，一条漂亮的蕾丝裙标价180元，妈妈做了精心的对比，和老板讲起了价钱，最后以100元的价格成交，亦寒站在一边看着，觉得妈妈好有办法，知道了有些东西可以砍价。

此后，妈妈有意识地常常带着亦寒去购物，对她进行潜移默化的理财教育，亦寒小小年纪就学会了很多购物技巧，掌握了不少购物经验。

理财能力是孩子将来生存和适应社会的必备能力之一，要想让孩子获得成功，父母不能只注重培养孩子的智商和情商，还要注重培养孩子的财商。首先父母要从此刻起改变不重视孩子理财的做法，加强对孩子理财能力的培养，使得孩子成为一个小小理财专家，学会理财就让他从跟着自己购物开始。

首先，在购物中，要教会孩子看价格，并让他们知道，某种东西之所以不去买，是因为价格过于昂贵；洗发水用完了，之所以买最大瓶的，是因为这种比较耐用、划算；之所以不再给他买他喜欢喝的果粒奶，是因为今天的购物预算用完了……这都是让孩子懂得货比三家不吃亏，以及购物要有预算等道理的机会。

在付款的时候，还可以把钱给孩子让他来支付，对于年龄稍大一些的孩子，也可以在需要的时候，让他自己到附近小商店帮你买一瓶酱油、醋、一袋盐，让孩子跑腿，偶尔把剩下的零钱当做奖励，并让孩子学会将钱放入存钱罐，开始建立储蓄的观念。但一定要注意次数不要太多，否则孩子会养成只要去买东西就有奖励的心态。

理财专家支招

招数一：不要告诉孩子“咱们买不起”

别小看孩子的经济头脑，从他们三岁起就会花钱了。《钱不是长在树上的》上的作者曾经提醒家长，不要对孩子在金钱问题上说谎。例如，你不想给孩子买他想要的东西时，可以告诉孩子“这个月没有做买这件东西的预算”，或者直接告诉他“我不准备买这东西”。千万不能用“咱们买不起”这样搪塞他的理由，父母要在孩子面前表现出是你在控制着金钱，帮助孩子树立对金钱的健康心态。

专家的话

当孩子到了三岁时，父母可以给孩子金钱让他自由支配，让他懂得如何花钱。每周给孩子一元钱的零用钱，随着年龄的增长可以多给一点，并帮助孩子做简单的理财计划，比如：5角用来买他想买的东西，另外5角放进存钱罐。

家长无须担心孩子并不懂得怎样花钱与省钱，大多数三岁的孩子并不理解为什么要这样做，即便你告诉他，他也不一定能弄明白，但这样能够帮助孩子养成良好的理财习惯，这对于他以后的人生非常重要。

招数二：给孩子展示钱财

信用卡购物方便又保险，所以这成了很多人的必备用品，但当父母不断从钱包中拿出信用卡付款时，孩子对这个小小的卡片会产生巨大的困惑，大部分七岁以下的孩子都无法把信用卡与金钱联系在一起，他们会觉得这个小卡片一定有魔力，能买任何他想要的东西。

专家的话

当父母带孩子去购物时，尽量避免用信用卡，而是用现金支付，当然也不能因此而刻意不去用信用卡，但要记住在签单的时候，让孩子看到你是如何做的，意在让孩子知道，在购物时，你是如何从原来的钱中减去已经花掉的钱。毕竟孩子早晚会使用这种具有魔力的小卡片，这种做法更适合7～9岁的孩子，因为他们比较擅长做加减法。

同样的道理，当你从银行或者ATM机取款时，也要使用这种做法，哪怕孩子只有三岁，你也要告诉他："我取了100元，那么这张卡里就少了100元。"告知孩子花钱一定要有计划，取钱的目的并不仅仅是为了消费。

招数三：让孩子知道每个东西花了多少钱

父母应该让孩子对日常生活用品的价格有个大体上的概念，无论是一只碗、一双筷子还是一件衣服。此外，你的家庭经济状况如何，也要让孩子知晓。

专家的话

父母可以当着孩子的面算算账，跟孩子说说自己一个月挣多少钱，家庭有哪些开销，每个月支出多少，如何做好预算。但要格外注意的是，不要总是谈论在孩子身上花了多少钱，比如不要总告诉孩子"这个月又给你交了两千的学费"等。

如果孩子年龄尚小，父母可以用最简单的计算方法，只计算当天的账目，也就是将每天的花费在预算中减去。

招数四：教孩子聪明花钱

很多人都有过这样的经历：原本没有打算给孩子买什么东西，但孩子哭闹不止，非要购买，无奈之下只好买下来；原本没打算买食用油，但超市正好在打折，也就买下来……

其实发生这样的事也正常，关键在于你是否能够给孩子解释清楚自己这样做

的理由和过程，让孩子知道你是如何灵活、聪明地用你的钱，也让他知道，他的行为打乱了你的计划所造成的后果。

专家的话

家长不能只指导孩子如何去计划花钱和怎样省钱，还要让孩子聪明地花钱和如何控制住花钱的欲望，将钱花在刀刃上。

购物注意事项

★避免在孩子疲劳、饥饿时带他去购物，孩子最基本的需求就是有足够的食物、水和睡眠，这些得到满足后才能带孩子轻松购物；

★购物时提前给孩子带上食品，因为孩子很难抵抗住商场繁多的精美食品的诱惑，如果再带上便于携带的玩具，在排队的时候孩子也不会感到无聊；

★规划购物路线，尽量避免带着孩子去那些你不想采购、用不到，孩子又一定会要买的柜台，比如玩具、糖果类柜台等；

★让孩子学会识别更多的商品，可以在购物前列出清单，让孩子帮自己去找，并选择物美价廉的商品；

★要注意安全，首先告诉孩子，商场人很多，一定随时抓住家长的手；其次如果孩子想要什么东西，让他提前告诉你，一起去买，不能单独行动；再次，让孩子知道，如果找不到家长，一定不要乱跑，可站在原地等，或者找售货员、商场服务人员帮忙。

堆雪人：给孩子创作的机会

堆雪人是在下雪天才能享受到的非常有趣的活动，将洁白的雪堆成人形的艺术品，不仅能够观赏，还能训练孩子的巧手，激发孩子的创作欲。当天上飘

下鹅毛般的白雪，享受雪的柔软与飘逸，品味雪天的芳香与清新，感受大自然的无限奥妙，在风雪中与孩子一起堆雪人，那梦一样的场景美丽又真实。

说到雪，人们都不由得想起它洁白无瑕的样子，白得没有一点污垢，这也是孩子们非常喜欢的东西。当孩子一觉醒来，拉开窗帘，看到窗外白茫茫的情景时，一定兴奋得难以自持，此时他们已经顾不上天气寒冷，也不管外面有多滑，只想立即跑出去尽情地打雪仗，尽情地奔跑，堆雪人，让雪花轻抚脸庞。

一个寒冷的阴沉沉的傍晚，大片大片的雪花开始纷纷扬扬地飘落，眼尖的坤坤一下就看到了，一边扔下手中的玩具，一边朝爸爸妈妈大喊：“快看，下雪啦，下雪啦！”

坤坤利索地爬上床，坐在窗台上目不转睛地往外看，嘴里还喃喃自语：“一片、两片、三片……好多呀，数不过来。”不一会儿，他看见地上、屋顶上、树上全部成了白茫茫的一片。坤坤迫不及待地跑到厨房央求妈妈：“妈妈，我出去玩会儿行吗？外面好漂亮！”

“天已经黑了呀，而且外面还下着雪，妈妈这就做好饭了呢，等明天好吧宝贝？明天雪会更厚，到时候我和爸爸跟你一起去堆雪人好不好？现在雪太薄了，堆不成呢！”妈妈劝道。

坤坤很听话地点点头，然后又回到窗台托着腮帮子数起了雪花，只等明天早点儿到来。

第二天天还灰蒙蒙的，爸爸妈妈还在睡梦中，就听见坤坤一边敲门一边大喊：“爸爸，妈妈，快出来呀，雪停了，好厚的雪呀！咱们快点出去堆雪人呀！”

爸爸无奈地摇摇头，穿好衣服，跟坤坤准备好堆雪人用的铁铲、木炭、胡萝卜、扫帚等东西，父子俩就兴致勃勃地出门了。

他们来到雪地，坤坤和爸爸一起铲雪、扫雪、滚雪球，在爸爸的帮助下，坤坤先堆起了一个胖胖的身子，又堆了一个圆圆的脑袋，坤坤用足力气抱起“脑袋”放在身子上。然后，爸爸让坤坤用两块木炭作为雪人的眼睛，将胡萝卜当成雪人长长的鼻子安在雪人的脸上。

最后，坤坤还觉得少点什么，突发奇想，给雪人画上了一个大嘴巴，还把两个扫把插在雪人的两旁当成两只胳膊。

聪明的坤坤还把自己的帽子摘下来戴到雪人的头上，一个漂亮的雪人就这样亭亭玉立地站在了大家的面前，坤坤看着自己的杰作开心得不得了。

此时，天也放晴了，雪地上的人越来越多，还有很多小朋友在打雪仗，坤坤也加入到他们的队伍当中，跑着叫着，好不开心。大家玩累了之后，又有人提议堆雪人，坤坤觉得自己之前堆的雪人太简单，号召大家堆喜羊羊、美羊羊、沸羊羊系列，看谁堆得最好。

坤坤的提议得到了大家的一致赞许，每个人都热火朝天地忙起来，不到一个小时，雪地上就成了孩子们喜欢的动画片喜羊羊的世界，蔚为壮观，爸爸还特意为他们和雪人们一起拍照合影留念。

很多人上学时都学过这样一篇课文：下雪了，雪地里来了一群小画家，小鸡画枫叶，小狗画梅花……这是多么美好的意境。可见，小动物们都能成为雪天的“创作大师”，为美丽的雪景增添一抹美妙的色彩，孩子也可以充分利用这个让想象力驰骋，让自己的双手制造“伟大”作品的机会。

有一个小男孩曾在自己的日记中写道：

今天早晨起床，发现天上下起了鹅毛般的大雪，房子和地上全白了，我迅速穿好衣服，洗漱完毕，戴上手套，也顾不上吃早饭就拉上妈妈出门。

外面已经有很多人，有的人打雪仗，有的人堆雪人，我抓了一把白雪，很柔软，妈妈说带我堆雪人，可是我没堆过，但妈妈说可以教我。

妈妈把地上的雪铲成一个雪堆，然后让我学着她的样子一点点地把手中的雪球滚大，还问我记不记得天线宝宝是什么样子的，说让我帮她堆成一个天线宝宝。

我最喜欢天线宝宝了，在妈妈的帮助下，我们做了天线宝宝的身子和脑袋，最后，妈妈让我用墨水、胡萝卜等给天线宝宝做好眼睛、鼻子、嘴巴，我还在树林里捡了一根树枝插在天线宝宝的头顶上，对妈妈说："看，这是天线宝宝的天线！"

几乎每个人回忆起自己的童年，都有雪中和爸爸妈妈一起堆雪人的画面，如今想起来依然很甜蜜、幸福，还会忍不住非常留恋，恨不得回到小时候。对于北方的孩子来说，如果他们童年的回忆"画册"中没有关于堆雪人的记忆，这不得不说是一种莫大的遗憾。

雪是大自然最美丽的杰作，能给孩子带来无限的幻想与好奇，所以父母不要害怕冻着孩子，要带着孩子去堆雪人，因为这是一项很好的艺术创作活动。当孩子在你的协助下，将洁白的雪堆成一个栩栩如生的艺术品，孩子的思维和手艺都能得到很好的锻炼，更重要的是，孩子能从中获得成就感，自信心倍增，体验到童年最美好的乐趣。

教你堆雪人

准备用具：铁铲、扫帚、树枝、胡萝卜、石头、瓶盖、纽扣等

操作步骤：

（1）堆雪人的位置确定之后，在相应的地方建立雪人的底座，用铁铲、扫帚将雪聚集在一起形成雪人的底座，想要堆多大的雪人就建立相应大小的底座；

（2）做一个小雪球，放在地上慢慢滚动，一直滚到雪球比底座略小，然后将滚好的雪球作为雪人的身子放到底座上；

（3）再滚一个小雪球，大小约为第一个雪球的二分之一，然后将雪球放到雪人的身子上作为脑袋。假如雪很不容易滚成雪球，可以将雪装在透明塑料袋中，在外面滚上雪即可；

（4）用雪分别在雪人的底座与身子、身子与头部之间作为填充，让它们充分粘合在一起。如果雪人站不太稳，可以在雪人的背后用树枝等作为支撑；

（5）用石子、黑炭、瓶盖或者其他深颜色的东西做雪人的眼睛，嘴巴可以用小树枝、铁丝等充当，雪人的喜怒与哀乐可以用眼睛和嘴巴充分地表达出来。用香蕉、松果、胡萝卜等做雪人的鼻子是最好的选择；

（6）雪人有了头和脸，那就再给它穿上一件漂亮的衣服，可以用小石子或者瓶盖等放到身子的部分充当纽扣，这样看起来雪人就像穿了一件白色的衣服；

（7）找两根粗一些的树枝或者废弃的扫帚等做成雪人的手臂，插到雪人身子的两侧，可以在树枝或者扫帚上撒上一点雪，这样雪人手臂的颜色和衣服的颜色就浑然一体了；

（8）基本的工序已经完成，最后还可以给雪人“打扮”一下，给它戴上帽子、围巾、太阳镜，让它全副武装，或者给他穿上衣服戴上手套。

TIPS：你也可以和孩子一起把雪人堆到盆里，变成移动雪人，但不要堆太大，否则会抬不动。最后别忘了给孩子的佳作拍照留念，因为雪人第二天很可能就消失了。

另外，你还可以参照孩子喜欢的动画人物，例如海绵宝宝、喜羊羊、奥特曼等，按照这些人物的形状和孩子一起堆不同的雪人。

堆雪人注意事项

★给孩子穿上暖和、防水的衣服，还要特别注意手部保暖，最好给孩子戴上一副五指分开的防水手套，穿上高筒棉皮靴，防止孩子冻伤；

★提醒孩子不要让他把雪扔到小伙伴的脖子里或者脸上，也不要把别人推到雪堆里；

★堆雪人的地点要选择平时比较熟悉的开阔地带，注意积雪覆盖的地方不要有坑洼或者凸起，以免孩子遭遇危险。

TIPS：一般情况下，孩子一旦玩起来或者玩到兴头上，早已把父母的话当成耳旁风，所以父母要提前学习一些冻伤、摔伤的常识和紧急处理方法，一旦孩子出现冻伤、摔倒等紧急情况，父母可以在第一时间处理，防止孩子造成更大的伤害。

翻花绳：提高孩子的空间和形象思维能力

如今的孩子恐怕对一根绳子不屑一顾了，但早在20世纪50年代到80年代，孩子们如果能找到一根绳子能炫耀半天，天天揣在衣兜里，上学、春游、下课时都能随时拿出来和同伴玩上很长时间。

翻绳这种游戏虽然比较“古老”，却能很好地训练孩子手指的灵活性，提高孩子的空间和形象思维能力。随着孩子翻动的方法不同，能呈现出千姿百态的形状，可谓妙趣横生，其乐无穷。

《机器猫》是很多孩子都喜欢看的动画片之一，机器猫的口袋装着各种各样的宝贝，只要大雄需要，机器猫哆啦A梦准能帮助他实现愿望。一次，大雄就利用机器猫的法宝一下子变成了翻绳界的宗师。

这天，调皮的大雄一个人坐在门口翻花绳，很认真地用手指在绳子间穿过来穿过去，嘴里还念念有词。不一会儿的工夫，一个新的花绳造型出炉了，大雄高兴地又蹦又跳，大喊：“成功啦！”

为了炫耀自己的聪明，大雄立即起身找到自己的小伙伴胖虎、小夫和静香，他想把自己翻出来的绳子新花样教给他们。然而，当他满心欢

喜地当起小伙伴的老师时，他们却很不屑，一个个跑得无影无踪。为此，大雄非常生气，妈妈在电话里说："如果你能成为翻花绳界的宗师，那么大家就愿意向你学习。"

于是，哆啦A梦用自己的法宝给大雄弄了一块招牌，由于这块招牌具有不一般的魔力，吸引静香第一个上门拜师学艺，大雄为此乐不可支，紧接着，胖虎和小夫也慕名而来，要求跟大雄学翻花绳。大雄为了报复平日经常欺负他的胖虎和小夫故意牛气哄哄地不收他们，胖虎和小夫想尽了办法，并通过帮助大雄买菜而加入翻花绳学习班。

后来，来学翻花绳的人越来越多，多得大雄家都坐不下了，哆啦A梦就用法宝又变出一座豪华的壁纸屋，大家坐在漂亮的屋子中一边学习各式各样的翻花绳，一边听大雄滔滔不绝地讲述他要成为全世界翻花绳宗师的伟大梦想。

小夫开始对大雄无比崇拜，为了讨好大雄，他还请爸爸给大雄做了一块更加气派的招牌，并悄悄地将原来的招牌换掉，结果魔力消失了，小夫头一个感到莫名其妙，不知道自己为什么到大雄家里来，接着很多人从大雄家陆续走出来。大雄和哆啦A梦也很奇怪，他们不明白为什么大家会一下子对翻花绳没了兴趣。当他们出门时才发现，不知道谁把原来的招牌给换掉了，大雄只好又回到了现实生活当中。

不要小看一根细细的绳子，如果经过人们的手，它也会产生巨大的"魔力"，变出无数的花样和图案。人类的智慧是无限的，现在人们已经发明了上千种翻花绳的玩法，在世界上大多数的种族与部落中，翻花绳十分普遍，那些用线绳翻出的无穷尽的造型有着巨大的魅力。

瞳瞳的妈妈小时候经常和小朋友们一起玩抓石子、翻花绳、跳单双绳等游戏，大家尤其喜欢翻花绳：一根绳子往手上一套，两个人四只手来回上下翻动，能翻出很多花样，而且绳子还不会打结。

瞳瞳妈妈说："翻花绳游戏既经济又好玩，现在的孩子游戏玩儿得高级且昂贵，却总是缺乏童趣。"

周末的一天，瞳瞳跟着妈妈去逛书市，瞳瞳挑了半天，拿着一本装订精美的书问妈妈："妈妈，什么是翻绳？"

"就是把绳子套在手上翻动，还有这样的书？给妈妈看看。"

妈妈把书拿到手里一看，里面全部是翻绳的各种玩法，于是说："这书真好，想学翻绳吗？妈妈把这书买下来。"

瞳瞳饶有兴致地点点头，这也勾起了妈妈童年最美好的回忆。

回到家后，瞳瞳迫不及待地找来毛线，妈妈教她做了两根套绳，母女俩就照着书上的说明开始翻起来，慢慢地，瞳瞳的手法也熟练起来，当轮到她翻时她还左瞧瞧右看看，妈妈也在一边指导她如何用小拇指、中指等做套、勾、绕、翻等动作。

一个小时很快过去了，聪明的瞳瞳就已经学会了翻"小扫帚"、"小五星"、"小螃蟹"等，瞳瞳学得越来越起劲，尤其当翻出新的花样时，还不忘向在一旁看电视的爸爸炫耀。

第二天吃过晚饭，妈妈又拿出新买的书，按照书上的翻法继续和瞳瞳练习，没想到瞳瞳记忆力相当好，很快就将前一天学的翻法全翻了出来，妈妈只好赶紧学习新的翻法。

接着，妈妈开始教瞳瞳两人翻绳，瞳瞳更是兴致勃勃，看到妈妈在自己手上撑开的绳子有了新的翻法，瞳瞳急得大喊："妈妈快点教我，怎么翻？怎么翻？"妈妈耐心地教她，让她从各个方向观察，建立起对绳子的立体感和空间感，找到下手翻动的方法。

如今，厚厚的一本翻花绳的书里上百种花绳翻法瞳瞳都学会了，妈妈又要准备买新的、难度较大的书了。

翻花绳只需要一根柔软、较细的绳子，长约1米，将两头打结系在一起，弄成一个线圈。翻花绳是把线圈套在两手上，依靠十个手指头将花绳翻成各种形状。

两个人玩翻花绳时，一个人用两手首先编成一种形状，一般是编成“牛槽”状，另一个人在这个基础上，通过勾、挑等动作和技巧，将绳线转移到自己的双手上，并且改变了上一个人翻出来的花样。由此，两个人反复编织、翻动，翻出不同的造型，需要两个人紧密配合，完成一个个复杂的造型，如果一个人翻不出来或者翻错了，使得绳子交织在一起，游戏就结束了。

教育家苏霍姆林斯基曾说，孩子的聪明才智大部分反映在手指尖的灵活性上。所以，通过翻花绳游戏各种精细的动作，可以对孩子起到益智的效果，大大提高孩子的观察、判断的能力，能有效促进手、眼、脑的协调一致，使得孩子的空间思维、形象思维、空间方位感等得到充分的发展与提高。

一起翻花绳

单人玩法

（1）拿着打成结的线圈故意在孩子面前弄来弄去，以引起他的注意，并告诉孩子：“看，我能把这根绳子变成一只花蝴蝶。”孩子由于好奇心的驱使，会伸过小脑袋，聚精会神地看妈妈是如何变出来的。

你需要将绳圈的两端分别套在两只手的手指间，然后灵活拉动绳子，前后左右地穿插，轻轻一翻，一只漂亮的蝴蝶就出现了，当孩子看到这一幕时一定会抢你手上的花绳，并说：“我也要！”

（2）当你把花绳给孩子之后，他会迫不及待地模仿你的动作在胖胖的小手上缠绕，但绳子就是不听他的指挥，一会儿就打结了。此时，孩子就会央求你来教给他，你可以趁机教孩子怎么玩儿：“仔细观察，不要挑错了线，翻的时候可以向上，也可以向下，但翻出来的样子是不同的，关键是要看如何翻转。”

你要一边讲解，一边翻给孩子看，等妈妈讲解完，孩子也能仿照你的做法翻出一只花蝴蝶，而且动作很迅速。

（3）孩子会很快学会很多玩法，还根据其形状想出了很多可爱的名字，比如小手绢、小板凳等。你要多多鼓励孩子去创新，根据自己的想法去翻，还可以跟孩子比赛，看谁翻出的花样多，动作快。

双人玩法

（1）需要妈妈或者爸爸和孩子一起配合来完成，妈妈先编成一个花样，让孩子经过缠绕、挑翻等动作完成另一种花样，你挑过来，我再翻过去，就这样相互交替编翻，直到一方翻不下去而终止游戏。

（2）当两个人玩时，技术一定要旗鼓相当，最好是大人略胜孩子一筹，这样不至于孩子正玩在兴头上时，由于大人或者其他合作者略“笨拙”而翻不下去，搞得孩子着急又生气，游戏不得不重新开始。

（3）这个游戏需要玩的人眼疾手快、头脑清醒、手指灵活，这样才能翻出好的作品。

TIPS: 父母可以事先买一些翻绳的书籍或者到网上下载各种翻法，和孩子一起学习、探讨。玩游戏时，切不要把绳子套在孩子的脖子或者手腕上，以防发生危险。如果绳子打成了死结，也不要用力拉，要把绳子慢慢松开、慢慢解。假如绳子一不小心从某个手指上掉下来也不要着急，重新开始就是了。

玩手影：激发孩子的想象力

孩子有着比成人更丰富的想象力，它也是孩子的生命力、想象力为孩子创造了成人难以进入的世界，那里有我们体验不到的东西，那里承载着孩子所有的快乐与智慧。

童年时期，一些农村大面积停电的情况相当普遍，夜晚来临，很多人家都点上蜡烛照明。闲来无事之时，一家人就围坐在一起，为了逗孩子开心，有些长辈就用手对着烛光，教孩子做一些有趣的手影，比如老鹰、鸟、狗、兔子等，非常形象。这为很多孩子幼小的心灵带来无限乐趣，使得如今长大的孩子至今记忆犹新，回味无穷。

手影也是孩子喜欢的游戏之一，有位上小学的孩子在日记中这样写道：

昨天学了“手”这一单元的课文，老师让我们学做手影。我对此很感兴趣，为了能够做好，我请妈妈帮我从网上找了手影资料，提前进行了学习。

首先我学了最美的“蝴蝶手影”。用两个小拇指交叉，其他手指张开，一只美丽的蝴蝶此时正落在白色的墙壁上。我又想让它飞起来，就慢慢扇动手指，蝴蝶就开始翩翩起舞，随着我手指的一扇一扇，蝴蝶仿佛在花朵间越飞越远，就像我在花园里见到的真蝴蝶一样。

我又做了最喜欢的“小狗”，我按照材料上的图示，将左手紧贴右手，做成狗狗的身体，将两个大拇指伸直，就像狗狗的两只竖立的耳朵，一只可爱的狗狗就栩栩如生地跳到了墙上。我把小拇指一上一下，大拇指一左一右地动弹，再给狗狗配上“汪汪”的叫声，表演得有声有色。我的狗狗跑得非常快，狂奔着，跳跃着，我喜欢极了，跳累了，我就让它休息一会儿。

我又想，可不可以做一个故事表演呢？难度虽然大，但是会更好玩。一只小鸟忽闪着翅膀从小河上方缓缓飞过，地上跟着一只活蹦乱跳的小狗，还“汪汪”冲天空直叫唤，把小鸟吓得赶紧飞走。小狗觉得不好玩儿，就跳下了墙，这时一个猎人出现了，在后面紧追不舍，走一会儿累了，就坐下来休息。此时，小鸟又飞了回来，一只兔子突然跳出来，把小鸟又吓走了。呵呵，这只小鸟是不是胆子太小了？

我一个人正玩得高兴，在一边观看的妹妹也加入进来。于是，我又当起了妹妹的老师，掰着妹妹的手指头，教她做出一只蝴蝶的样子，我眼睛一转，做了一只猫的样子，朝蝴蝶猛地扑过去，妹妹赶紧“飞”，被我气得撅起了小嘴。

手影是杭州民间传统的儿童游戏，玩起来十分简便，而且历史悠久。在《都城纪胜》中记杭州瓦舍众伎“杂手艺”中就有“手影戏”一项。手影不需要复杂的设备，只要一根蜡烛或者一盏灯，一轮圆月或者一束阳光就可以展开巧思，通过手势的不断变化，创造出各种各样形象的影像。

由于手影的主要观摩对象为儿童，儿童又喜欢动物，于是兔子、狗、猫等就成了手影的主要表现对象。

俗话说“像不像，三分样”，通过形似的手影游戏，可以很好地启发孩子的想象力、联想思维。

闹闹和兜兜的手影故事

故事之一：无意间的启蒙

闹闹和兜兜是一对双胞胎，妈妈最初教两个孩子玩手影很偶然。一个夏天的

晚上，妈妈和孩子在花园玩，这两个小淘气看着地上自己的影子，就玩起了踩影子游戏。

于是，妈妈也加入到他们的游戏当中，逗他们说“小狗来喽”，然后举起右手，把大拇指、中指和无名指捏在一起，一只活泼可爱的小狗就站在了地上。

这时，闹闹和兜兜停止了奔跑，用疑惑而好奇的眼神看着地上的影子，妈妈动了动手指头“汪汪汪，小狗要追兜兜和闹闹喽！”他们一看“小狗”动起来，迅速叽叽喳喳地跑开，似乎真有一只小狗追他们。

然后，妈妈不停地做着手势，嘴里发出“汪汪”的叫声，他们奔跑着，尖叫着，好不快乐。也就是从这天晚上起，闹闹和兜兜对手影游戏产生了浓烈的兴趣，争先恐后地要求跟妈妈学手影，没想到几次简单的重复之后，两只“小狗”居然就这样诞生了。

妈妈心得

刚开始教孩子手影游戏时最好教一些简单易做的，并边说边演示给孩子，再配上丰富的面部表情，只要求孩子跟上父母的动作即可，可以根据孩子的具体情况做不同的要求。

故事之二：儿歌伴奏

妈妈和孩子们一起玩手影时为了让游戏变得更加有乐趣，还配上一些对话与儿歌，比如用儿歌配合手指的动作，一边唱歌一边动手指头：“一根手指变变变，变成毛毛虫，向上爬；两根手指变变变，变成小白兔，跳跳跳；三根手指变变变，变成小花猫，喵喵喵；四根手指变变变，变成小鸟儿，飞飞飞；五根手指变变变，变成螃蟹，横着走。”

在边说边做的时候，孩子们总是被逗得哈哈笑，然后跟妈妈说：“妈妈你看，我变成了一只小花猫。”“妈妈，我的是一只蝴蝶。”

妈妈心得

手影游戏不但能够锻炼孩子手指的肌肉，还能培养孩子的语言表达能力，一旦孩子学会了控制自己的手指，就会不停地炫耀自己，并深深爱上手影游戏。随着时间的推移，孩子就能够自己掌控，手指的动作也会越来越灵活。

故事之三：故事模仿

最为有趣的儿童启蒙方法就是寓教于乐，妈妈经常给孩子们讲一些关于如大灰狼与小白兔的故事，并且教孩子用手来表演大灰狼，孩子的兴致立即就被提了起来。

一般情况下，妈妈来扮演大灰狼，而闹闹和兜兜分别扮演小白兔，两只小白兔经常把大灰狼弄得灰头土脸，每次大灰狼败下阵来，两个孩子就高兴得手舞足蹈。他们陶醉在游戏中，时而攥拳竖起食指和无名指，时而两手交叉，拇指紧紧相勾，变成展翅翱翔的雄鹰，讲述大森林里的故事。

妈妈心得

闹闹和兜兜每次玩得都特别高兴，他们的小手一张一合，并在不断变换的姿势中编织着童年难忘的故事。

故事之四：手影电影

妈妈还经常与爸爸表演手影电影，闹闹和兜兜非常喜欢。他们在家里扯上一块白布，放上一盏台灯，一个小小电影院就建成了。爸爸和妈妈会躲在布的后面，用手影表演他们熟悉的故事，或者自己编的适合孩子的故事。

虽然影院很简陋，但是经过爸爸妈妈生动的表演，两个小家伙每次都看得津津有味，欲罢不能。有时候他们还跃跃欲试，主动加入到表演当中。为了增加“影院”的气氛，妈妈还会配上动听的音乐，让孩子的手指随着音乐起舞，灵活变换，爸爸则拿来手电筒忽远忽近地照在孩子的手上，布上的影子也随之忽大忽小，这也给孩子带来了无穷的乐趣。

妈妈心得

惟妙惟肖的现场表演大大增加了故事的趣味性，促进了亲子感情，还锻炼了孩子的表达和表演能力。

故事之五：创新手势

玩手影游戏中，还可以启发孩子自发创造一些手势，例如：紧紧握住两个拳头，竖起两手的食指与中指靠在一起，墙上就出现了一个字母“W”；一只手的食指和中指张开就成了“V”，再将另一只手的食指伸出靠在一起就成了一个“N”……

兜兜和闹闹渐渐学会了组建字母，还得意地问妈妈：“妈妈，你看这是不是个O？”“妈妈，Z怎么弄出来呢？”

妈妈心得

多做手影游戏，不但训练了孩子手指的技能，还能开发孩子的智力，引导孩子爱上学习，更重要的是激发了孩子的想象力，培养了孩子的创造性。

孩子的想象力发展进程

1岁半~2岁

孩子1岁半后就开始玩比较简单、无创新的假装游戏，而且大都是他生活上的简单重复，跟其他人没有关系。

孩子2岁时，他们在假装游戏中加入了一些复杂的内容，他们会通过观察、思考、尝试、概括自己生活中他人生活的一些行为，再将这些行为加入到他们的游戏当中，比如他们会学妈妈打电话，拿着玩具电话想象跟某人通话：“喂，你是谁呀？”

2~3岁

孩子2岁后，对周围发生的事情有了更加充分的了解，他们的游戏也会变得越来越复杂，比如他们会把任何一件东西想象成是一部电话来玩电话游戏。孩子会利用自己的生活经验，再加上自己的想象，让自己的生活变得更有意义。

3~5岁

3岁是孩子想象力发展的分水岭，3岁后，孩子随着知识的不断累积，想象力越来越丰富，甚至达到了登峰造极的地步。除了生活中经常发生的事情之外，孩子甚至会想象成人都无法想象的事情，并体现在游戏当中。比如他们会对过家家游戏产生浓厚的兴趣，喜欢扮演各种角色来满足自己的好奇心，展现自己对不同角色人物的理解。

5岁以上

5岁左右的孩子想象力极其丰富，他们更喜欢冒险，喜欢去新的地方，做新的事情，已经懂得世界充满各种各样的可能性，他们仍然喜欢玩过家家，但游戏情节更加丰富。他们还会把自己想象成奥特曼、变形金刚，把自己一幅极其简单的画解释得丰富多彩，即便是一根枯萎的树枝，也会说成是孙悟空的金箍棒。

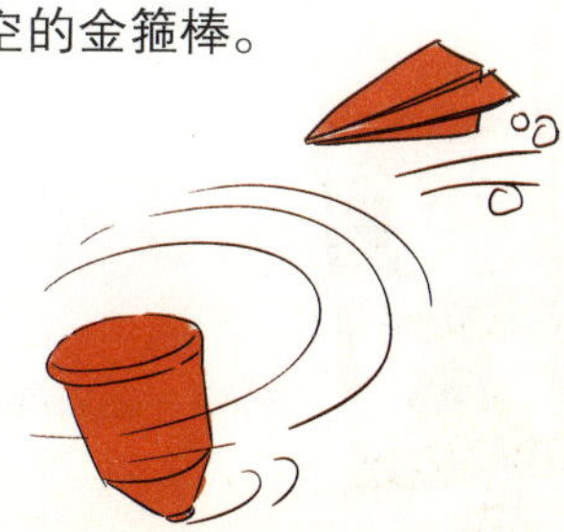

组织Party：培养孩子的领导力

在很多孩子中，总有一部分孩子“突出重围”成为“孩子王”，有着很强的号召力，他们能很好地组织集体活动，带领小伙伴有秩序地玩游戏，小伙伴也乐意跟他们交谈、玩耍，这使得他们有更多的机会展现自己的才能，得到很好的锻炼。因此，每个家长都希望自己的孩子能够出类拔萃，具有一定的领导能力。

《布奇乐乐园》是一套根据儿童身心成长特点而设计的适合中国家庭的全新早教产品，有一期讲述了一个“送小星星回家”的故事。

一些小朋友发现了一颗从天空坠落的星星，大家看到后都不知所措，此时布奇做出了送小星星回家的决定，并带领小伙伴排除万难，前往山顶。

在整个过程中，小布奇表现出了自信、勇敢、果断、冷静等一系列良好品质，最后以创造性的智慧和才能将难题解决掉，成功地将小星星送回了天空。

小布奇所表现出的领导才能，不但帮助了落难的小星星，也使得小朋友们对他更加信赖和亲近，这个小团队也更加融洽与和谐。

领导力？这对于孩子来说是不是太过遥远了？其实对于孩子来说，所谓的领导力培养就是让他们有更多的机会学习沟通的技巧，能够创造性地思考和解决问题，提升在其他人面前的表达能力和自信心，从而成为一个能吸引人的人。

1962年斯坦福大学创设了风靡全球的“未来领袖培养课程”，并总结出具备领袖气质的人通常比同龄人在八大核心能力上有突出表现，分别为：诚信、冒险、决策、责任、表达、创造、伙伴和授权。

而如果父母们从孩子小时候就让这八个关键词融入到教育当中来，那么即便孩子将来不能成为领导，这些品质也会让他们受益终生。

壮壮四岁了，上幼儿园中班，但他的性格却不像他的名字那样“强壮”，妈妈发现壮壮好像与生俱来胆小怕事，不敢在班里上台说话，不敢大声唱歌，而且特别“宅”，放学和假期总是闷在家里不出门，妈妈很担心壮壮如此下去会变得“与世隔绝”，性格懦弱，不会与人交往。于是，妈妈想到了一个办法，定期在家里举行家庭聚会。

起初，壮壮听到妈妈这个提议后，表现出的兴趣并不大，但妈妈说出了自己的构想后，壮壮就来了精神，妈妈要求壮壮来确定Party的主题，并担任Party的组长，爸爸和妈妈都是组员，听壮壮指挥。

首先，三个人开了一个策划会，会议由壮壮主持，壮壮一开始在爸爸妈妈面前说话磕巴，脸羞得通红，妈妈鼓励他说：“你大胆地说，你是组长，我和爸爸都听你的。”

渐渐地，壮壮开始自如地和爸爸妈妈讨论Party的具体实施过程，计划完毕后，壮壮开始拟定邀请人员的名单，在妈妈的指导和协助下制定需要准备的东西的细则，还预先准备了当时要玩的游戏等，一家人还在壮壮的指挥下排练了一个节目，在Party上给客人表演。

在Party进行中，爸爸则协助壮壮有条不紊指挥小客人先干什么，后干什么，由于准备的游戏有些小客人没有玩过，壮壮就充当起了总指挥，教会每个人都会玩，至于玩法，大家当然也听他的。

Party结束之后，壮壮非常高兴，话也多了起来，很有成就感。有了一次成功的先例，爸爸妈妈就有意每隔一两个月在家里举行Party，当然，壮壮每次都是总指挥，如今壮壮完全可以一个人组织了，而且Party上如果出现客人发生矛盾等意外情况，壮壮都能很快地将风波平息。渐渐地，壮壮也变得自信、开朗了许多，小宅男不见了，一个小小“领袖”诞生了。

有研究发现，孩子在群体活动中所表现出来的领导才能，比智力或者学习成绩上更能准确地预测和决定他们未来的成就。发现与培养孩子的领导力，可以促进他们社交能力的有效发展，丰富他们积极情绪的良好体验，并使得他们分析、创造和语言表达等综合能力得到锻炼与发展，对孩子个性的塑造也有很大的作用。

但是，父母要注意的是，孩子的领导才能与成人的不同，并非由权力所决定，它强调的则是孩子与同伴之间有效的合作与沟通，强调孩子在团队活动中的情绪体会。所以，父母不要苛求孩子在团队中处于独树一帜的绝对领导地位。只要孩子在集体中能够适当地表现出自己的个性和才能，能够充分地体验到融洽的团队氛围，快乐地与同伴一起分享团队成就，那对于孩子而言，就已经是满满的收益了。

领导力小游戏

游戏一：听袜子娃娃说……

适合年龄：3岁及以上

参加人数：3人以上

游戏道具：新的白袜子若干、水彩笔

游戏目的：借不同造型袜子的口气说出自己的心里话，或者在所有人面前做演讲。

游戏玩法：

（1）每个人领取一只白色的袜子和一支水彩笔；

（2）把袜子套在手上，用水彩笔画出不同的造型，比如可以是警察、国王、喜羊羊等；

（3）画完后每个人轮流用袜子上所画的东西的口吻演讲，内容不限，可以做自我介绍，可以描述自己的心情，也可以讲讲有趣的故事。

游戏二：运送海洋球

适合年龄：4岁及以上

参加人数：10人以上

游戏道具：40个海洋球（10个白球，10个红球，20个绿球）、2个纸盘、5个盒子

游戏目的：让孩子在游戏中体会到团队合作的重要性，了解到角色不同每个人的责任也不相同。

游戏玩法：

（1）把孩子们分成3队，每个人手上或者脖子上挂上队伍的编号；

（2）在宽敞的空地上画一条起点线，在10米远处再画上一条终点线；

（3）在起点放两个盒子，把白球和红球分别放在里面，在终点也放两个盒子，剩下的绿球也装好，放在一边；

（4）让第一队和第二队用接力赛的形式，用纸盘将本队的海洋球从起点运送到终点，而第三队负责在接力赛过程中用抛球的形式对比赛进行干扰。比赛后，用最快速度将海洋球运送到终点的队伍为胜；

（5）第一、二两队自行决定每个纸盘中装几个海洋球，一旦做了决定就不能改变。第三队的干扰方式没有限制，大家可以讨论决定。假如难以达成一致意见，就用少数服从多数的方式，或者推荐出有决策权的小队长负责；

（6）三队轮流担任“干扰队”，重复以上步骤。游戏结束后，成人要帮助孩子及时总结如何合作对获得胜利有帮助。

游戏三：猜猜它是谁

适合年龄：5岁及以上

参加人数：2人以上

游戏道具：10张需要填色的卡通形象图、蜡笔

游戏目的：通过连续的观察、提问、沟通等，让孩子了解到提供足够的信息对于沟通的重要性。

游戏玩法：

（1）孩子和伙伴，也可以和爸爸妈妈、爷爷奶奶等分成两队，挑选出自己喜欢的5张填色图；

（2）按照自己的想法，将卡通形象图涂上不同的颜色，然后贴在墙上；

（3）让其中一方描述自己想让对方找到的卡通形象的特征，直到对方能够猜准确；

（4）调换角色，让上一轮猜的人提供信息，再重复第三个步骤；

（5）游戏结束后，爸爸妈妈要引导孩子做出总结，让他们知道怎样才能更好地向别人传达信息。

游戏四：当设计师

适合年龄：5岁及以上

参加人数：2人以上

游戏道具：4张A4大小的空白纸、积木

游戏目的：让孩子知道城市面临着土地有限的难题，想让更多的人住进房子就要用创新的方法建造房屋，通过这个游戏可以让孩子深入思考，激发孩子创造的潜能。

游戏玩法：

（1）用4张A4的纸拼接成一张大的白纸，在上面画出城市的大体轮廓；

（2）让孩子在这张“地图”上充分展开想象力，在有限的范围内，用积木给人们建造适合更多人居住的房屋，同时还要提醒孩子兼顾城市的美丽，居民的舒适，不能太拥挤；

（3）这个游戏难度较大，家长可以提醒孩子，自己可以充当他的助手，给你分派任务，让你在他的授权与指挥之下，成为他这个小设计师的得力助手。

走进艺术殿堂：培养孩子的审美能力

感受力对一个人的一生非常重要，因为无论我们获得了怎样的生活都需要我们有良好的感受。有了感受力就需要关注感受力的品位是高还是低，这关系到一个人追求什么样的生活，做什么人。如果孩子有着良好的审美能力，他就会按照自己的审美观去构建和发展自己。

审美是和欣赏紧密相连的，欣赏和艺术又密不可分，艺术有其独特的美感和力量，可以很好地改造孩子的心灵，塑造他健全的人格，并有利于他形成正确的价值观和理想。通过欣赏艺术和艺术创作活动，孩子能从中找到快乐与自信，给孩子带来希望，良好的艺术环境和艺术作品更能启发孩子愉快的学习动机，提高他的审美能力，提升生活品位和艺术素养。

暑假期间，七岁的欢欢和妈妈再一次来到了国家大剧院，尽管这已经不是第一次，但她们还是被国家大剧院的建筑风格和浓郁的艺术氛围所吸引和感动。

暑假还未开始，妈妈就对欢欢的暑假进行了规划，其中“走进艺术殿堂”就是其特别活动中的一项重要内容。

国家大剧院中有着壮观的演出场所，华丽的舞台，还有为观众准备的造型独特的椅子，演出准时开始，大部分是乐器演奏，欢欢对乐器很感兴趣，虽然听不太懂，但那美妙的旋律深深吸引了她，妈妈见状也悄悄坐下来陪她静静聆听。

乐器演奏完毕后，妈妈陪欢欢一起参观了立体人物造型，这些大都是很有名的京剧、歌剧等剧中的场景，吸引了不少人驻足留影。妈妈也拿起相机给欢欢和这些珍贵的艺术展品摄影留念，为了便于理解，妈妈详细给欢欢讲解了一些京剧和歌剧的大体情况，欢欢也听得津津有味。

良好的艺术修养和审美能力是孩子个人素质的一部分，是孩子受益一生的巨大财富，但孩子的艺术修养和审美能力不是天生就有的，需要在艺术欣赏和才艺学习中慢慢培养，这就需要父母多跟孩子一起接触各种艺术作品，一起参加艺术活动，让孩子感受奇妙的艺术世界。

一位教育学家说：“音乐是思维的源泉，没有音乐教育，就不可能有合乎要求的智力发展。”在浓厚的音乐氛围中长大的孩子，能深切地感受到音乐的曼妙与优美，会随着音乐节拍和旋律的不断变化而让想象力驰骋。音乐还能很好地促进孩子思维能力的发展，经过音乐的熏陶，很多孩子还能描绘出美妙的画面，欣

赏各种高雅的音乐。

父母还可以常常在家里放一些钢琴曲、小提琴曲、民族器乐曲等音乐，让孩子去欣赏，去领悟，也可以带孩子去大自然听听鸟儿的歌唱，欣赏电视节目，让孩子自由地歌唱。

美术是一种造型艺术，很多美术作品色彩协调、线条清晰、形象生动，能很好地锻炼孩子的视觉，孩子在很小的时候就喜欢用五颜六色的画笔乱涂乱画其实是创造美的一种方式。父母可以利用一些简单的艺术作品来培养孩子对美术的兴趣，并激发他们的美术创造力，让他们观察大自然，在明朗的午后摆上画笔和画纸，让他画五彩的蝴蝶和鲜艳的花朵，或用胶泥捏塑成有趣的造型。

无论是音乐、美术、舞蹈还是其他艺术形式，带孩子进入艺术馆，让他欣赏不同的艺术，都可以很好地培养孩子的审美能力。但艺术馆不同于动物园，要遵守观赏规则，以防孩子做出违背观赏氛围的行为。

> 一次，爸爸带着成成去美术馆参观，成成一向喜欢画画，进入艺术馆后看到很多作品不禁兴奋异常，不停地跟爸爸说话、惊叹、大叫，引起其他观赏者侧目，爸爸不好意思地示意他小声点，成成这才安静下来。
>
> 当他看到一幅很奇怪的画作时，调皮的他忍不住好奇心，趁爸爸不注意便踮起脚尖上去扯了一下，结果画作的装裱被扯掉一个小角，工作人员看到后将这父子俩严厉训斥了一番，差点让他们赔偿，搞得成成和爸爸的观赏兴致大减，只好悻悻离开。

作为父母，一定更要懂得起码的观赏礼节，比如进入艺术馆之前，应当穿着正式些，不失礼节，不带贵重及违禁品入场，最重要的是教导孩子了解和观赏艺术品的礼仪，不要让孩子随便触摸展品，让孩子保持安静，不能随意在馆内跑动。

在艺术馆内，父母还可以轻声地询问孩子对于某艺术品或者艺术演出的看法，比如这幅画上有几种颜色？这首钢琴曲听起来如何？看到这件艺术品后觉得它像什么东西……你还可以跟孩子一起玩寻宝游戏，看谁能在一件艺术品中

找到或者听出不同的东西和感受，如果孩子说得非常好，可以给他适当的鼓励和奖励。

从艺术馆出来后，父母还可以跟孩子做深入讨论，也可以为孩子选购关于某件作品的书、玩具、贴画等。

孩子天生对美有着很好的感受，一个刚出生的婴儿，会因为屁股脏了、尿布湿了而大声哭闹，这是因为他们喜欢干净清洁的美。假如孩子所处的地方杂乱、声音嘈杂、气味难闻，也会使得他们坐立不安，这也是孩子对井然有序的基本美感的追求。所以，多带孩子进入艺术殿堂，感受和欣赏艺术作品，能够很好地满足孩子的好奇心，把孩子培养成一个有着独特审美才能的人。

参观艺术馆注意事项

很多艺术作品，比如美术馆的书画，大都按照1.6米的视角放置，比较适合成年人的观赏高度，但对于孩子来说有点高。如果孩子格外喜欢，要将孩子抱起来观赏，让他平视作品；

一般而言，观赏画作时，观赏者和画作之间的距离应当是作品长度的2～3倍；

艺术馆比较安静，应当告知孩子要多用眼睛观看，用耳朵倾听，用心领会，不能大声喧哗，父母也不需要为孩子不停地讲解，可以让他一个人静静地观赏；

对孩子而言，他们的心性浮动较大，很难参观完整个艺术馆，父母要随时观察孩子的动态，及时调整观赏计划，必要时带孩子及时离开，以免他产生反感；

随身带上纸和笔，让孩子随时能画下或者写下突如其来的灵感和想法，回家后将他的所画或者所想保存起来，这些东西可以给孩子的童年留下极其珍贵的回忆。

培养审美能力的其他方式

方式一：发现与欣赏生活之美

美学家车尔尼雪夫斯基曾经说过：“美是生活。”生活中处处都是美好的事物，父母要帮助孩子去发现和欣赏生活中美的东西，外观的对称、鲜艳的色彩、与环境的相得益彰等总会给人一种欢乐和赏心悦目的感受，这就是审美的体现。父母要教会孩子在生活中去慢慢体会，还可以从日常习惯入手，比如教会孩子穿衣搭配、房间整洁别致、书架和桌子摆放美观等，这些都可以很好地发展孩子的审美能力。

方式二：发现与欣赏自然之美

大自然巧夺天工，使得我们周围的世界充满了诗情画意，蓝蓝的天、白白的云、绿绿的草、红红的花，无一不是大自然的杰作。所以，父母要经常带孩子去公园、郊外欣赏风景，和孩子一起观赏蓝天白云、湖光山色、彩霞鲜花、高山流水、奇石怪山……让孩子知道什么东西是美好的，什么是美，为什么美。回到家后，让孩子把优美的景色画下来、写下来，强化孩子对美的体验和感受。

在五彩斑斓的大自然中，通过父母的正确引导，孩子的感情与思想也会得到启发和升华，心胸不断开阔，也更加热爱大自然和生活，对生活充满希望，情绪积极乐观，情操也同时得到了陶冶。父母要及时帮助孩子发现自然美，培养孩子丰富的审美意识与情感。父母要针对孩子不同的年龄，采用不同的方式使得孩子理解、体会和欣赏大自然中的无限美。

当孩子年龄还很小时，父母可以和孩子一起栽种小树、养小动物，将孩子对大自然的向往和热爱引导到主动观察上来。

孩子上小学之后，父母可以主动要求让孩子从大自然中发现美，比如让他观察一年四季的变化情况，春天的嫩芽绿草、夏天的葱郁荷塘、秋天的漫山红叶，冬天的飘舞雪花……

玩积木：训练孩子的逻辑思维能力

积木是永不落伍的游戏，很多专家学者通过观测和研究发现，积木是十大益智游戏之一，可以很好地开发孩子的逻辑思维能力，此外还能锻炼孩子的动

手能力，培养孩子的想象力和创造力，难度稍大一些的积木还能锻炼孩子的耐性，所以父母要鼓励孩子玩积木。

积木是很多父母熟悉的，茅盾就在他的《劫后拾遗》中写道："可不是，昨天还说买一副积木来给馨儿玩，到底又忘了。"张昆华的《小星星》一诗中有："我和小妹妹，在灯下，搬着积木盖大厦！"

父母大都知道玩积木是孩子喜欢的游戏之一，却并不懂得积木的神奇价值，他们只知道孩子喜欢玩，就买给孩子玩，至于孩子玩得如何全不在意。因此导致很多孩子拿起五颜六色的积木，饶有兴致地摆弄两下就束之高阁，让很多漂亮的积木躺在柜子里睡大觉。

晨昊三岁时，爸爸给他买了很多积木，此后每天下班就兴致勃勃地跟儿子一起坐在地毯上玩盖大楼。爸爸很耐心地教晨昊打地基，刚把地

基打好，顽皮的晨昊就把地基推倒或拆掉。之后连续几天，爸爸只要打好地基，晨昊就毫不客气地拆掉，这让爸爸觉得一点意思也没有，便不再跟儿子玩了。

妈妈发现了这个状况，问爸爸为什么不再教晨昊玩积木，这才得知晨昊是个不折不扣的“捣蛋鬼”，妈妈则不服气地说：“你就是缺乏耐心，看我的，不出几天，我就让咱儿子爱上玩积木。”

“爱？一个捣蛋鬼怎么会爱？”爸爸没好气地说。妈妈笑一笑说：“你瞧好吧！”

妈妈想起晨昊平时最喜欢看她做饭，只要她卷起袖子进厨房，晨昊定会像个小尾巴一样紧随其后，而且晨昊似乎天生就是干大厨的料，只要与做饭相关的事情，他都很感兴趣而且看一遍就会，还经常一边看妈妈做饭一边“指挥”：“妈妈，该放醋了。”“妈妈，盐放得太少了。”“妈妈，赶紧翻一下，不然糊掉了。”由此，妈妈想到一个办法：能不能由做饭让晨昊喜欢上玩积木呢？

这天，妈妈拿出各种颜色的积木，先试探性地对儿子说：“昊昊，妈妈肚子好饿，吃蛋炒饭吧。”说着，就把一块黄色的积木挑出来，在地上轻轻一磕，就像磕鸡蛋一样，然后把它放在一个盒子里，再挑出两块小而细长的积木，同时放在盒子中不停地搅动。

起初，晨昊并不明白妈妈在干什么，等他奇怪地看着妈妈又是搅动又是翻动时，这才知道妈妈是在“做饭”，于是也学着妈妈的样子从积木中挑出“米饭”、“鸡蛋”、“筷子”等开始做“蛋炒饭”。最后他还一股脑把盒子中的积木倒在一个盘子里，端到妈妈面前说：“妈妈，蛋炒饭做好了，尝尝好不好吃？”妈妈装作吃得很香的样子，不断地夸赞晨昊。

之后妈妈发现，晨昊仿佛进入了一个虚拟的世界，有着很强的模仿能力，把生活中很多的事情通过想象和思考模仿出来，从不会把红色的积木当成黄瓜。渐渐地，妈妈引导他说：“要做饭得首先需要厨房啊，昊昊先建造一个厨房出来吧。”晨昊便将积木一点点地垒起来，还思考

着，厨房的墙壁要用什么颜色，屋顶要用什么颜色，这个地方怎样搭建才更牢固等。

生活中，很多父母的思维已经成定势，经常会不自觉地限制一些玩具的玩法，有时候孩子利用逻辑和创新思维玩出了一些新奇的招数，父母会觉得孩子在捣乱，根本不会玩或者不感兴趣。在引导孩子玩积木时，有些父母总是墨守成规，晨昊妈妈的做法别出心裁，值得父母们借鉴。

选积木

0～1岁：色彩鲜艳的布积木

1岁前的孩子尚未产生真正意义上的空间概念，那些标准的六面体，有一定质感和符合力学原理的积木，对他们几乎没有任何意义，所以父母最好选择趣味性积木，比如布积木，这种积木比较柔软，有着鲜艳的颜色，上面还有很多动物、水果等他们感兴趣的图案，你可以让孩子从感知颜色、发展触觉和认识物体开始。

而且孩子玩布积木时，父母不用担心因为积木过硬而伤到孩子，布娃娃、布绒玩具等也可以充当布积木的角色，也能起到布积木的作用。

这个年龄段的孩子不管什么东西都喜欢往嘴里塞，所以不管是布积木还是木质积木都要选择安全无毒的，并且在孩子玩时，父母要严加注意。

1～2岁：较轻便的积木

这时的孩子空间意识已经形成，已经会码高，即便没有积木，他们也喜欢把很多东西堆到一起，然后很开心地看着它们倒下来或者自己推到，并且乐此不疲。假如积木上有小猫、小狗、苹果、香蕉等各种图案，他们会更加感兴趣。此时期的孩子身体控制和手眼的协调能力还不强，所以要选择比较轻便的积木，以防积木倒塌时砸到孩子。另外，积木也不能太大，因为孩子的手比较小，小一点的积木便于孩子抓捏。

2～3岁：尺寸标准的积木

2岁以上的孩子已经形成了空间概念、思维、想象和语言能力，手的动作及

手眼的协调能力也大大增强，能够做一些稍微复杂的事情。此时，父母要尽量选择尺寸标准的积木，例如两块短的积木加起来正好等于一块长的积木等。这种类型的积木能给孩子更多的创造和表现的空间。

TIPS：（1）别一次性把新的积木全部拿出来给孩子玩，这不利于孩子集中注意力，而且一次拿太多，孩子会难以作出选择，父母可以根据孩子的能力和年龄逐渐增加积木的数量；

（2）随着孩子的年龄和能力的增长，父母提供给孩子的积木可以由简单逐渐向复杂过渡；

（3）如果有条件，可以开辟出房间的一个角落作为孩子的玩积木游戏区，在该区域铺上地毯让孩子尽情地玩耍。

不同年龄段的孩子玩积木

0～1岁

这个年龄段的孩子已经会抓东西，此时就应该让他接触积木。父母可以将几块积木放在毛巾上，让孩子拉动，这能让孩子对移动的物体产生浓厚的兴趣，接着孩子就会伸出他的小手去抓积木。你还可以引导孩子将积木放在不同的地方然后再拿出来，锻炼孩子的小手指。

1～2岁

这个年龄的孩子已经有了一定的主动性，可以动手进行比较简单的操作。此时父母要给孩子一些积木，让他玩排列或者堆叠的游戏。起初，父母可以给孩子做示范，然后指导孩子用积木搭最简单的火车，很多孩子在刚学会玩积木时，总是喜欢将积木排成长长的形状。

3～4岁

这时的孩子已经有了立体概念，可以让孩子学习搭建三维积木。父母可以通过孩子玩积木让孩子认识各种几何图形之间的关系，还可以让孩子按照积木已有

的图样搭建，这能够很好地培养孩子的观察力。

5～6岁

此时的孩子已经有了丰富的想象力和思维能力，父母可以让他按照自己的想法搭建积木，不管孩子搭出何种图形，父母都要及时鼓励和肯定他的作品，使得孩子的想象力、创造力和逻辑思维能力得到充分的发挥。

积木功能性玩法

玩法一：搭宝塔

给孩子几块圆形、方形的积木，让他码高，然后将最高的地方放上三角形或者锥形积木当做房顶。积木至少需要两块，数量逐渐增加，孩子会慢慢明白，积木越多，就能搭建更高、更复杂的宝塔，越高也越容易倒塌。

在玩的过程中孩子会懂得大积木要放下面，小的放上面，这样宝塔才牢固，在玩中孩子会理解大小、多少、高矮、轻重的概念。

玩法二：找图形

让孩子认识积木的形状，比如圆形、长方形、正方形等，并说出一种图形让孩子找出来，还可以跟孩子比赛，看谁找得快而准，这可以让孩子很好地了解几何图形，培养孩子的观察力和记忆力。

玩法三：加倍

将两个半圆合成一个圆，两个相同的长方形合成一个正方形，两个三角形合成一个正方形等，此玩法可以让孩子了解不同图形之间的联系，理解整体和部分的关系等。

玩法四：对数字

给孩子买一套有着标准数字的积木，父母先根据积木上的数字由小到大的顺序码好几块，让孩子按顺序把下一个数字放到上面，如果放错数字，搭好的部分就会被碰倒，就算输。此玩法可以让孩子认识数字之间的关系。

玩法五：汽车上路

指导孩子把长的积木按照一定的间隔排列，连接成一条路，然后让孩子将玩具汽车放在上面，他可以沿着这条“路”玩汽车，并要求孩子不能让汽车碰到积木，这可以锻炼孩子的目测空间距离的能力和立体感。

玩法六：多米诺骨牌

将积木按照多米诺骨牌的方式排列好，然后撞倒最前面或者最后面的一块积木，与孩子一起欣赏积木倒下的有趣情形，在摆放积木过程中，指导孩子准确地判断空间距离。

老鹰捉小鸡：练就孩子敏锐的反应能力

反应能力是一个人应具备的基本能力之一，如今我们每天都要面对比过去成倍增长的信息，如何迅速地分析信息，是一个人把握机会，占得先机的关键。

每个孩子的应变能力不尽相同，造成差异的主要原因，一是先天因素，如多血质的人比黏液质的人反应能力快；二是后天因素，父母经常跟孩子玩一些游戏，培养孩子敏锐的反应能力，孩子遇事就会反应敏锐。

大多数孩子好动，在幼儿园上课时注意力不集中，没有约束自我行为的意识，从不按照老师的要求玩游戏，而是拿着玩具随意玩耍。孩子看似很随意，但当老师要求看图片找对应的时候，孩子只需“瞟”一眼，就能快而准确地找到。从某种角度而言，孩子的这种“无意”，恰恰是对外界的快速“留意”，他的反应能力也会随之提高。

在很多人的童年记忆中，和小朋友一起玩老鹰捉小鸡的游戏也是其中最美好而甜蜜的一部分，“小鸡们”盯着凶恶的“老鹰”如临大敌，个个保持高度警惕，“老鹰”一个快速捕捉，每个“小鸡”反应格外迅速，左躲右闪，嘻嘻哈哈声、尖叫声在天空飘荡、弥漫。

吃过早饭，妈妈带着小宝与邻居家的莹莹、莹莹妈妈一起来到小区广场，四个人找了个阴凉处坐了下来，两个妈妈开始闲聊，两个孩子在旁边玩了一会儿即感无聊，莹莹便提议大家一起做游戏，她说：“我们幼儿园的老师经常带着我们玩老鹰捉小鸡的游戏，男老师当大老鹰，女老师当鸡妈妈，小朋友是鸡宝宝，可好玩儿了！”

听着莹莹讲得这么开心，小宝非常向往，央求妈妈一起玩儿，妈妈听到这个游戏，也想起了小时候玩过的，不一会儿工夫，四个人分工完毕，莹莹妈妈当老鹰，小宝妈妈当鸡妈妈，小宝和莹莹则是两个鸡宝宝。

阵势摆好之后，鸡妈妈喊了“开始”，老鹰就迅速地左扑右扑，鸡妈妈警惕地左挡右挡，小宝拉着鸡妈妈的衣服，莹莹拉着小宝的衣服，两个鸡宝宝跟着鸡妈妈迅速躲闪，盯着久久不能得手的老鹰乐不可支。

几个人正玩儿到兴头上，广场上其他的小朋友也过来围观，在他们的盛情邀请之下，他们也加入进来，鸡宝宝的队伍开始壮大，由原来的两只鸡宝宝慢慢成了四只、五只、六只……但同时被老鹰捉住的机会也越来越大。

终于，最后一个鸡宝宝一愣神，跑慢了一步，就被老鹰抓个正着，随着时间的推移，老鹰和鸡妈妈都累得气喘吁吁，但那种快乐是酣畅的，看到每个孩子的脸上都洋溢着灿烂的笑容，乐此不疲地左躲右闪，两位妈妈力气就又多了一分。

老鹰捉小鸡是传统的儿童游戏，不需要任何设施，几个孩子凑在一起，就可以热热闹闹地玩起来。还有老鹰站在鸡妈妈的对面“奥西奥西”地大叫，吓唬对面的鸡队伍，同时做出捉小鸡的姿势，小鸡们也是都“咯咯哒，咯咯哒”地乱叫，鸡妈妈还故作镇静地问老鹰：“奥西奥西干啥哩？”老鹰说：“劈柳条哩。”“劈柳条做啥哩？”“编笊篱哩。”“编笊篱干啥哩？”“磨小刀哩。”“磨小刀干啥哩？”“杀小鸡哩！”说完，老鹰面露凶相，开始扑向小鸡……

老鹰捉小鸡也属于一种益智游戏，对锻炼孩子敏锐的反应能力、身体协调性及良好的合作能力有着非常大的益处，关于老鹰捉小鸡的游戏还有一个有趣的故事。

很久之前，在一座陡峭的山峰上有一个石洞，鹰妈妈和她的宝贝儿子小鹰住在里面，在山洞的树林里住着鸡妈妈和她的两个孩子小鸡，两家人相处和睦，是非常好的邻居。

一天，小鹰生病了，鹰妈妈急得不得了，鸡妈妈闻讯赶来，提醒鹰妈妈说啄木鸟是远近闻名的神医，鹰妈妈便拜托鸡妈妈照顾小鹰，自己则找到啄木鸟医生，可啄木鸟医生说："我只会给树看病，你可以去找蝎子医生，他善于以毒攻毒，有着让病人起死回生的本事。"

鹰妈妈谢过啄木鸟，风风火火地找到蝎子医生，蝎子信誓旦旦地说："你放心，我一定能治好小鹰的病。"鹰妈妈高兴极了，立即将蝎子医生和他的药箱驮在背上往家赶。

经过诊断后，蝎子医生说需要一种药让小鹰服下他才能好，但这种药得上山去采，鸡妈妈对鹰妈妈说："我和蝎子医生在这里照看小鹰，你赶紧去采药吧！"

鹰妈妈好不容易找到了药材，回到家后却发现小鹰已经死掉了，而且鸡妈妈和蝎子医生都不见踪影，鹰妈妈忍住悲痛，想去树林问问鸡妈妈到底发生了什么，却远远地看到鸡妈妈带着两只鸡宝宝正玩得开心。

鹰妈妈还在树林里发现了蝎子医生的药箱，顿时明白发生了什么——一定是鸡妈妈和她的孩子吃掉了蝎子医生。鹰妈妈暴跳如雷，下决心给小鹰报仇，于是扇起大翅膀朝鸡妈妈一家扑过去，鸡妈妈和鸡宝宝吓得向森林深处逃窜。

此后，鹰妈妈只要见到鸡妈妈一家就会扑向他们，鸡妈妈也誓死保卫自己的孩子。

父母在跟孩子玩老鹰捉小鸡的游戏时，可以给孩子讲讲这个故事，让孩子更

能理解游戏的内涵，而且这个游戏对于孩子而言其乐无穷、百玩不厌。在暖暖的阳光下、绿茵茵的草地上，一群嬉笑的孩子构成了一幅美丽的画面，何不让你的孩子也成为这画中的一员呢?

一家人玩游戏

游戏人数：3人

适合年龄：3岁及以上

游戏玩法：

在一个天气晴朗、阳光温暖、空气清新的世界，爸爸妈妈带着孩子来到宽敞的草地上，跟孩子一起玩儿游戏。

（1）爸爸当老鹰，妈妈当鸡妈妈，孩子是鸡宝宝。

（2）制定游戏规则：

老鹰只能捉鸡宝宝，不能捉鸡妈妈；

老鹰和鸡妈妈不能有身体碰触；

鸡妈妈要负责保护鸡宝宝，不能让宝宝被老鹰捉走；

当鸡妈妈和鸡宝宝蹲下时，老鹰就不能捉鸡宝宝；

老鹰抓到小鸡为胜，迟迟抓不到小鸡为负。

（3）游戏开始后，鸡妈妈将两腿叉开，半蹲着身子，两臂向两侧伸直，紧紧保护着身后的小鸡，鸡宝宝要牢牢抓住鸡妈妈的衣服，躲在鸡妈妈身后。

老鹰和鸡妈妈面对面站着，左右展开攻势，向鸡妈妈和鸡宝宝扑过去，寻找可乘之机。老鹰迅速一个转身，猛地从鸡妈妈的侧面扑向鸡宝宝，鸡妈妈和鸡宝宝反应真快，鸡妈妈迅速挡住鸡宝宝，鸡宝宝也迅速躲在鸡妈妈的后面。

老鹰一次又一次地进攻全部被鸡妈妈挡了回去，但他并不气馁，心生一计，装作垂头丧气的样子蹲在地上。鸡妈妈和鸡宝宝也累得喘着粗气，老鹰见鸡妈妈放松警惕，突然一个起身扑向鸡宝宝，鸡宝宝急中生智，转到鸡妈妈另一侧，鸡妈妈也反应过来，再次挡住老鹰，转危为安。

（4）老鹰经过各种努力和拼杀，最后终于缴械投降，鸡妈妈和鸡宝宝经过敏锐、机智、勇敢的战斗取得了最后的胜利。

TIPS：等孩子年龄大一些，可以让他跟几个甚至十几个小朋友一起玩儿，也可以让孩子自己做老鹰，规定老鹰要在一定的时间内捉到几只小鸡才算胜利，还可以让孩子们通过剪子包袱锤来决定谁当老鹰和鸡妈妈。

玩游戏注意事项

★游戏场地要宽敞、平坦，不要有任何障碍物，以防孩子在奔跑中被绊倒；

★最好选择户外比较厚的草坪，这样孩子摔倒后不容易受伤，如果在家里玩儿，也要尽量选择宽敞的地方，清理一切障碍物，要在地板上铺上厚厚的地毯；

★给宝宝穿比较有利于跑动和跳跃的鞋子、衣服；

★随时提醒孩子注意安全，小伙伴们之间不要乱撞，以防撞伤。

训练反应能力小游戏

抓泡泡

父母吹泡泡，让孩子抓着玩儿，东边吹一个，西边吹一个，让孩子来回跑和跳，但不能吹得太高，防止孩子因为抓不到而失去兴趣。

接球

离孩子大约一米远，将球斜着抛在地上，让孩子接住反弹起来的球。起初，你抛出去的球反弹起来后要离孩子近一些，这样能让他接住。练习多次之后，可以稍微远一些，让孩子准确做出判断并稳稳地接住。

当孩子很熟练地接住反弹的球后，可以让孩子进一步接住直接抛过来的球，开始离孩子的距离稍微近一些，随着孩子的熟悉程度的提高，你要慢慢退到一米之外的地方抛球，球的落点最好在孩子的肩膀和膝盖之间，使得孩子时而双手抬高，时而稍微弯腰才能接住。假如孩子接不住，就要跑动捡球。

钻拱桥

成人跪下，两手撑地，形成一个“拱桥”，让孩子迅速从“拱桥”下面钻过，不然你双手往下一压，孩子就会过不去。等孩子练习熟悉后，他快速抢时间的能力就会大大提高。

扑蝴蝶

与孩子一起到公园或者野外平坦的草地上，给孩子一张自制的网，让孩子奔跑着扑蝴蝶，能不能抓住蝴蝶不要紧，而是在扑蝴蝶的过程中，让孩子来回跑动，跳上跳下来追赶蝴蝶，很好地锻炼他的反应能力。

chapter 7 习惯养成篇——玩出好习惯，好习惯决定好未来

一起去散步：教孩子养成锻炼身体的好习惯

时常带孩子出去散散步，让孩子知道什么是闲庭信步、悠然自得，让孩子跟你聊聊他的快乐与烦恼，此时散步其实也是散心。散步还能使得大脑皮层的兴奋、抑制和调节的过程得到有效的改善，从而能消除疲劳，使人感到放松、清醒、镇静。

散步能够将孩子全身的大部分肌肉骨骼动员起来，使孩子的新陈代谢能力增强，肌肉发达，血流通畅，所以要让孩子爱上散步，养成锻炼身体的好习惯对于他的成长至关重要。

现如今，儿童肥胖已经逐渐成为困扰父母们的一大难题，有调查显示，目前超体重和肥胖的儿童分别占到12.22%和11.22%。走在路上或者在肯德基、麦当劳的快餐店中，我们也经常看到很多小胖墩。孩子肥胖的原因除了饮食习惯不好之外，还有很重要的一点就是，这些孩子缺乏锻炼，懒得运动，懒得走路，懒得动弹。

熙恬是家里唯一的宝贝儿子，爷爷奶奶宠着，姥姥姥爷惯着，好吃好喝的都给他，如今六岁的熙恬就像气吹的人儿一样，脸圆、肚圆、腿

圆，虽说人们见了都觉得很可爱，但这么小的孩子，体重严重超标，实在不是什么好事。

爸爸妈妈也知道照这样下去，肥胖会严重影响熙恬的身体健康，而且这孩子吃了东西就不爱动弹，不是躺在沙发上看电视，就是坐在地上玩儿积木，在幼儿园，小朋友们都又跑又跳的做游戏，老师叫熙恬一起玩儿游戏，他坐在小板凳上死活不肯挪窝。

于是，爸爸妈妈决定每天晚饭过后就带熙恬出去散步，一开始熙恬就是不肯出门，爸爸急中生智，说附近有个超市，有他喜欢吃的旺仔果冻，熙恬听到有吃的，这才勉为其难，牵着爸爸妈妈的手下楼了，但是在路上还没走几步，熙恬就懒得走了，一个劲儿地说："怎么还不到？"爸爸只好鼓励他："快了，走过这条街就差不多到了。"但是还没走到街的尽头，熙恬就坐在路边上不肯动弹，说："我不吃果冻了，不想走了，好累，我要回家。"

不管妈妈好说歹说，熙恬就是坐在地上纹丝不动，最后还是爸爸把他背回了家，还把爸爸累得够呛。第二天，爸爸又想了个办法，散步时骑着自行车，熙恬走累了，就让他坐自行车上，这个想法也得到了熙恬的赞同。

于是，每天晚饭后，熙恬被爸爸载着穿行于大街小巷之间，熙恬高兴地坐在座位上一会儿唱歌，一会儿看着路边的风景欢喜得不得了。但爸爸发现，这种方式虽让熙恬对外界产生了兴趣，可依然起不到锻炼身体的作用。

这天，熙恬主动要出去玩儿，爸爸说："自行车坏掉了，咱们只能走路了，不然就不要出去。"熙恬没办法，只好说："走路就走路。"爸爸也规定："那只能你自己走，不能让爸爸妈妈背着，你可以中途休息。"熙恬很爽快地答应了。

熙恬走路时左手牵着妈妈，右手牵着爸爸，好不高兴，时而行走时而奔跑，一路蹦蹦跳跳，还喜欢认街上门牌的字，看到陌生的东西还喜欢问爸爸："那是什么？"在聊聊走走之中，不知不觉，熙恬已经走了半个多小时。之后，他坐在河边的拱桥上稍作休息，用石子向河里投掷，玩了一会儿之后三口人继续上路……

接着，熙恬慢慢习惯了每天出去散步，看看外面有什么新鲜的事物，增加了什么新建筑，尤其是过年过节之时，外面喜庆的气氛更是深深吸引了他，为了防止熙恬对熟悉的地方失去兴趣，爸爸还时常改变线路。

如今，熙恬不仅瘦了许多，而且身体相当健康，冬天很多孩子患上流行性感冒，熙恬却安然无恙，熙恬还主动要求以后上学放学不再让爸爸妈妈骑自行车送，而是和邻居小朋友一起走路去。

散步的好处显而易见，尤其是饭后散步，古人说："饭后百步走，活到九十九。"对于孩子而言，散步不但可以锻炼身体，还能减肥，最重要的是能改掉他们不良的习惯，比如吃完饭就一动不动地坐着看动画片等。

在午后的黄昏一家人出去散散步，沿着小区的街道边走边聊，你会体会到那种舒服的感觉和内心涌动的幸福感，美国著名医学博士弗勒先生说："很多人对这种简单而效果显著的保健妙方持怀疑态度，但一经依照我的方

法在心情欠佳时随意快步走10分钟的朋友，事后都不约而同地向我表示，他们的疲倦顿消，身心畅快无比，处事有冲劲。这种美妙的感觉至少能够维持两个小时左右。”

辛辛的妈妈几乎每天都带着他沿着小区的街道散步、闲逛，见到好玩或者有趣的店铺就进去看看，妈妈还鼓励辛辛主动询问一些商品的价格及用途，使辛辛的口才和胆量也都得到了锻炼，辛辛还学到了很多生活知识。

有时候，妈妈还会跟辛辛进行比赛，辛辛的步子较小，但频率快，妈妈的步子大，但频率慢，每次比赛都不相上下，母子两个在比赛中也体会到了无限的快乐。

这样散步最有趣

过桥

当孩子刚刚学会走路时，在家里用书本铺成一条“小路”，还可以将书垫高一些，也可以铺成有弯道的道路，让孩子在上面行走，也可以用院子或者户外的花台、窄小的坎让孩子去走，能训练孩子的平衡能力。

急转弯

带孩子出去散步，让孩子以树或者其他障碍物作为转弯的标志，也可以带着孩子去迷宫隧道等地方，引导孩子做急转弯行走，可以很好地训练孩子的步伐控制力。

小心“炸弹”

准备几个球，告知孩子这些球代表“炸弹”，不能碰到它们，否则就会爆炸，孩子在朝某个地方走动时，把球用不同的速度和方式向孩子滚去，让孩子避开球，孩子在行走过程中会自觉地迅速调转行走方向和速度，这能很好地刺激孩子的本体感觉和反应能力。

按节奏行走

你可以利用节奏比较明显的乐曲，或者自己敲点，引导孩子模仿一些动物走路，比如小狗走路，训练孩子的节奏感、步伐控制能力、模仿能力等。

高低脚走

在孩子的一只脚底绑上5厘米左右的东西，另一只脚则不绑，引导孩子一只脚高一只脚低去走路，如果孩子完成得较好，还可以让孩子端着一个盘子，盘子上放几个小玩具或者小球，看看东西会不会因为他走得不平稳而掉下来，这样能很好锻炼孩子的平衡能力和专注力。

走走停停

与孩子一起边唱儿歌边走路，你可以唱道：“宝宝妈妈走一走，走过大门口，遇到一条老黄狗，吓得他们不敢走，停！”说到“停”的时候，声音要提高，而且显得很兴奋、很突然，反复训练几次，孩子不但能会唱儿歌，还能很好地控制自己的步伐。

带孩子散步需注意

★散步时，不要催促孩子快走，孩子都有自己的速度，而且他们在散步时喜欢观察周围的人和事物。如果车辆较多，为了安全起见，要让孩子在靠里面的一边走，还要拉着孩子的手，防止他乱跑。如果在公园等不允许有任何车辆进入的地方，可大胆放开他的手，让他随心所欲去他想去的地方；

★如果孩子非常好动，最好在过马路和十字路口时把孩子抱起来，如果孩子非要挣脱，很容易拉伤他的胳膊，造成关节脱臼，如果不幸脱臼也不要尝试亲自给孩子复位，要尽快去医院治疗；

★假如天气较热出去散步，最好给孩子带上饮料，孩子在活动过程中会出大量的汗，容易口渴，此外最好带上几个玩具；

★要根据孩子的年龄大小、天气情况和所去地方的远近选择散步时间、地点等；

★以孩子的速度快慢为标准，不要让孩子追着你走，不然就失去了散步放松身心的意义；

★散步中，孩子会对周围的一切产生兴趣，你可以等孩子提问，也可以主动问孩子，有趣的话题可以培养孩子的观察、思维等能力；

★家长要端正思想，出去散步的主要目的不是让孩子接受知识、学习，这只是散步带来的次要目的，主要是让孩子锻炼身体、愉悦身心、养成锻炼身体的好习惯。

看蚂蚁搬家：培养孩子善于观察的好习惯

观察是孩子认识事物最重要的途径，是智力活动的基础，是完成学习任务所必备的能力。观察也是聪明的眼睛，如果没有敏锐的观察力，就谈不上聪明，更谈不上成才。培养孩子观察的好习惯可以让孩子通过细致和全面的观察去认识、分析事物，能够让他们洞察世事，健康快乐地长大。

日常生活中，很多父母不太注重培养孩子观察的好习惯，没有把培养孩子的观察力放在非常重要的位置上，这成了抑制孩子思考力提高的最大障碍。俄国生物学家巴甫洛夫说：“观察，观察，再观察。”可见，培养孩子善于观察的好习惯十分重要。

牛顿小时候对很多事物都非常感兴趣，而且总是喜欢仔细观察，而且小小年龄的他还善于透过事物的现象看到其本质，把不懂的地方力求彻底弄清楚。

夜晚时，小牛顿仰望星空，眨巴着大眼睛观察大大小小的星星，心想：“星星和月亮为什么能挂在天空？大人说星星和月亮都在天空转动，那它们为什么没撞上？”刮风时，人们都躲进屋子中，牛顿却冲出屋外，一会儿随风前行，一会儿逆风而上，心里念叨着：“风从哪里来？为什么我往西走就顺风，行走顺利，往东走就逆风，行走困难？”

像牛顿一样，有着良好的观察习惯的孩子，总是显得睿智又具有个性，比如有些孩子写作文“我的爸爸”，只写了爸爸平日对自己有多好，爸爸的音容笑貌、言行举止等；有的孩子却不同，他们能通过爸爸的表情和举止观察爸爸内心所想及脾气秉性等；有的孩子观察大自然的景色，就看到了花儿开了，草儿绿

了，下雪了，刮风了，有的孩子则能通过植物的不同发现哪些是春天来了的象征，哪些是冬天要降临的预兆……所以，父母在鼓励孩子勤于观察的同时，还要帮助孩子善于观察。

一天，妈妈带着五岁的珍妮去爬山，刚走到山脚下，细心的珍妮就发现她的脚下有一队蚂蚁正浩浩荡荡地搬家。珍妮好奇地蹲下身仔细观察，妈妈也停下了脚步。

珍妮发现很多蚂蚁扛着比它们的身体还大的食物忙忙碌碌地往前爬，与伙伴碰面时还不忘记用触角相互打招呼。珍妮观察了一会儿，就从自己的小背包里拿出一块小饼干放在蚂蚁经过的路上，很快，越来越多的蚂蚁爬过来，合力把小饼干给抬走了。

珍妮看得咯咯直笑，觉得非常稀奇，还一边观察一边问妈妈："小蚂蚁怎么不抢饼干吃呢？""它们是怎么认路的？"

妈妈看到珍妮的样子又想起了自己的童年，觉得这是教育孩子的一次大好机会，就索性暂时放弃爬山的念头，蹲在女儿的身边津津有味地和女儿一起观察，一起交流……

孩子在生活中的很多经历父母都可以转化成教育他的机会，那么父母该怎样在生活中有效地培养孩子善于观察的好习惯呢?

首先，父母要及时捕捉，从而展开教育。孩子来到这个世界，在他成长的过程中对世界充满了无限的憧憬与好奇。但每个孩子的兴趣所在不尽相同，孩子在生活过程中随时随地会对某种事物产生兴趣。父母要善于捕捉孩子的兴趣点，从而让他去观察，去思考。

比如珍妮的妈妈发现女儿对小蚂蚁有很大的兴趣，就不着急催促女儿去爬山，而是和她一起观察，并引导珍妮观察蚂蚁小小的身体，观察蚂蚁有几条腿，几个触角，还告诉珍妮：蚂蚁是世界上数量最多的动物，它们与蜜蜂一样喜欢群居，很喜欢与小伙伴结伴寻找食物，而且它们总是互相帮助、一起分享。如果在路上和同伴相遇，它们就用触角和对方打招呼，通过气味告知同伴食物在什么方向，这样就能把较大的食物合作搬回家。

这样不仅能让孩子进一步去观察，而且还能潜移默化地培养孩子与小朋友之间进行有效的交往与合作。

其次，父母要对孩子提出要求，提高成效。细心观察是非常重要的心理素质，是孩子各种学习能力发展和提高的基础。珍妮的妈妈和女儿一起观察蚂蚁搬家时，就下意识地对女儿提问题："宝贝，蚂蚁爬得好快，它有几只脚啊？"

妈妈的问题极大地激发了孩子进一步观察，然后她告诉妈妈："蚂蚁有六只脚，左边三只，右边三只。"在教育过程中随时随地向孩子提出问题，可以让孩子无意、无目的的观察转化为有意、有目的的观察，这会促使孩子在观察中有更多的收获。

再次，父母要多学习和提高。不仅仅要积累知识，还要给孩子在观察时以正确和深入的引导，此外要改善自身的言行举止，为孩子提供善于观察的好榜样。

比如珍妮的妈妈就很善于观察，去公园玩时，妈妈就会捧着一片树叶发呆，珍妮看到妈妈的样子就感到好奇，问："妈妈，你在看什么？"妈妈说："我在看这片叶子有多少根脉络，它是什么形状、什么颜色。"

另外，在观察蚂蚁的时候，珍妮的妈妈没有像其他孩子的父母一样很厌恶地将蚂蚁随便踩死或者捏死，那会给孩子留下很不愉快的记忆，而是像呵护孩子一样呵护蚂蚁，观察蚂蚁。那么珍妮就会知道，这些小动物都是有生命的，它们很可爱，能给自己带来快乐，要懂得爱护它们。

细心的父母总是在生活中捕捉到转瞬即逝的教育孩子的机会，把有价值的事情融合到教育孩子的过程中。所以，教育也是一种有意识、无计划的过程，只要父母善于观察，善于从生活点滴中培养孩子观察的好习惯，生活本身就是最好的教材，有着非常大的教育意义和价值。

培养观察习惯小游戏

游戏一：谁在叫？

适应年龄：半岁～1岁半

材料准备：小猫、小狗、鸡等动物图片，或者橡胶、绒布、塑料等质地的玩具小动物

游戏玩法：

（1）家长拿出小动物图片或者玩具，同时将这个动物的叫声模仿给孩子听，比如拿着小狗的图片，嘴里叫着“汪汪汪”的声音；拿着小鸡的玩具，嘴里发出“喔喔握”的打鸣声，而且要告诉孩子，这是狗叫，这是鸡叫。

（2）此游戏还可以穿插到日常生活当中，随意和反复地进行，比如在小区看到小狗，家长就模仿狗的叫声，告诉孩子这是小狗狗。

（3）爸爸和妈妈也可一起与孩子完成此游戏，爸爸在孩子看不到的地方学动物叫，妈妈让孩子找找“小动物”藏在哪里了。

游戏二：声像对应

适应年龄：1岁半～2岁半

材料准备：动物图片，或者橡胶、绒布、塑料等质地的玩具小动物，能让孩子当做汽车开的纸盒或者儿童推车

游戏玩法：

（1）家长模仿动物的叫声，让孩子找出对应的动物图片或者动物玩具，如果孩子找对了，就把图片或者玩具放到小汽车里，让他带着小动物去旅行，游戏可以反复多次进行。

（2）家长也可以拿出动物的图片或者玩具，让孩子模仿动物的叫声，模仿对了，就可以把图片或者玩具放到小汽车里。

游戏三：表演双簧

适合年龄：2岁半～4岁

材料准备：若干玩具小动物

游戏玩法：

（1）家长表演，做出一个表示小动物明显特征的动作，比如小狗吐舌头喘气，小兔蹦蹦跳跳，让孩子根据你的表演找出对应的玩具小动物，并为这个小动物配上相应的叫声。

（2）家长也可以模仿小动物的叫声，让孩子找出对应的小动物玩具，并模

仿小动物的动作，游戏可以反复和变换不同的动物进行。

游戏四：谁的油多?

适合年龄：4～6岁

材料准备：一张16开大小的白铅画纸或不带漂白、无光的卡纸；含油量不同的种子或者果实，如花生、黄豆、蓖麻等，也可以是炒熟的开心果、榛子等；泡沫板或三合板、图钉、笔。

游戏玩法：

（1）将纸用图钉钉在泡沫板或者三合板上，并用笔画成多个板块；

（2）让孩子选择几种自己喜欢的种子或者果实，但不要让他一次性选太多，以两到三种为宜，并将果实放在分割区内，一个区域只能放一种，并且用透明胶带把它固定在此区域的一角；

（3）按照各区域内固定的果实或者种子，选择相同的果实或者种子在该区域内让孩子用力擦拭，就如用橡皮擦来回擦笔迹一样；

（4）将板子放在亮光下仔细观察纸上有没有油渍，对比哪个区域的油比较多，哪个比较少，哪个没有；

（5）家长要鼓励孩子用自己独特的方式将结果做记录，并给孩子解释产生这种结果的原因。

TIPS：家长还可以在日常生活中观察各种食物不同的形状，比如苹果是圆的，香蕉是长的，还可以找出两种事物的不同，比如孩子的两个朋友小明和小亮的长相有哪些不同，让孩子经常性地，随时随地地去观察，并引导他们去分析，认识苹果和香蕉为什么不同，小明和小亮不同的表情说明什么等。

去图书馆：培养孩子阅读的好习惯

早慧孩子有一个共同的特点，那就是喜欢阅读，美国心理学家的最新一项研究发现，有44%的天才男童和46%的天才女童是在5岁前开始阅读的。

早期阅读可以让孩子增长知识、开阔眼界，促进观察力、想象力、思维能力、表达能力等的发展与提高，能够使得孩子获得情感、社会性等方面的发展。而让孩子爱上阅读，养成阅读的好习惯，图书馆就是一个起点。

对于当代家庭而言，“去图书馆”这项活动早已不复存在，随着网络购物的兴起，上网给孩子订购书籍的人越来越多，但对于孩子而言，意义并不大。

让孩子去图书馆是为了建立他们的价值观，置身于热爱阅读的人群当中，对于孩子受益匪浅，而网络购书并不能达到这个目的。

另外，大量的阅读是孩子健康成长的营养品，他们能通过阅读优秀的图书建立起美好的精神世界，有研究证实，越是喜欢阅读的孩子，其学习能力就越强。

然而，根据“中国儿童早期阅读现状”调查报告显示，中国孩子的阅读现状令人十分担忧，在西方国家，儿童在6至9个月时就开始阅读，而中国孩子普遍到2岁至3岁才开始；美国孩子4岁后进入独立的大量阅读阶段，而中国孩子平均要到8岁才能达到这个水平。

要让孩子的阅读水平提高，不仅要尽早让孩子读书，还要让孩子对阅读发生兴趣，孔子说“知之者不如好之者，好之者不如乐之者。”所谓“好”与“乐”就是让孩子主动喜欢阅读。

当孩子对阅读产生兴趣时，才能积极主动地去学习，不会觉得乏味、枯燥，而阅读兴趣往往直接影响阅读效果，图书馆是阅读的天堂，那里不仅有着大量适合孩子的图书，还能将孩子带入阅读的氛围当中，通过潜移默化让孩子爱上阅读。

一一的妈妈结婚后就到德国留学，并在那里生下了一一。在德国待的时间长了，妈妈惊奇地发现，德国孩子大多都非常喜欢读书。

妈妈开始对此并不理解，后来通过与德国朋友闲聊才知道，这是由于这些孩子经常被父母带去图书馆的缘故。

由于德国人很喜欢读书，所以经常去图书馆，在孩子很小的时候，就被父母带到图书馆，在那里度过愉快而温馨的阅读时光，时间一久，在他们心中就形成了一种观念：阅读是一种享受。

当孩子能够独立阅读的时候，父母就带他们到图书馆办理借阅证，而这个小小的借阅证就是衡量一个孩子是否优秀的重要标准之一。

因为从小就培养了良好的阅读习惯，一般德国孩子上了小学后，其独立阅读的能力就已经形成，孩子的阅读兴趣也大大提高，加之学校进行的启发性教育，这种兴趣会随之增加。

一一家的邻居就是地地道道的德国人，小尼可是这家的小主人，他就在上了小学后被妈妈带着去图书馆办理了一张借阅证，而小尼可只要

有时间，就去图书馆读书，查阅资料。

随着读的书越来越多，小尼可的视野越来越开阔。他从小就喜欢钓鱼，随着阅读量的增加，他的视野渐渐延伸到了海洋、沼泽、海洋生物等众多领域。

有一天他告诉一一妈妈：“阿姨，原来美丽的海洋中不仅仅有鱼群，还有珊瑚、贝类等好多生物。”

“尼可真棒，都要成小专家了！”

“当然，我每周末都去图书馆看这类的书噢！”

在德国人的影响下，妈妈也下意识地经常带着一一去图书馆，并在一一上小学前给她办了一张借阅证，拿到这个蓝色的证件时，一一骄傲极了，就像得到了最为崇高的荣誉，这也意味着她随时可以阅读自己喜欢的儿童书。

一次，妈妈接一一放学，和老师聊了起来，老师说：“图书馆对于刚识字和刚刚学会阅读的孩子来说就是一个神奇的世界，父母经常带他们去那里，就像给他们打开了知识的大门，里面巨大的吸引力会让孩子快快长大，让他们的心智得到更好的发展。”

在带一一去图书馆的过程中，妈妈还发现这样一个情景，很多父母带着很小的孩子坐在一个安静的角落，把孩子放在膝盖上，舒舒服服地在一起看书。

当然，有些小孩子并不能好好阅读，一开始只知道捣乱，但是慢慢会受阅读氛围的影响，并且喜欢上这种安静、愉悦的氛围，长大后自然对阅读产生了浓厚的兴趣。

一一由于生在德国、长在德国，对中文没有感觉，更没有兴趣去学，为此妈妈打过她、骂过她，都无济于事。

一次，爸爸带一一去图书馆，拿着一本中文书喃喃自语：“怎么这么简单的错误都要犯！真可笑！”一一听到爸爸这么说，立即跑过来好奇地问：“爸爸，在哪儿呢？给我看看。”

爸爸趁机把书给了一一，让她仔细阅读，并找出来，结果一一还真找到了。后来，爸爸和妈妈经常在图书馆刻意找本中文书给一一，说：“你看看，这本书有没有错别字？写得怎样？”

就这样，这成了一一和父母经常做的一种游戏，每当此时，一一都会高兴且仔细地去阅读，自从办了借阅证后，中文书成了她最爱看的书。

人的兴趣不是与生俱来的，会受客观环境的影响，通过亲身实践形成与发展而来。因此，孩子的阅读兴趣与父母的引导、培养是密不可分的。如果我们根据孩子的心理特点与阅读形成、发展的规律，采用适当的方式，有意识地培养和激发孩子的阅读兴趣，那么艰巨的阅读任务对于孩子而言就会变得轻松、快乐起来，就会把“苦读”变成“乐读”。

郭沫若说：“兴趣能使我们的注意力高度集中，从而使人能够完善地完成自己的工作，有了兴趣，就会去勤学苦练，就会对一个人的成就发生作用。兴趣是可以培养出来的。”

学龄前孩子意志力比较薄弱，自控能力较差，所以对于阅读兴趣的培养就显得尤为重要，这个阶段也是孩子心理发展过程中最为重要的时期，或者是敏感期，对此苏联有位教育家说：“教育的基础主要是五岁以前奠定的，它占整个教育过程的90%。”

而所谓敏感期也是关键期，如果错过这个时期，会导致学习困难，甚至影响孩子的一生，孩子语言发展的敏感期在2岁左右，书写敏感期出现在3.5岁～4.5岁时期，阅读敏感期出现在4.5岁～5.5岁时期。

因此，很多教育专家表示“6岁前较6岁后更容易学习阅读”，而在这个过程中，图书扮演的角色极其重要。

第一次去图书馆的准备

带着放松的心情，事先给孩子讲讲那里图书的多样性和趣味性，使得孩子对此产生兴趣。尤其是孩子平时喜欢和关心的领域，要着重多讲。

适当给孩子讲讲图书馆的规矩，不要让他大声喧哗、吵闹，但也不要做过多的限制，否则他会对此感到厌烦，从心底讨厌去那个限制他自由，又没有玩具、滑梯的地方。

在孩子厌倦之前带他离开，由于孩子还想继续看下去，图书馆有东西吸引他，那么他就会主动期望下一次再来。

将孩子的梦想结合书本讲给他听，那孩子就会更加有兴致，此时，他会对图书馆这个新的世界产生无限的向往与想象，也给他撒下了理想的种子。要让孩子知道，图书馆是理想的沃土，在那里理想就能够生根、发芽、长大。

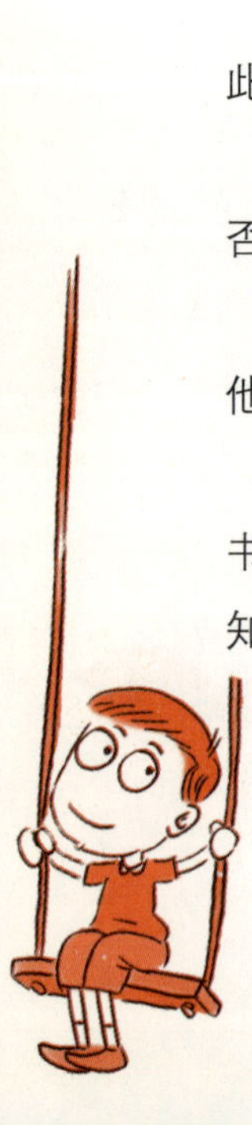

亲子阅读技巧

除却常常带孩子去图书馆阅读外，还要在家里营造良好的阅读氛围，与孩子一起阅读。

技巧一：每天坚持10～15分钟，无论你的工作有多忙，一定要抽出时间，和孩子建立共同阅读的互动关系，引导孩子充分感受阅读的乐趣。

技巧二：孩子阅读图画书的目的是让孩子感受阅读的快乐，千万不要把阅读与识字画上等号。

技巧三：仔细帮孩子筛选图书，选择与孩子年龄相匹配的图书，努力营造有趣、温馨、自在的阅读环境与氛围，引导孩子与图书对话，仔细观察插画的画面，帮助孩子感知图画的颜色，动物的样子和图画所表达的故事情节，培养孩子的思考能力和观察力。

适合儿童图书的场地

亲子阅览室、儿童图书馆、图书馆开辟的儿童阅览区。

钓鱼：锻炼孩子集中注意力的好习惯

有研究显示，钓鱼对于孩子的身心都有很大的好处，它能让孩子走出家门，到户外接触和认识大自然，从而热爱大自然，使得心灵得到净化，对诱惑产生巨大的抵抗力，有助于他们集中注意力。所以，很多孩子用钓鱼来代替利他林——注意力缺失患者最常服用的药，还有的国家为此专门设立了“垂钓周”。

注意力是智力的五个基本要素之一，是观察力、记忆力、想象力、思维能力的准备状态，它自始至终贯穿于整个心理过程，只有孩子先注意到某些事物，他们才会进一步去观察、记忆、想象和思考。因此，注意力集中对于孩子的智力活动起着非常重要的作用，假如孩子不形成集中注意力的好习惯，他的生活与学习就会受到负面影响。

在英国，很多学校开设了一门有趣的课程，名为“迷上垂钓”，校长们反映，这个课程非常好，不仅培养孩子的团队精神，提高了社会技能，最重要的是培养了他们专注的习惯，上过此课程的孩子在课堂上注意力更加集中，成绩也提高不少。另外，孩子们还能将在钓鱼过程中的经历和认识运用到学习当中，对所学的知识有了更加直观的认识。

负责垂钓课程的老师说：“钓鱼前我们会给每个孩子发一个笔记本，让他们记下钓到的东西，这可以观察植物和动物群落，让他们计算买钓鱼工具的花费，教给他们简单的算术。”

这个有趣的课程还显示，垂钓课程对于那些在常规课堂上学习有困难的孩子而言受益匪浅，往常他们在课堂上安静不了五分钟，如今却能在河边安安静静地坐上五个小时。

很多人认为，钓鱼是成年人尤其是老年人喜欢的娱乐活动，他们在繁忙的工作之余，或者为了打发退休生活的寂寥，调节和松弛疲惫的身心，以钓鱼来修身养性。其实，钓鱼也适合孩子，在古代就有孩子钓鱼的例子，唐朝时有诗人写了一首名为《小儿垂钓》的诗：蓬头稚子学垂纶，侧坐莓苔草映身。路人借问遥招手，怕得鱼惊不应人。

对于钓鱼的种种好处，已经上初中的巍巍有着很深的体会，他讲述了自己的亲身经历：

我曾经性子很急，干什么都沉不下心。我上小学的时候，邻居有个比我大两岁的小哥哥经常有事没事到小区后面的小河里钓鱼，而且劲头十足，在河边一坐就是三四个小时，每次都能钓到好多的鱼。

我对此感到很好奇，常常跟着他蹲在河边观看，看到他钓到鱼，我既羡慕又嫉妒，暗暗想：“他能钓到鱼，我一定也可以！”于是，我就央求爸爸给我买了鱼竿、鱼食等，跟在小哥哥屁股后面去河边钓鱼。

坐定后，我就学着小哥哥的样子做鱼饵、抛鱼竿，但十几分钟后，水中一点动静也没有，我心急如焚、坐立不安、唉声叹气，还在岸边捉

起了蝴蝶。小哥哥看到我的样子不禁笑了起来，他说：“钓鱼不能着急啊，有饵料的地方鱼就会多，等鱼越来越多，有时候就能连续地提竿，在很短的时间内，咱们就能钓到不少鱼。”

听了小哥哥的话，我感到万分羞愧，就继续坐下来静静地等待。

大约又过了半个小时，我突然发现投下饵料的地方，水中不停地泛起泡泡，而且越来越多。小哥哥说：“瞧，鱼来了，再等一会儿，鱼就要上钩了。”

果不其然，又过了几分钟，我的浮漂抖动了几下然后突然上浮，我连忙提竿，一条小鱼就挂在钩上拼命地挣扎着。

尽管鱼很小，但是我特别有成就感，兴致也大增，紧接着，正如小哥哥所说，每隔五到十分钟我就能钓到一条鱼，大大小小地能钓上几十条，那天我们俩一直从上午钓到下午。而我，从此就爱上了钓鱼。

更重要的是，我发现爱上钓鱼之后，我的性子没那么急了，做事注意力很集中，课堂上我不再三心二意，不再听不进老师讲的课，背起课文来又快又准确，当然成绩也提高了不少。

由巍巍的经历可见，钓鱼能培养一个人的好性格，培养人的注意力和专注力，甚至能改变一个人遇事就性急的毛病，这也给孩子的生活增添了许多乐趣。

钓鱼还能提高孩子的反应能力。钓鱼的关键就在于观察鱼漂和及时提竿，刚开始学钓鱼，要经过较长时间的练习才能得心应手，这就能锻炼孩子的反应能力，也能提高他们脑细胞的灵活性。

我们常听眼科医生说：“常看远方，常看绿色，视力就不易减退。”如今，很多孩子由于读书、看电视等不良习惯，患上近视的越来越多，而钓鱼需要看几米甚至几十米之外绿水中的浮漂，经常钓鱼既要看远处，又要看绿水，对孩子的视力起到了很好的保护及恢复作用。

还有调查显示，喜欢钓鱼的孩子不易学坏，因为垂钓的地方往往风景如画、空气清新、安宁静谧、湖水澄澈、鸟语花香，自然界之美对孩子起到了潜移默化的作用，其心灵得到净化与洗涤。长期处于这种环境中，孩子的心境会变得恬淡、平和、愉悦，会对大自然产生无限的留恋与热爱。

如今有些孩子由于父母爱护过度，脾气暴躁，而钓鱼需要心平气和、不急不躁、从容不迫，时间久了，再暴躁、性急的人，脾气秉性也能得到陶冶、修炼，变得冷静、不易冲动、有耐心、喜欢思考，这些好性格都对孩子的成长有着极大的益处。

一起去钓鱼

购买质量好的钓鱼产品

（1）最好不要购买好看却廉价的儿童渔具，由于那些鱼竿比较难抛，而且线的质量较差，很容易打结，钓鱼时需要花更多的时间去解开那些结，而孩子也会因此兴致大减；

（2）要选择质量好、超轻型的钓竿和渔线轮，一般为1.5~1.8米，尽量购买稍短的钓竿，但不能短于1.5米，较轻的钓具能使得孩子对鱼咬钩的感觉更加明显；

（3）购买一卷比较好的钓线，一般来说，质量好的钓线粗细均匀，比较柔软，有弹性和光泽，而且不容易打结，方便孩子使用；

（4）买比较合适的浮漂，要仔细咨询渔具店店员，让他帮你选择适合孩子使用的浮漂；

（5）钓箱能把所有东西收纳进去，你可以选择适合孩子大小的钓箱，不要太大，便于孩子拿，让孩子将钓具整齐、有序地摆放在里面。

准备钓鱼辅助用具

（1）备用钓钩、线、饵料等器具；

（2）用于放鱼的容器；

（3）遮阳伞，尤其在炎炎夏日，以防孩子晒伤；

（4）手电筒，以防太阳下山后光线不足；

（5）钓鱼专用服装；

（6）发射信号的装置及雨衣等。

选择合适的水域

（1）寻找一个人比较少、不拥挤的地方，因为孩子在抛竿钓鱼时一般都很兴奋，很容易影响其他人；

（2）孩子的体力有限，使用的钓具也较小，最好找有着很多小鱼的池塘，这更适合孩子垂钓；

（3）河岸不要太滑，以防孩子失足落水。

培养注意力集中习惯需注意

根据孩子的年龄而定

不同年龄的孩子注意于某件事或者某事物的时间有所差别，年龄越小，注意力集中的时间就越短，很容易被干扰。

在幼儿园小班，老师正在讲《小猫钓鱼》的故事，没讲上几句，有孩子就忍不住了，大声喊道：“我爸爸会钓鱼！”其他孩子也不甘示弱，不放弃这个炫耀的机会，纷纷大喊起来，“我舅舅也会钓鱼”、“我姥爷也会钓鱼”、“我爷爷也会钓鱼”……整个教室就像炸开了锅。而在中班尤其是大班，同样的事情就不容易发生，大部分孩子能够安安静静地听老师把课文讲完。

可见，孩子不同的年龄段，注意力的发展水平也不同，父母一定要了解这个差异，在孩子钓鱼或者进行其他专注力培养时，不要用过高的期望来规范孩子老老实实地坐上三四个小时。

注意力是否集中与兴趣紧密相连

孩子非常容易受新奇的事物和自己感兴趣的东西的吸引，所以培养孩子的兴趣对孩子养成注意力集中好习惯有着很重要的作用，而孩子也能对感兴趣的事情投入更多的心思。所以，父母在让孩子去钓鱼之前，一定要让他对钓鱼产生兴趣，比如孩子喜欢活蹦乱跳的鱼，就从此着手，让孩子爱上钓鱼。否则，孩子不感兴趣，即便给他提供更多的钓鱼机会，他也不会快乐地去享受。

允许孩子自主玩耍

很多家长带孩子钓鱼时会发现，孩子钓着鱼被草丛里的蚂蚱、蝴蝶等吸引，于是家长就忍不住教训他们一顿，强制性地将他们按回座位上钓鱼，但与此同时，孩子也失去了一个注意其他事物的机会。孩子对蚂蚱等动物感兴趣说明他们喜欢，他们在观察和分析这些动物的特性、特点，甚至在动脑筋思考。

如果父母这时候打断他们，不仅会打断他们的思路，还会让他们感到反感，认为是钓鱼剥夺了他们和小动物玩耍的机会。因此，如果孩子对钓鱼外的其他事物所吸引，父母不要急于训斥或者干扰孩子。

提高专注力的游戏

玩扑克

拿三张不同的牌（去掉花牌）随便摆在桌子上，比如从左到右依次是方片3、红桃2、梅花6，选取一张要记住的牌，比如梅花6。让孩子盯着这张牌，然后把三张牌全部翻过来扣在桌子上，家长随意更换三张牌的位置，然后让他说出梅花6在哪里。猜对了就算胜，两人可以轮换做游戏，随着能力的提高，可以增加难度，比如增加牌的数量、变换的次数。

“开火车”游戏

需三人及三人以上，可以一家人一起玩。以三个人为例，三人围成一圈，每个人报一个站名，通过对话来开动“火车”。比如，爸爸是北京站，妈妈是上海站，孩子是南京站。爸爸拍手说：“北京的火车就要开了。”大家一齐拍手问：“往哪里开？”爸爸拍手说：“南京”。于是，南京站的孩子马上说：“南京的火车就要开了。”大家再一齐拍手问：“往哪里开？”孩子拍手说：“往上海开。”

依此类推，火车开到谁那里谁就要马上接口，“火车”开的越快越好，中间不要间歇，最好能多几个人，比如加上爷爷奶奶、姥姥姥爷。

端乒乓球比赛

和孩子进行端乒乓球比赛，将球放在球拍上往前跑，看谁跑得快，球还不会掉下来，爸爸在和孩子比赛的时候，妈妈可以在一边进行干扰，一会儿跺脚，一会儿大喊大叫，还会说“掉了！掉了！”这样孩子会忍不住笑，但为了不输给爸爸，又必须保持镇定和注意力集中，继续完成游戏。

打电子游戏：培养孩子善于自我控制的好习惯

自我控制的习惯对一个人能否形成良好的性格有着非常重要的作用，但自控力并非与生俱来，是孩子在后天的环境中，随着教育的影响和自我认知的发

展而建立与发展起来的。

孩子自控力强就能在外界有所限制的情况下，克服困难、排除干扰，想方设法来控制自己的行为。游戏是孩子的主要活动，可以根据孩子的特点，在游戏中锻炼孩子的自制力、自觉性、坚持性和延续满足等要素。

在幼儿园里，老师做了一个关于抵制诱惑，测试孩子自控力强弱的试验：

给每个孩子发一颗巧克力糖果，并要求他们15分钟后才能吃，如果按照老师的要求做，他们就能再得到一颗糖果。结果，很多孩子不到15分钟就把糖果吃掉了。有少部分孩子用玩游戏、看书等做法来分散注意力，15分钟后才将糖果吃掉，而他们又得到一块糖果。

老师通过进一步观察发现，得到两块糖果的孩子在上课时很少打断老师讲课，几乎不随便插嘴，当他们生气、兴奋或者伤心的时候，也能够在很短的时间内迅速调整情绪，使得自己冷静下来，极少做出什么打人、骂人等冲动鲁莽的行为，他们做事自觉又有耐心，而那些只吃到一颗糖果的孩子在这些方面做的都比较差。

这个试验表明，自控力强的孩子更优秀，更能把控自己的情绪和行为。一个人要想获得卓越的成就，很好地实现人生目标，就应该具备抵制诱惑和控制冲动的能力，而这需要经过后天的教育与培养。

清誉七岁了，在一家寄宿小学读书，在他上小学前，爸爸就打算给他买一台电脑，想引导清誉利用电脑学习。但妈妈没有答应，她怕清誉会偷偷用电脑上网、打游戏，而父母又没有时间时刻盯着他上网干什么，觉得孩子还是晚些接触电脑的好。

一天，爸爸下班路过清誉的学校，想去看看儿子，结果儿子并没有在宿舍，儿子的同学说他可能在学校附近的网吧。果不其然，爸爸在网吧里将正玩得不亦乐乎的儿子堵个正着。

然而，爸爸并没有像大多数父亲那样，看到儿子不务正业，小小年纪泡在网吧打游戏就火冒三丈，上去给儿子一个耳光，然后生拉硬拽把儿子弄回家，怕儿子染上网瘾就天天守在学校门口蹲点、抓现行，而是悄悄离开网吧，回到家把情况告诉了妈妈。

妈妈听后当然很气愤，也很着急，怕儿子学坏，耽误学习，但经过爸爸的劝阻，两个人商量着给清誉买了一台电脑。清誉每个双休日都会回家，爸爸允许他周末可以玩上3小时的网络游戏，有时候爸爸还跟孩子一起玩儿，他们一起打CS、玩赛车，父子两个就像兄弟一样，玩得格外开心。奇怪的是，从此之后，清誉再也没有去过网吧。

如今很多孩子小小年纪就沾上网瘾，这让父母们谈“网”色变，对孩子严防死守，坚决不让孩子接触网络游戏，但结果总是事与愿违，孩子反而对网游更加迷恋，更加欲罢不能，有时候也因为被父母责骂而发誓再也不玩，但总是把控不了自己。

电子游戏闪电般的速度，惟妙惟肖的声音，魔幻的画面，无不对孩子造成极大的诱惑。孩子的自控力又是极其有限的，如果让他一个人玩游戏，他会无休止地、废寝忘食地玩下去。而如果有人和他一起玩儿，玩到一定时间后，再提醒他：“游戏时间结束，接下来你去做作业，我去看书。”

孩子一看自己的“伙伴”都不玩了，一个人玩着也没什么意思，也会很自然地听从家长的教导。从另一方面来说，陪孩子玩游戏，家长和孩子都能得到身心的放松，孩子能获得更大的快乐，方便了亲子交流，有利于父母及时了解孩子的真实想法，从而使得父母针对孩子身上出现的问题能够对症下药。

如果一个很喜欢玩电子游戏的孩子能够抵制诱惑，克制冲动，他的自控力也会大大提高，当然这还要父母加以正确的引导。

玩电子游戏注意事项

学龄前让孩子接触电子游戏

即便你在家里可以阻止孩子玩电子游戏，但是他迟早会在小朋友或者同学那里接触到。一般而言，刚刚接触电子游戏时，其吸引力相当大，孩子会很快对此痴迷。

假如孩子在学龄前就已经开始接触电子游戏，尽管起初很沉迷其中，但此时孩子的主要任务就是玩儿，就很难出现像已经上了小学的孩子那样，因玩电子游戏而影响学习的状况。

这是因为经过早期一段时间的接触之后，孩子对电子游戏的兴趣大大降低了，逐渐把电子游戏看成是电视或者玩具一样的一般娱乐工具。

而对于学龄期孩子而言，那就不同了，前期痴迷电子游戏使得成绩下降，当他对电子游戏失去兴趣，再把精力用在学习上时，一旦学习跟不上，他就又会通过更多地玩电子游戏来获得虚拟的成功，从而形成恶性循环。

在欧美和日本，电子游戏非常普及，但很少有孩子因此沉迷其中并影响了正常的学习和生活，这就是因为他们的家长在学龄前就让他们接触电子游戏的缘故。

严格控制孩子玩游戏的时间

虽然不能禁止孩子玩电子游戏，但也不能让他毫无节制地玩。有研究发现，孩子在玩电子游戏超过1小时之后就开始出现“电子游戏综合征”，会引起神经紧张，注意力过度集中，从而导致身体疲劳和行为的改变。

所以，父母要严格控制孩子的游戏时间，最好的方法就是允许孩子每天玩两次电子游戏，每次不能超过半小时，或者每天一次，每次最多1小时。另外，要坚决制止孩子晚上玩游戏，因为这会使得孩子过度兴奋从而影响睡眠。

如果时间控制不好，还会占用孩子其他活动的时间，比如与同伴交往、兴趣爱好的培养等。

给孩子必要的引导

父母一定要了解孩子在玩什么游戏，因为根据相关的调查发现，大多数孩子喜欢玩暴力游戏，这些游戏充斥着血腥和武力，对孩子的成长有害无益，会严重影响孩子的心理健康。所以最好让孩子在家里玩游戏，以便对孩子玩的内容进行有效监督，最好跟孩子一起玩儿。

有些孩子对电子游戏有着极大的兴趣，父母可以有意识地让孩子认识到电子游戏背后所涵盖的电脑技术，把孩子对电子游戏的兴趣转移到学习电脑知识上。微软总裁比尔•盖茨和WPS的研制者求伯军最初都是电子游戏的崇拜者，因而也对计算机产生了兴趣，从而成就了一番事业。

向孩子请教玩法

在游戏上，恐怕很多家长还需要向孩子学习，当你放低姿态向孩子请教时，他会有一种被尊重和被信任的自豪感，自信心会得到很大的鼓舞，也不会担心因为玩游戏

而受到批评，孩子有了这样的心态后，如果你再对他进行教育，他就更乐意接受。

此外，一些看上去很简单、无趣的游戏，对于孩子而言也许是很好的学习机会，比如和孩子一起玩足球游戏，你可以引导他："你知道巴西在哪里吗？咱们家墙上贴的世界地图上能找到呢。"孩子由于好奇心的驱使，很可能停止游戏，跑去看世界地图。

帮孩子选电子游戏

如果你比较懂电子游戏，可以根据孩子的兴趣，为他选择有助于他学习知识的游戏。一个电子游戏的好玩与不好玩，不在于这个游戏有多刺激，而取决于这个游戏是否能引导孩子建设性的行为。好的电子游戏就应该像捉迷藏一样，能够吸引孩子，给孩子乐趣，并引导他健康成长。

四类培养自控力游戏

第一类：控制型游戏

即使用游戏工具来发展孩子的肌肉，以控制手部动作为主要活动的游戏类型，比如种植花草、拆东西、拼图等。

在做操作型游戏的过程中，操作和摆弄材料可以激发孩子的兴趣，由于孩子在操作中会将注意力放在手部动作和材料上，如果操作简单方便，会很有效地提高孩子的自控坚持度。

第二类：运动型游戏

即让孩子在走、跳、爬、跑、投、扔等动作中，按照规定的竞赛规则来做游戏，可以很好地培养孩子的身体灵活性和运动控制的能力。

第三类：智力型游戏

即让孩子做一些训练注意力、逻辑推理、多元智能等游戏，这些都能够很好地锻炼孩子的理性对待问题的能力，在遇到事情时，孩子能够很好地控制自己的情绪，在最短的时间内冷静下来，而不至于做出冲动的行为。

第四类：娱乐型游戏

即假设某种场景，让孩子通过角色扮演来感受游戏乐趣，使得孩子在遵守游戏规则中学会控制自己，比如捉迷藏、老鹰捉小鸡、瞎子摸象等类型的游戏。

下棋：培养孩子做事认真的好习惯

棋类游戏在我国源远流长，并且独具一格。据说，当初舜为了教育儿子而发明了围棋，尽管这只是传说，但棋类游戏对孩子有所教益是毋庸置疑的，有人将其称之为“智力的体操”。

有研究表明，下棋可以提高孩子的思维能力和解决问题的技巧，尤其能培养孩子缜密的心思。下一盘棋往往要静坐和连续思考上一两个小时，为了能够驾驭一盘棋少失子，必须认真思考，谨慎、认真地下好每一步，否则就无法赢得了对方，而谨慎、认真的习惯是一个人做事和成就事业的必备素质。

很多孩子聪明好动，上课时不认真听讲，一会儿玩玩手指头，一会儿摇摇椅子，不然就是东张西望，还跟同学做鬼脸，做事毛手毛脚，马马虎虎。

淘淘就是这么一个孩子，性格就像他的名字一样，特别淘，妈妈都怀疑淘淘有“多动症”，据幼儿园老师反映，淘淘上课不仅到处乱窜，还揪小女孩的辫子，扯小男孩的衣服，经常把课堂秩序弄的乱七八糟。做事也相当不认真，比如画兔子不是少了尾巴，就是少了一只耳朵。

为此，老师多次找到淘淘妈妈说：“好动说明他很聪明，但是他如此马虎，等他上了小学会因此吃不少亏，而且上课也无法认真听讲，很影响学习。”

后来，妈妈经过咨询，发现下棋对培养孩子的安静、谨慎的性格很有好处，就二话不说帮淘淘报了象棋班。

不想，淘淘不仅依然大闹课堂，对象棋丝毫不感兴趣，象棋老师也直接放弃了淘淘，并对妈妈说：“下棋首先要从培养孩子的兴趣开始，淘淘显然对此毫无兴趣，学也是白学。”

这可愁坏了淘淘妈妈，难道孩子无药可救了吗？兴趣？妈妈听说如果家里大人喜欢什么，孩子也会耳濡目染喜欢上。

于是，妈妈和爸爸进行了一番商议，虽然两口子从不下棋，而且对下棋都没什么兴趣，但为了淘淘，两口子开始学下棋，并在家里装模作样地下起来，还一副津津有味的样子，结果淘淘真的“上钩”了。

每天晚上吃过饭，爸爸妈妈就下棋，淘淘忍不住走过去看看，看到爸爸或者妈妈赢了之后欢呼雀跃的样子，淘淘竟然有些“妒忌”，最后还缠着爸爸妈妈教自己如何下，有时还忍不住帮妈妈走一步棋。

当然，为了不让淘淘“知难而退”，爸爸妈妈先从最简单的五子棋下起，规则易懂，淘淘很快就掌握了下法。然后淘淘又开始下跳棋，起初不用所有的棋子，然后由少到多增加，慢慢地淘淘也掌握了其复杂的规则。接着，淘淘学习下象棋，一开始妈妈只要求他能摆出棋子，熟悉规则，不让他学太多。

为了让淘淘感觉到下棋是一件很有趣的事，爸爸在和淘淘下象棋时总是做出很夸张的表情，让淘淘的成就感空前膨胀。在淘淘出现失误时，爸爸就做出窃喜的表情，还一边得意洋洋地说："哈哈，这家伙真傻，你走这步，我就……"当淘淘发现爸爸这个表情时，他就开始后悔，但爸爸并不让他悔棋，而是鼓励他继续专心走下去，并故意卖个破绽让淘淘占个大便宜，再夸张地表示后悔，却心服口服。既找补回了孩子的情绪，又融入了规则意识教育。

渐渐地，淘淘对下棋有些上瘾了，每天都主动要求爸爸或者妈妈和自己下棋，不仅棋艺越来越精湛，而且脾性也有了很大改变，下棋时能一下坐上两个小时，幼儿园老师也反映说，如今的淘淘总是会很认真地听老师讲课，不再像以前那样丢三落四了。

对此，淘淘的妈妈说："在孩子下棋时，一定要允许孩子按照自己的意愿随时结束下棋，要抱着和孩子一起做游戏的态度，别让他感觉到你是在教他，否则他的兴趣会大打折扣，要让孩子从中体会到快乐，最重要的是成功的体验。当孩子下错时，也不要批评、指责，可以给他参考意见，决定权交给孩子，孩子下得不好也不要老想着帮孩子动棋子。"

从孩子不会下棋到能下好棋，正是运用娱乐的方式培养孩子谨慎性格的过程，如果孩子能够将全部心思花在精致的棋盘上，正是有意注意的开始，当越下越好时，孩子的小心灵就具备了强大的力量，他已经有能力在更细微的事物或者事情上集中精力，并将事情做得很好。

父母注意事项

调整自己的情绪

面对孩子的输赢，父母要进行情绪的自我调整，即便孩子有特别潜质，家长也要着重于智力的启发、情商的培养和好性格的养成，而不应该把目的放在名次和胜负上。最忌讳的是，当孩子赢了时大加奖励，而输了时就指责与批评。

注意孩子的情绪

学下棋的压力非常大，过早学下棋弊大于利。有研究表明，棋手们在比赛中所消耗的体能与一个拳击手不相上下，棋类竞赛会给身体带来巨大的负担。所以，父母要特别注意孩子的一举一动，随时给孩子爱与关怀，鼓励与赞赏，让孩子拥有一颗平常心。

在孩子学棋之初，要让孩子多赢几次，如果他总是输掉，往往会有挫败感，对于孩子而言，你让他赢比你让他输更有价值，只有在赢的过程中，孩子才会主动去学习，才能坐得住。等孩子熟练掌握了规则，可以适当地赢孩子，不但让孩子在实战中提高水平，还能让他明白“输赢乃兵家常事”的道理。

参与孩子学棋过程中

家长不一定非要成为孩子的对手，但一定要参与孩子学棋当中，因为父母会很清楚地了解到孩子经历了什么，会面对怎样的挑战，需要养成怎样的习惯等。

然而，父母不能是“伴学”的角色，不需要每天守着孩子，而是要给孩子关注、体谅以及帮助，成为孩子的后援与知己。

下着玩也有收获

不要以为有天赋的孩子才能下棋，任何孩子都可以玩棋，实践证明，几乎所有孩子都可以下好棋。因此，即使孩子对下棋比赛没有任何兴趣也没关系，经常下着玩也有利于智力收获与好性格的养成。

这样培养做事认真的孩子

做孩子的榜样

父母是孩子最好的榜样，想让孩子养成做事认真的习惯，父母必须以身作则，无论做什么事情都要认真、圆满地完成，做孩子最好的表率。

对孩子严格要求

当孩子对某件事非常感兴趣，表示要去做时，父母要提醒孩子做这件事可能会遇到的问题与困难，让孩子有心理准备，一旦选择了就要坚持到底。但是生活中，很多父母起初能监督孩子去认真地做，后来孩子不认真做时，又轻率地迁就，这无疑强化了孩子做事有始无终、虎头蛇尾的坏习惯。

以鼓励为主

孩子做事一旦中途退缩，大多数父母都喜欢苛责、唠叨个没完，有的甚至嘲讽和挖苦孩子，还有的动用武力强迫孩子继续坚持。这样做法很容易让孩子产生

厌恶情绪，并伤害孩子的自尊心。父母要细心观察，孩子如果遇到困难，给他提供一定的帮助，积极鼓励，使孩子的身心愉悦，对孩子充满自信，树立孩子坚决完成任务的决心和毅力。

让孩子适当承担责任

孩子喜欢凭兴趣做事，不喜欢干的事情总是半途而废，针对此种情况，你可以把一些事情作为一项重大任务郑重地交给孩子，比如养小动物，要求孩子每天给小动物喂食，并告诉孩子，这是他每天必须要完成的任务，否则小动物就会饿死。孩子明确自己的责任后，会从心底产生一种使命感，就会增加克服困难的勇气。

去军营：培养做事不拖延的好习惯

每个孩子，尤其是男孩子，从小都有着军人梦，军人手握钢枪，一身笔挺的军装都格外让他们羡慕，因此很多孩子都喜欢坦克、手枪、机关枪等玩具，并学着电视上的军人站军姿、走正步，甚至匍匐在地，像模像样地学习军人伏击。鉴于此，父母不妨带孩子去参观一下军营，让他们体验真正的军人生活，从而养成做事不拖延的好习惯。

早上六点起床，妈妈喊了很多次，孩子才磨磨蹭蹭从床上爬起来，八点才出门，搞得又迟到了；晚上看电视，爸爸提醒了好几遍“应该去做作业”，孩子还是一边答应着“好”，一边眼睛盯着电视机不动弹；周末大家出去玩儿，一家子等孩子一个人，他嘴里说着“等会等会”，鞋子还没穿好，衣服也没准备好……你的孩子有没有类似的情况发生？

如今很多孩子都有拖拉的毛病，有心理学家将此归结为“独生子女综合征”，这些孩子之所以喜欢拖拉、磨蹭，跟家庭教育模式有着很大的关系。现在的家庭教育为四对一，甚至是六对一的模式，由于孩子是独生子女，家人对他期望非常高，总不让孩子去做事，或者觉得孩子这也做得不够好，那也不够好，孩子就会想："反正我怎么做都会挨批，那还不如能拖就拖。"

此外，很多家长对孩子管束得太多，太宽，使得孩子缺乏自主性，这也容易助长孩子叛逆的个性，而且孩子因为做事不需要负责，缺乏应有的责任心，做事情总觉得无所谓。再加上有些父母本身习惯拖拉，上班总是迟到，以"手头事没忙完"为由拖拉着将晚饭吃到十点，做事不够积极主动等，这些无形中都给了孩子很不好的榜样。所以，孩子在潜意识中也接受了这样的教育。

琪琪就是个磨蹭、拖拉的孩子，去幼儿园上学经常迟到，参加集体活动每次都是最后一个达到指定集合地点，中午吃饭也不积极，老师催促很多遍他才坐在饭桌前，而且总是最后一个离开饭桌……

妈妈为此经常发愁，每天教育琪琪："你能不能不磨蹭？每次迟到，同学们笑话你，你不脸红啊？上次去春游，要不是你出个门拖拖拉拉，也不会影响全班同学出发时间！"

"这有什么，爸爸也经常上班迟到，去奶奶家，他每次都比叔叔和姑姑去得晚！"琪琪有理有据地说。

气得妈妈指着爸爸的鼻子大骂："看吧，有其父必有其子，这都是你给带坏的！"

说来这事爸爸真的脱不了干系，每天早晨闹钟响过之后，他都是将闹钟摁掉，然后翻转身子，又睡了过去，妻子再三催促之后，他才眯缝着眼去洗漱，磨蹭了半个多小时之后，一看时间，不得了，要迟到了，顾不上打领带、吃早饭，拎起公文包就往外跑，还是迟到了，为此没少被扣奖金，被领导批评。

周末打扫卫生，妻子让他帮忙，他坐在电脑前，嘴里答应着"好好好"，屁股上就像粘了万能胶，死活站不起来……

爸爸的一举一动都被琪琪看在眼里，久而久之都学了去。

与琪琪不同的是，他的同班同学苒苒虽然是个女孩，但很乖巧，办事利索，自上幼儿园从来没有迟到过，在家里准时六点半起床，十点半

睡觉，闹钟一响，立即按部就班地起床、穿衣、刷牙、洗脸、吃饭，家人去郊游，苒苒还总是第一个收拾好行装。

一天开家长会，琪琪的爸爸又迟到了，苒苒的爸爸却是第一个到达的，为此幼儿园老师让琪琪爸爸多向苒苒爸爸学习。

家长会结束后，琪琪爸爸虚心向苒苒爸爸请教，苒苒爸爸笑笑说：“我是军人出身，从苒苒小时候我就拿她当一个小军人来训练，另外我在军营待了很多年，已经习惯了那里的生活，这些年来也未曾改变，这或许对苒苒也有了很大的影响，言传身教嘛！听说现在网上有家长组织带孩子去军营体验生活，你不妨带着琪琪一起参加。”

听了苒苒爸爸的建议后，在琪琪准备上小学的暑假，爸爸专门请了年假，带着琪琪踏上了去军营的汽车，琪琪听说去军营，一路上也是兴奋异常。

在军营，琪琪和爸爸被军人严谨的军容军姿、“豆腐块”一样的内务，听到哨声立即起床、吃饭的行动效率所感染，不到十天的时间，琪琪和爸爸与军人一起同吃同睡，和军人一样到了什么时候就立即做什么事，虽然辛苦，但琪琪和爸爸都感觉收获颇丰。

从军营回来之后，妈妈发现琪琪和爸爸都像变了一个人，不仅晒黑了，而且做事行动效率极高，闹钟一响，父子俩就像摸到电门一样立即起床，从此无论是琪琪还是爸爸都未曾迟到过。为此，琪琪的小学老师还奖励给他一朵小红花，爸爸则在年底拿到一个大红包。

据美国《国际先驱论坛报》报道，现在很多韩国家长认为，孩子出生在经济富足的时代，不需要起早贪黑干活，甚至不知道努力学习，做事也是不紧不慢、拖拖拉拉，为此，他们在假期会花上40美元把孩子送到军事训练营，让孩子接受训练。

由琪琪和爸爸的经历及韩国父母的做法可以看出，带孩子去军营，让他体验军人守时、迅速行动的生活是非常必要的。

一位从军营回来的韩国孩子说：“我之前因为太懒惰，父母才把我送到军营的，现在我彻底改掉了这个毛病！”

此外，父母可以利用日常生活中的其他事情和游戏来教育孩子及时行动和守时。

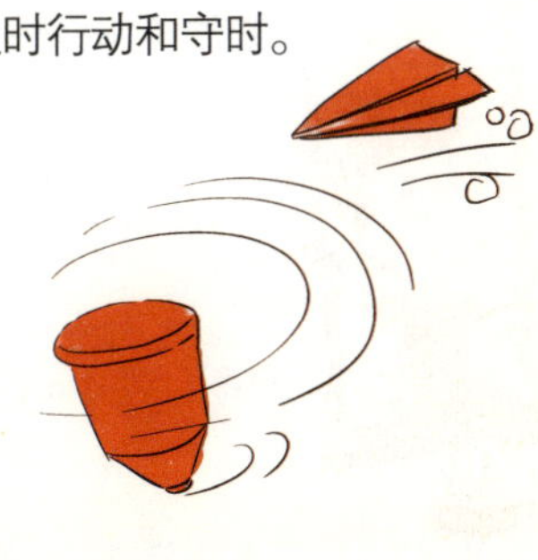

凯凯妈妈经历

凯凯妈妈的难题

凯凯六岁了，刚上小学一年级，但是他做事情实在叫人心急，不仅起床慢慢悠悠，写作业磨磨蹭蹭，带他出门更是拖拖拉拉。

这天，凯凯在看动画片，妈妈叫他赶紧过来吃饭，凯凯答应得很好，但每次嘴里说着“就再看一分钟”，但一分钟、五分钟过去了，凯凯依然纹丝不动；小朋友在楼下喊凯凯出去玩，凯凯正在客厅玩他最喜欢的变形金刚，随口答应小朋友说“你们先去，我一会儿就到”，但是十几分钟过去了，凯凯丝毫没有要出去的意思，仿佛忘了刚才说过的话……

凯凯妈妈做法

为此，妈妈上网购置了一只小沙漏，凯凯看着沙子缓缓流动觉得非常好玩，妈妈说：“这个可以用来计时，咱们玩个游戏好不好，开饭前我把沙漏倒过来，等沙子漏完，看你能不能准时坐在饭桌前。”凯凯爽快地答应了，结果他真的做到了。

接着当小朋友叫凯凯出去玩，他又开始拖拉，或者答应了别人的事迟迟不做时，妈妈就用沙漏计时，并告诉凯凯需要做的事就立即去做，磨蹭更耽误事的道理，这对凯凯启发非常大。

改变孩子拖拉的方案

方案一：让拖拉付出代价

孩子拖拖拉拉不起床，家长则急得满头大汗，又是大吵大嚷，又是忙着给孩子穿衣服、收拾东西，但孩子一点也不着急。眼看就要迟到了，家长只好打车或者以最快的车速送孩子去上学。其实，很多家长不知道，这正是造成孩子做事拖拉的原因之一。

孩子会认为：“拖拉点有什么关系，反正不会迟到，有爸爸妈妈呢！”如果迟到了呢，孩子会怪家长：“都怪你，为什么不早点叫我起床？为什么不把车开快一点？为什么要骑自行车送我上学？”

正确的做法应是，家长不能着急，让孩子自己急，不要给孩子收拾东西，就站在一边说：“再过十分钟如果不出发就要迟到了，到时候谁也帮不了你！”但类似的话只说一次，不能唠叨，如果孩子迟到受到了老师批评，孩子也不能怪你

没提醒，要怪就怪他太磨蹭。第二天你就会发现，他起床的速度加快了。

TIPS: 不要靠大嗓门，更不能打骂孩子，可以通过讲故事等方法帮助孩子认识时间的重要性，树立时间的观念，如果孩子磨蹭，时间就会悄悄溜掉，还可以在孩子的床头贴上关于时间的名言警句，让孩子明白时间的价值，他才会更加珍惜时间。

方案二：善用闹钟

不仅在孩子起床前，还可以在他做每件事之前给他上闹钟，这对孩子而言也是一个督促，而且小闹钟的滴滴答答声也会给孩子紧迫感。这种方法能很好地帮助孩子管理时间。

TIPS: 家长还可以与孩子一起制定作息时间表，标明什么时候起床，某个时间段要干什么，都要做出合理的安排，对时间管理得越细致，效率会越高。

方案三：家长的模范作用

如果家长生活懒散、无秩序，做事磨蹭，孩子也会受到潜移默化的影响，要想让孩子养成不拖拉的习惯，家长自身要惜时守时，做事有效率。

TIPS: 要改变孩子拖拉的坏习惯不能一蹴而就，孩子甚至在进步之后还会重蹈覆辙，所以家长一定要耐心引导。

chapter 8 美好童年篇

——玩玩玩，玩出一个快乐童年

捏橡皮泥：给孩子一个五彩缤纷的童年

“捏捏捏，捏小鸭，小鸭小鸭嘎嘎嘎；捏捏捏，捏小猫，小猫小猫喵喵喵……”当孩子坐在地上，专心致志地捏着橡皮泥，捏出自己想象中的东西，嘴里还不停地唱着儿歌，此时你一定会感到很欣慰，觉得孩子很快乐！橡皮泥能够千变万化，就像哈利•波特的魔法石一样，让孩子的童年变得五彩缤纷。

我们说起跟某个人很要好，总是说“这是和我一起玩泥巴长大的朋友”，玩泥巴的年代似乎一去不复返，但橡皮泥成了替代品，陪伴现代孩子的成长，给他们带来无限的乐趣。

一天，妈妈回到家看到一向好动、快乐的斌斌撅着小嘴，愁眉苦脸的样子，妈妈问他：“这是怎么了？在幼儿园和小朋友吵架了吗？怎么这么不高兴呢？”

斌斌手里一边捏着橡皮泥，一边嘟哝着说：“老师说星期一要进行捏橡皮泥比赛，让我们周末多练习，可是咱们家没有养猫、狗、鸡那些小动物，我怎么捏才好呢？我想照着小动物捏，刚才看到小区有只小狗，我就坐在那里想捏小狗的样子，可是刚捏好小狗的身子，它就跑走了。”

妈妈听斌斌述说完笑笑说："没关系，妈妈陪你一起捏，斌斌一定会捏得很好。"于是两个人一人拿起一块橡皮泥捏了起来，一会儿斌斌好奇地看着妈妈手里的橡皮泥问道："妈妈，你捏什么？"妈妈说："我在捏斌斌裤子上的小熊啊。"斌斌听完后好像得到了什么启发，诡异地一笑说："那我捏妈妈衣服上的花朵。"

周末期间，妈妈又和斌斌一起捏泥巴，还鼓励斌斌捏电视、冰箱、饺子、勺子等东西，并给斌斌及时的指导，一个快乐的周末很快过去了。

周一妈妈回到家后，斌斌冲到门口高兴地对妈妈说："妈妈，我的橡皮泥作品获得了第一名，老师还奖励给我一朵小红花！"

妈妈也高兴地说："是吗？老师没有说你的作品为什么好吗？"

"说了呀，老师说我的作品很有个性，跟大家捏的不一样，他们都是捏的小狗、小猫，还有捏动画人物的，我捏了一朵五颜六色的花，老师说很像真的，大家都很喜欢，所以我得了第一名。"斌斌骄傲地说。

橡皮泥之所以能够成为孩子喜爱的玩物，是因为它具有极强的还原性和可塑性，如果你的孩子总是喜欢拆玩具，你可以给他一块橡皮泥让他拆，孩子的小手就会在摆弄橡皮泥的时候越练越巧，思维也越来越开阔，捏橡皮泥也是训练孩子综合能力的好办法。

一次，爸爸和戛戛一起捏橡皮泥，戛戛很快将橡皮泥搓成了一个长条，一边粗，一边细。爸爸随口就问戛戛："你捏的什么？"戛戛将橡皮泥举到爸爸面前说："瞧，这是红红的胡萝卜。"爸爸仔细一看，还挺像萝卜的。

当戛戛想将萝卜放到桌子上时，不小心被他碰的有些弯曲，爸爸感到有点惋惜，但听戛戛说："看，小兔子来偷吃萝卜了，将萝卜碰弯了！"

爸爸听戛戛这么一说，被戛戛的想象力惊呆了，同时也感到非常高兴。于是细心引导戛戛玩起来，不一会儿的工夫，戛戛就捏出了很多东西：蜗牛、蝴蝶、蜻蜓、蛋糕、小鞋子……

戛戛通过玩橡皮泥，不但想象力得到了延伸，提高了自信心，看到一件件作品诞生，更享受到了无比的快乐。

孩子玩橡皮泥虽然有时候捏得很拙劣，狗不像狗，猫不像猫，甚至还让猪长了一对翅膀，或者捏得很简单，只是一个印上手指印的圆球或者随便一搓而来的细长条，在大人眼里这再平常不过，甚至觉得有些可笑，但在孩子的眼里有着非常特殊的意义。

捏橡皮泥对孩子而言是一项颇具创造性的活动，就算他捏得很烂，很简单，他也很满足，因为那是他用心去创造的作品，他们也格外珍惜，所以父母要给孩子更多的鼓励与赞扬，让孩子用五颜六色的橡皮泥捏出一个五彩缤纷的快乐童年。

自制橡皮泥

制法一：

（1）将一杯半面粉、半杯盐和四分之一杯的植物油、四分之一杯的水，再加上几滴食用颜料混合；

（2）将混合物进行揉捏直到变柔软，如果面团太潮湿可以再加少许面粉，如果太干就加少量水；

（3）继续揉捏直到面团柔软并且与颜色相互混合均匀；

（4）将面团装到密封的容器或者塑料袋中，放到冰箱冷藏，也可以加入一些凡士林用来防腐。

制法二：

（1）将食盐、半杯面粉与四分之三杯冷水放一起混合加热；

（2）不断搅拌混合物，两三分钟后混合物会呈现黏稠状；

（3）将黏稠混合物搅拌成团状，然后放在蜡纸或者锡纸上冷却；

（4）团状混合物冷却后再进行揉捏；

（5）此时面团已经制成，可以使用；

（6）如果不立即使用，就将面团包在锡纸或者蜡纸中放到密封瓶或者塑料袋中储存，可以存上数天。

橡皮泥玩法

玩法一：橡皮泥能变魔术

适合年龄：1岁半～3岁

具体步骤：

（1）给孩子准备五颜六色的橡皮泥；

（2）让孩子闻一闻，摸一摸，并让他知道，橡皮泥可以变魔术，然后给孩子捏小狗、小猫等东西，孩子会对此产生兴趣，甚至要求自己动手；

（3）教孩子捏最简单的东西，比如长条、圆圈、三角形、圆团等，并教孩子认识这些东西的形状，还可以给它们起名字，比如长条叫蚯蚓、圆圆的叫七星瓢虫；

（4）随着孩子捏的熟悉程度提高，可以教孩子捏复杂一些的东西，比如萝卜、蛋糕、小鸡，让孩子充分展开想象力，凭自己的所想去捏、揉和搓，尽管有时候他捏得什么也不像，他也会感到很快乐。

玩法二：捏出小动物园

适合年龄：3～6岁

具体步骤：

（1）给孩子准备一些稍微硬点的橡皮泥，这需要一定的手指力量，可以锻炼孩子的手部肌肉；

（2）为了激发孩子的创作灵感，家长可以将一些动物图片或者玩具放在他面前，让孩子仔细观察，并捏出各个部位；

（3）家长可以在一边给孩子指导和提醒，让他仔细看看小动物是什么样子，比如大象的鼻子是什么样子，怎么捏；狐狸的嘴巴是什么样子等，还要指导孩子在黏合时用力，让动物们都能直立。当孩子将惟妙惟肖的作品一一捏出之后，家长可以作为游客参观孩子的小动物园，以鼓励孩子的成果；

（4）引导孩子看看他的动物园还缺什么，比如你在参观中可以说："这个老虎怎么没有栅栏呢？会不会吃人啊？"孩子就会动脑筋捏出一个栅栏，经过你的提示，孩子会继续捏出山、树木、草、花朵等东西，把他的动物园弄得既丰富又漂亮。

玩法三：橡皮泥换泥巴

适合年龄：6～10岁

具体步骤：

（1）孩子大些之后，可以让他和小伙伴出去玩，在夏天的雨后，让他把橡皮泥换成泥巴，能给孩子带来更多的快乐。家长可以带着孩子拿着铲子到公园或者家附近有胶土的地方挖土，挖好后找一块比较平整光滑的地面，最好是水泥或者木板质地的地方；

（2）在地上倒上土，土和水成1∶2的比例，将泥土和稀，并且揉成团状，泥不能太干，也不能太黏；

（3）在揉好的泥团上揪下一块，揉成球状，把球压扁，用大拇指在中间摁出一个坑，用一只手托着泥团，一只手沿着这个坑往外转着圈捏，并扩大坑的面积，捏出碗状；

（4）继续加工泥碗，使得泥碗逐渐变大，并且底部凸出，碗沿低而且薄，沿口平齐，碗底要弄得很薄很薄，中间最薄，几乎要透明，但不能弄穿；

（5）和孩子一起玩摔泥碗游戏，看谁的泥碗摔得又大又响亮，在摔的时候要用力均匀，如果用力不均，泥碗就会发出“噗”的一声，泥碗炸开的洞就比较小或者根本炸不开；如果摔得好，用力恰当，碗底就会“啪”的一声脆响，炸得粉碎，泥巴会四处飞散，洞口比较大。

捏橡皮泥指南

捏泥巴之前给孩子营造一个良好的氛围，让孩子在轻松愉悦的环境中玩，还可以放一些比较舒缓的音乐；

在孩子捏橡皮泥的过程中，不管他捏的像不像，都不要批评他，以免打消孩子的积极性，要以鼓励和赞美为主；

当孩子年龄比较小时，一定要注意不要让他将橡皮泥塞到嘴里，更不能吃进肚子里；

孩子捏完橡皮泥之后要及时让孩子洗手。

吹泡泡：丰富孩子童话般的世界

“月亮是太阳吹出的泡泡，露珠是小草吹出的泡泡，花儿是叶子吹出的泡泡，宝宝是妈妈吹出的泡泡，吹呀吹，吹泡泡，我吹的泡泡是一首首歌谣，吹呀吹，吹泡泡，我吹的泡泡是一串串欢笑……”

伴随着悠扬的歌声，五彩的泡泡给孩子创造了五彩的世界，带来的是一个梦幻般的童年，泡泡从无到有，从有到无，然后开始新的追求，奇妙无穷！

阳光明媚的清晨，花草树木都从睡梦中醒来，一颗颗明亮的露珠在绿绿的叶子上像调皮的孩子一样蹦来蹦去，闪烁着耀眼的光芒。一群快乐的孩子在草地上吹泡泡，阳光下，色彩斑斓的泡泡飞向蓝天，孩子们笑着、跳着、闹着、唱着、跑着、蹦着去抓空中美丽的泡泡。尽管他们的手一接触到泡泡，泡泡便不见了，但他们依然很快乐。

孩子们抬起头看着泡泡，它们就像五彩气球又大又圆，有的很大，有的很小，有的挨在一起串成串，当一阵风吹来，圆圆的泡泡像变魔术一样，有的变成星星，有的变成弯弯的月亮，虽然泡泡很脆弱，在世界上驻足的时间总是那么短暂，但将最美好的一面留给了孩子们。所以，五彩的泡泡点缀了孩子的童年，使得他们的世界更加色彩纷呈。

爸爸给圆圆买了一个吹泡泡玩具，恰好小表弟来家里玩，两个孩子就玩起了吹泡泡，将家里弄的泡泡满天飞，两个孩子一边吹一边满屋子追着泡泡跑，好不快乐。

圆圆的妈妈可就倒霉了，因为泡泡破掉之后，地板上尽是水，沙发套弄得潮乎乎的，卧室的被子也要重新换洗。等到吃饭的时候更是遭殃，两个孩子就喜欢围着饭桌吹，妈妈好不容易做好的饭菜，却发现盘子里、碗里都洒遍了泡泡破掉后的水点。

更郁闷的是，圆圆不知道跟谁学的，制造泡泡的材料都是用香皂、洗衣粉或者洗洁精兑的水，这些东西都无法食用，妈妈实在气不过，就批评了圆圆几句，没成想圆圆根本不听，依然带着小表弟吹个没完，还跟妈妈说："不干不净吃了没病！"搞得妈妈很无语。

但看着辛辛苦苦做出来的饭菜就这样倒掉，忍不住埋怨起爸爸："你给她买这个东西干什么！买点气球让她吹，也不至于连累我！"

爸爸则安慰妈妈说："但是吹气球时孩子并没有这么快乐，如果你因为几个泡泡而生气，抹杀了孩子快乐的天性，那你这做妈妈的可就太残忍了！"

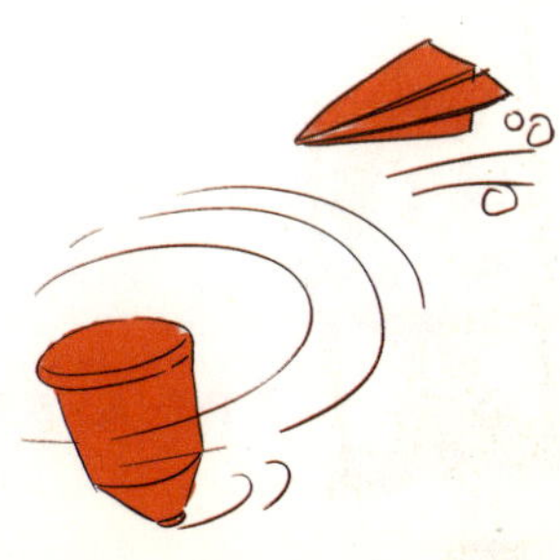

是的，泡泡能带给孩子无穷的快乐，快乐是用多少金钱也买不到的，美好的童年亦是如此！

泡泡不仅是孩子童年最珍贵的东西，孩子在吹泡泡的过程中还会有额外的收益，研究发现，会吹泡泡的孩子，尤其是两岁以下的婴儿，其学习语言的能力比不会吹的要强，语速较快，吐字也更清晰，而这个阶段也正是孩子学习新词的黄金时期。

通过吹泡泡游戏，孩子还能懂得最简单的因果关系，知道是由于爸爸妈妈吹吸管，才会产生美丽的泡泡，知道有风泡泡才会飞上天空。吹泡泡也可以激发孩子去探险，去愉快地爬行、跑动，到处去抓泡泡，全身肌肉也得到了很好的锻炼。

此外，吹泡泡还能增加孩子的肺活量、观察能力、想象力、表达能力、手眼协调能力，通过了解泡泡溶液，引发他们对知识的探索，促使他们开动脑筋。

可见，小小的泡泡对孩子来说是色彩变幻飘移升腾的美景。

制作泡泡水

第一步：将有着淡淡香气的肥皂切成薄薄的碎片，然后放在容器中倒入热水让肥皂碎片融化，要放2份的肥皂6份的水；

第二步：在容器中加入一小包袋茶，然后盖上盖子放一晚上；

第三步：第二天早上，将容器的盖子打开加上一小勺白砂糖，这样吹出来的泡泡不容易迅速破掉；

第四步：加入彩色墨水，这样可以让泡泡的色彩更加漂亮。

TIPS: 如果你想让泡泡有着更加特殊的效果，还能增添其他东西，比如，如果想让吹出来的泡泡很大，可以加上两滴甘油；想让泡泡色彩更加艳丽，可以加上带珠光的洗发水或者洗手液；如果想让吹出的泡泡很多，可以加几滴胶水。

开心吹泡泡

游戏一：唾沫泡泡

适合年龄：3～7个月

具体步骤：

（1）有些孩子三个月后就喜欢整天撅起小嘴嘟嘟地吹，吹得嘴周围一圈又一圈的唾液，有的小泡泡还会粘在嘴边，孩子则越吹越开心，甚至高兴得手舞足蹈，弄得满身都是口水。有些孩子怎么也不会吹，还需要父母费心教导。

（2）将孩子抱起来，吸引孩子的注意力，让他看着你，然后用嘴对着孩子轻轻地吹，孩子会感到很神奇，也会嘟起嘴去学，开始肯定会吐出唾液，但慢慢就会吹了。

游戏二：泡泡飞呀飞

适合年龄：1岁及以上

具体步骤：

（1）用吸管快速吹出很多小泡泡，让五彩的泡泡围绕在孩子周围，红色的、蓝色的、绿色的、紫色的……孩子就像置身童话世界之中。泡泡的形状也各式各样，有的像一串葡萄，有的像水晶球，有的像亮闪闪的钻石，孩子会高兴地在地上爬来爬去，去追满天飞的泡泡。

（2）爸爸用粗点的吸管吹出大一些的泡泡，妈妈跟孩子用嘴去吹飞舞的泡泡，或者用扇子、书本去扇，把多姿多彩的泡泡送上更高的天空。父母跟孩子一起欣赏泡泡在天空自由飞翔的瞬间，在一次次的成功与失败之中，让孩子学会使得泡泡飞得更高的技巧。

（3）将地面弄湿，用粗吸管对着地面吹一个大泡泡，让孩子趴在泡泡上仔细观察，看看这个泡泡是不是像小房子，每个房子里面还有更小的房子。孩子会高兴地去抓泡泡，结果泡泡不见了。还可以用更细的吸管吹出许多的小泡泡，让泡泡们你拥我挤地堆在一起。你还可以把手弄湿，让泡泡停留在自己或者孩子的手上，这会让孩子惊叹不已。

（4）把吸管给孩子，让他照着父母的样子学吹泡泡，一开始如果孩子学习困难，可以让孩子在空中挥舞吸管制造泡泡，如果经常这样带孩子玩儿，他自然

就会慢慢学会吹了。

游戏三：与泡泡捉迷藏

适合年龄：2～4岁

具体步骤：

（1）带孩子出去玩，让孩子跟小朋友们学习吹泡泡，并让小朋友教孩子吹泡泡，要不断鼓励孩子："不要泄气，只要慢慢学就能吹出漂亮的泡泡。"

（2）跟小朋友比赛，看谁吹的泡泡更大、更多，大家的泡泡在阳光下都是什么颜色的，风吹过后泡泡变成了什么形状。

（3）让孩子将大泡泡当成照相机，通过这个变化多样的"照相机"观察周围的世界。泡泡上有着蓝蓝的天、白白的云、高高的楼、绿绿的草地，还有小朋友们的笑脸。

（4）越来越多的泡泡在空中跳舞，有些跳得有些累了，随风越飘越远，孩子们互相追逐、嬉戏，追着漫天飞舞的泡泡。泡泡也调皮得很，一会儿在这里停停，一会儿又突然飞向那里，跟孩子玩起了捉迷藏。孩子明明抓到了一个漂亮的大泡泡，可是眨眼之间它却不见了，此时父母要告诉孩子："泡泡只能用来看，但不能去抓，泡泡一旦被抓住，它就会消失。"

游戏四：泡泡从哪里来?

适合年龄：4～10岁

具体步骤：

（1）帮助孩子准备吹泡泡用具：

不同的吸管，包括细吸管、粗吸管、多孔吸管；

三角形、方形、圆形、五角星的吹泡泡工具；

用不同材料做成的泡泡溶液。

（2）让孩子用不同的吸管吹泡泡，看看吹出来的泡泡有哪些不同，粗吸管为什么吹出的泡泡大，细吸管为什么吹出来的泡泡小，并让孩子亲自体验。尤其是多孔吸管更加神奇，能吹出一串串的泡泡，非常漂亮!

（3）虽然吹泡泡用具的形状不同，有的长，有的圆，有的是五角形，但不管什么形状，吹出来的泡泡永远是圆的。让孩子去思考这是为什么，而那些形状

不同的泡泡是如何吹出来的呢？让孩子去用嘴吹，或者扇动飘舞的泡泡，就如变魔术一样，圆圆的泡泡开始变形，原来是风让泡泡变了模样。

（4）如果没有泡泡溶液就没有泡泡，那么泡泡水就会引起孩子的注意，他们不知道为什么要用这么多的瓶瓶罐罐，强烈的好奇心促使他们去尝试。他们去拿水或者其他液体做实验，但有的死活吹不出泡泡，有的吹的很小，有的吹的很大，有的则吹出来非常绚丽……此时，聪明的孩子就会明白，原来泡泡水所用的材料不同吹出来的泡泡就不同。

吹泡泡必知

★较小的孩子如果自己吹泡泡，就要给他围上柔软的布，以防孩子把口水流到脖子里，引起湿疹；

★假如孩子吹泡泡时还会哭闹，孩子很可能得了口腔类疾病，要及时带孩子就医；

★一定不要让孩子喝下或者舔舐粘在嘴上的溶液，为了安全起见，可以给孩子买泡泡枪玩儿，这种玩具只要用手摁就能制造漂亮的泡泡；

★孩子爬行或者跑动追泡泡时，注意力全在泡泡上，一定要注意保护孩子的安全；

★让孩子学会仔细观察，必要时进行引导和提示，以提高孩子吹泡泡的积极性。

丢手绢：玩出童年最真的快乐

丢手绢无疑也是孩子最快乐、最温馨的集体游戏，在一个明媚的春天，孩子和一群小朋友在灿烂的阳光下笑着、闹着，阳光是温暖的，草地是绿绿的，一切都变得如此美好。

丢手绢不仅让孩子很快地融入到集体当中，在孩子抓手绢，丢手绢，快速被追和追人时，其性格也变得活泼开朗，丢手绢游戏给了孩子最真的快乐。

20世纪80年代之前，手绢是每个孩子的必备品，妈妈总是在孩子的袖口或者肩膀上别上一块手绢，大都是用粗布做成的方手绢。等晚上时，妈妈会将它摘下来洗得干干净净，等第二天起床时，再别在孩子的身上。

等孩子长高一些，手绢就从孩子的袖口和肩膀上转移到口袋里，手绢也开始由自己洗。手绢不仅能擦鼻子、擦嘴、擦手，还有一个更重要的用处，那就是玩丢手绢游戏，直到上了小学后，大家才开始告别了小手绢，但时光和记忆都被装进童年的小仓库，那里还满载着无数的快乐。

“丢、丢，丢手绢，轻轻地放在小朋友的后面，大家不要告诉他。”这首《丢手绢》儿歌几乎每个人都会唱，唱起它时，儿时的记忆也会浮现在眼前。

那时候，只要小朋友们凑在一起或者下课后，就会有人大喊：“大家快来丢手绢呀！”“来了！来了！”小朋友们纷纷叫着跑过来，等人凑得差不多后，大家手拉手围成一个大大的圆圈，一张张堆满笑容的脸

围在一起，就像一个美丽的大花环。

然后，大家玩“剪子包袱锤”或者“黑白黑”来选出第一个丢手绢的人，一般被选中的人都很不情愿，但也没办法。他手拿手绢，猫着腰开始绕着大家围成的圆圈一圈一圈地跑，接着恶作剧似地飞快跑起来，就像断线的风筝在你的身边转过来转过去。

此时，空气顿时变得紧张又活跃起来，孩子们的心里多了一份期待已久的冲动，每个人的心都像揣了一只小兔子一样怦怦乱跳，眼睛还不时地偷偷瞄自己的身后一眼，生怕手绢就躺在那里，心里如念经一样念叨着：“千万别把手绢丢给我！”

但是有种情况不同，那就是丢手绢的人是自己最要好的朋友和伙伴，就会开始“作弊”，暗示他将手绢丢给自己，在这种惴惴不安的气氛之中，每个人都伸长了脖子，直勾勾地看着丢手绢的人，并揣测他到底会把手绢丢给谁。

如果丢手绢的是个男孩，他十有八九会利用这次大好的机会，把“绣球”丢给自己心中觉得最漂亮的扎着长辫子的女孩，女孩察觉之后，抓起手绢，还没等站好，就飞也似地追向男孩，男孩则一个箭步跑走，然后蹲在女孩原来蹲过的地方傻笑。

女孩气呼呼地瞪了一眼男孩，然后慢吞吞地在孩子们后面走着，此时说不定哪个小朋友还没回过神来，手绢已经在他的屁股后面却浑然不觉，女孩会装作尚未将手绢丢出去，还是慢吞吞地寻找目标的样子，转了一圈又转到这个小朋友的身边，突然一个猫扑，将其抓个正着。

此时现场就像炸开了锅，将这个小朋友推到圆圈的正中央，用表演节目作为对他的惩罚，小孩脸红红的，低着头不知道要表演什么，搓着衣角无计可施，有人提议“讲个故事吧”，于是小孩讲起大灰狼的故事，还没讲上两句就有人说“不作数，这故事大家都听了无数遍了”，如此再三地折腾下来，小孩子又是讲故事，又是讲笑话，又是唱歌，大家才放过他。

手绢又到了另一个小朋友的手里，他就像得着了报仇的机会，很可能将手绢丢给上次让他难堪的女孩……

丢手绢又叫丢手帕，是我国比较传统的儿童游戏，相传起源于公元1243年，由黎族人民所创，后来由黄道婆带到了上海，并很快传到中原地区。如今，丢手绢不仅仅被广大儿童所喜爱，还成了很受欢迎的成人游戏。

在每个人的记忆中，肯定都有丢手绢的一幕，一块四四方方的手绢承载了无数人的快乐，如果你希望孩子在成年或者老年之后回忆起童年，有那么一件事让他嘴角挂着笑容，那就让孩子丢手绢吧！

快乐丢手绢

游戏一：小动物丢手绢

在一个温暖而晴朗的日子，约上有孩子的三五好友来一次郊游，和孩子一起玩小动物丢手绢。

适合年龄：2～4岁

准备物品：小动物头饰、手绢

游戏规则：

（1）小动物都不会走路，只能爬行，所以大家都要爬着做游戏，要手脚着地，不能手膝着地；

（2）手绢丢在一个孩子的身后，其余孩子不能讲话，不准偷看丢手绢的人，违反规定的就要被惩罚，给大家表演节目；

（3）如果手绢丢给一个人后被发现了可以拿着手绢去追，丢手绢的人如果被追上就要认输，罚演节目；如果没有被发现，丢手绢的人爬一圈回到他的身后，被丢的人认输，并把自己的位置让给丢手绢的，要给大家表演节目，还要成为下一轮丢手绢的人。

游戏开始：

（1）给参加游戏的孩子头上戴上动物头饰，并告诉他们："现在我们开始玩小动物丢手绢游戏，我们都是小动物。"然后家长们也要戴上头饰，加入到孩子的游戏当中来；

（2）大家围成一圈开始唱《丢手绢》儿歌，第一个丢手绢的人嘴里叼着手绢，手脚着地向前爬，其余的人认真地唱儿歌；

（3）丢手绢的人将手绢放在一个孩子身后，孩子只注意唱歌，并没有发现，此时其余的大人可以故意碰他一下，以引起孩子的注意，防止孩子第一次就被抓，从而对游戏失去积极性，孩子一般都会回身及时发现手绢，然后迅速将手绢叼在嘴里去追丢手绢的人，而孩子最擅长爬行，很快就追上笨手笨脚的大人，其余的孩子一定会拍着手大叫："追上喽！追上喽！"大人只好认输，站在圆圈的中间给大家表演节目，表演完毕后，第二轮丢手绢的还是他；

（4）依此类推，在你追我赶中，孩子肯定被逗得哈哈大笑，还伴随着"加油"的呐喊声。

游戏二：小朋友一起丢手绢

当有孩子来家里做客，或者带着孩子去小朋友多的地方玩，也可以作为组织者，让孩子们玩丢手绢游戏。

适合年龄：4～6岁

准备物品：干净的小手绢

游戏规则：

（1）被丢手绢的人不许偷看；

（2）游戏中不许向他人"告密"；

（3）丢手绢的人要尽量将手绢丢在别人的身后，一眼能看出在谁的身后，如果丢在两人之间不作数。

游戏开始：

（1）让孩子通过剪子包袱锤来决出第一个丢手绢的人；

（2）大家手拉手围成一个圈，并一起唱儿歌，丢手绢的人开始在圈外转，或者走或者跑，要趁人不注意，将手绢丢到一个人的身后，如果此人发现，拿起手绢赶紧去追丢手绢的人，如果追上，丢手绢者要站到圈的中央给大家表演节目；如果追不上，追的人要自动成为下一个丢手绢的人，依此类推。

游戏三：花花绿绿的手绢

等孩子熟悉丢手绢的游戏规则，年龄稍大一些后，可以增加游戏的难度。

适合年龄：5～10岁

准备物品：不同颜色的手绢若干

游戏规则：

（1）至少8人参加；

（2）游戏中不准“作弊”，不能告诉被丢手绢的人手绢在他身后；

（3）选出两个丢手绢的人，分别拿着不同颜色的手绢；

（4）丢手绢的人不能一直绕圈而不把手绢丢出去；

（5）丢手绢的人走到一个人身后时，此人不能转身或者偷看身后，要凭感觉判断。

游戏开始：

（1）让孩子们抓阄，选出两个丢手绢的人；

（2）由于有两个人丢手绢，孩子的注意力会更加集中，更加小心，还要记住丢手绢的人手中手绢的颜色，因为你拿到什么颜色的手绢就去追哪个人，不能追错了，追错算输，要接受惩罚；

（3）游戏按照游戏二的玩法进行，并依此一轮轮类推。

丢手绢注意事项

由于丢手绢中，孩子会以最快的速度跑步绕圈，要尽量选择有草地且宽敞的地方，防止孩子跌倒、摔伤，而且要规定孩子跑的圈数不能太多，否则造成体力透支。

荡秋千：让孩子体会乘风飞翔的感觉

“荡秋千，荡秋千，一荡荡过柳树梢，摘朵白云怀中抱，送给爷爷把背靠。”“秋千秋千高高，荡呀荡过树梢，树梢点头微笑，夸我是勇敢的宝宝。”“一二三，三二一，小宝宝，荡秋千，荡过河，荡过山，一荡荡到白云边。”

荡秋千能让人有一种飞翔的感觉，就像儿歌中唱的那样，能够“摘朵白云

怀中抱”，它还能锻炼孩子的意志，培养勇敢精神，对宝宝生理功能的健康发展十分有益。

秋千是我国少数民族创造的一种运动，在春秋时期传入中原，因为其设备简单，比较容易学习，所以备受人们欢迎，并很快流传开来。到了汉代以后，秋千逐渐成为清明、端午等节日进行的体育活动流传至今。

新中国成立之后，随着现代各种体育项目的兴起，秋千运动除了在少数民族地区流行之外，在我国的大部分地区成为儿童专项活动，备受孩子们喜爱。

在孩子荡秋千时，他们的身体随着秋千的前后摆动，处在前进与后退的急速变化之中，可以协调孩子身体的平衡性，使得腰部受到反复刺激，腹部肌肉也会有节奏地收缩与放松，在孩子玩时不知不觉增加了腹部和腰部的力量。

朗朗的妈妈现在还记得，在她小的时候，按照老家的习俗，每到清明前，人们就会在空旷的地上扎一个非常高非常大的秋千。到清明这天，大人、小孩都会集中在有秋千的地方排队轮流荡秋千，胆子大的人会把秋千荡得很高很高，场面壮观而热闹，朗朗妈妈如今讲起来依然回味无穷，因为那是她童年趣事中的一部分。

现如今，即便过清明节，家乡也很少有地方再扎那种高大的秋千，在偌大的城市中，大多数孩子也只能到附近的公园或者淘气堡中荡秋千。尽管那里的秋千没有朗朗妈妈小时候见过的那样高大，但是她每天下班后都会带朗朗去享受荡秋千的快乐。

第一次去的时候朗朗还不太会走路，妈妈就把他放在秋千的座位上，让他紧紧握着两边的绳子，缓缓地推动，妈妈保护得很好，朗朗一点也没觉得害怕，不会说话的他，嘴里一个劲儿地“咯咯”笑。

等朗朗会走路了，一到淘气堡，朗朗最爱玩的就是秋千，每次都是一屁股坐上去，示意妈妈推着他的后背，慢慢荡起。

朗朗快三岁时，竟然能够自己慢悠悠地荡起来，尽管不是很高，但朗朗比同龄孩子胆子大不少，已经不需要妈妈在一边扶着。

一次，有个比朗朗还大一岁的小男孩被爸爸放在秋千上，小男孩坐在那里用乞求的眼神看着爸爸，不知道怎么荡，爸爸一推他，他竟然吓得哇哇大哭起来，死活不要坐到上面去了。这时，朗朗骄傲地说："妈妈，我不害怕，我敢荡！"

朗朗到了五岁，幼儿园里举行荡秋千比赛，朗朗拿了冠军，一旦家里有客人，朗朗总是一脸神气地说："我是冠军，我胆子很大，秋千荡得最高。"

荡秋千看起来简单，但也需要掌握一定的方法和技巧，妈妈要教会孩子掌握好动作要领，而且一定要注意安全。

动作要领

坐在秋千上，两手紧握绳索，手心相对，大概与胸部同高，两臂要自然弯曲，等孩子坐稳后，轻推孩子后背。如果孩子自己荡，那就让孩子蹬直双腿向后方撤退，站直后立即屈腿，可双手向前拉动绳索，同时扭动屁股向前用力，使秋千荡得更高。

如果使秋千停下来，则要停止一切动作，让秋千自然摇荡，速度就会慢下来，勿要在秋千前后摇荡时让孩子往下跳，可帮助孩子使秋千慢下来。

秋千类型

传统秋千

地点：儿童游乐园、小区健身场所、幼儿园等

健身器材

地点：小区健身器材，比如成人用的太空漫步机等

人工秋千

地点：随时随地

动作要领：家长合抱宝宝的腋下放到秋千上，双手垫在宝宝臂下，宝宝双臂抓住家长双臂，家长弯腰，先做小幅度摆动，等宝宝适应后逐渐加大摆动幅度。

适应年龄：4～12个月

练习次数：每天3～4次

不同年龄段的孩子所选择的秋千

0～2岁：应选择马鞍式秋千，要让孩子坐上去有一种包尿布的感觉；

2～5岁：最好选择轮胎压缩后的块状座位，由于秋千大都为一片式，容易晃前晃后，孩子控制能力还比较差，容易发生跌下来的危险；

5～12岁：最好不要选择铁制椅子，以防打伤孩子，轮胎皮制成的秋千椅碰到孩子时没有那么痛，所以可以优先考虑。

除此之外，家长在选择秋千时要注意，秋千绳索的空洞必须小于0.8厘米，以免孩子的手指被卡到，如果绳索有塑胶管包起来是最好的选择。

在国外，对秋千的规定标准相当严格，秋千的最高坠落高度，即秋千最高可荡到的高度与地面间的垂直距离的前后乘以2的空间，必须设置柔软的地毯，并且在这个空间中不能有其他设施。

家长注意事项

第一，在把孩子放到秋千上之前，检查秋千是否适合孩子坐，是否能禁得住孩子的重量，是否足够牢固等；

第二，宝宝在荡秋千前，一定要告知孩子抓紧绳子，坐稳后才能开始荡，家长一定要在旁边起到保护作用；

第三，切忌让幼小的宝宝站在秋千上，由于秋千不太稳定，很容易发生危险；

第四，要特别注意，不要让两个孩子坐在同一个秋千上，一是拥挤，二是防止孩子在秋千上嬉闹；

第五，不要把孩子荡得太高，要根据孩子的年龄循序渐进，否则会对孩子的生理及心理产生负面影响。

让孩子“飞”起来

转椅子

（1）将可以转动的椅子搬到客厅中央或者周围没有任何障碍物的地方；

（2）家长坐在椅子上将孩子抱起来，让孩子站在家长的大腿上；

（3）家长的身体随着椅子一起转动，只要稍微用力，椅子就会转得飞快，

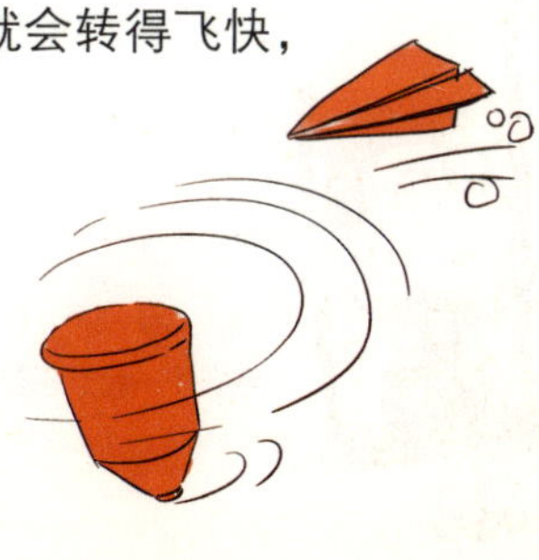

孩子会因此而很兴奋；

（4）游戏玩熟悉之后，家长可以突然来个“急刹车”，立即调转椅子转动的方向，这个“措手不及”的意外事件会让孩子高兴得不得了。

三人秋千

（1）一家人一起玩游戏，散步或者行走在路上时，爸爸妈妈分别走在孩子的两边，三个人并排着；

（2）爸爸妈妈分别抓住孩子的一只手，一边向前走一遍说：“一二三，提！”孩子就会被爸爸妈妈提起来；

（3）由于爸爸妈妈走路时会产生惯性，所以孩子的身体会轻轻“飞”起来；

（4）爸爸妈妈只要稍微用力气，就可以让孩子前后“荡秋千”，让孩子边走边玩；

（5）如果孩子有些重，也可以双手用力，但注意不要用力过度，以免伤到孩子。

大转轮

（1）找一个没有任何阻碍物的较大空间，家长和孩子面对面站好，家长用双手紧抓孩子的双手；

（2）家长喊着“一二三”，然后把孩子提起来，随着喊道“大转轮转起来喽”，就以自己的身体为中心转圈；

（3）假如家长转累了，也可以提着孩子小幅度地左右摇摆，这样孩子也能体会“飞”一般的感觉。

抽陀螺：让孩子快乐“玩转”童年

抽陀螺的游戏历史久远，古代的孩子就很喜欢玩，早在20世纪20年代，山西某文化遗址就出土了一个陶制的小陀螺，经科学家考证，这个陀螺有着四千

多年的历史，可见那个时候的孩子就已经玩陀螺了。到了10世纪前，中国的这种民间儿童游戏就传到了朝鲜、日本等国家，并流传至今。抽陀螺的孩子是快乐的，抽陀螺的孩子能够“玩转”自己快乐的童年。

相传，在未来的世界里居住着七个勇敢的劲爆战士，他们通过无数次勇猛的争斗，终于有了七个寄居着强大的圣兽的劲爆陀螺。这些陀螺有着神一样的不可战胜的威力，为七个战士赢得了无尽的财宝，他们将财宝藏在一个荒无人烟的小岛上。

消息很快传开，很多人都对财宝垂涎三尺，想尽办法将财宝据为己有，虽然有人找到了藏宝的小岛，但需要找到七个陀螺，而且要把陀螺按照北斗七星的排列方式排在一起才能将藏宝之门打开。

于是，一个黑暗组织制定了非常严密的抢宝计划。一群机智勇敢的阳光少年与邪恶势力展开了一场轰轰烈烈的陀螺大战，他们使用流落在民间的三个陀螺，在战争中渐渐历练成了真正的劲爆战士，并唤出寄居在陀螺里的圣兽，打败了黑暗组织。

孩子总是喜欢聆听这些充满神话色彩，正义战胜邪恶的英雄故事，并渴望成为故事中的英雄少年，当孩子听到这个故事的时候，他们一定会对陀螺产生兴趣，看着不停地在旋转的陀螺会想：“它为什么不停下来？为什么不会倒？”在孩子的眼中，旋转的陀螺是那么神秘、有趣。

在皓然爸爸的记忆中，抽陀螺是他的童年时代百玩不厌的游戏，他说：“那一鞭子接着一鞭子的‘啪啪’声和陀螺旋转着的‘呜呜’作响声，时常回荡在我的耳边和我的梦里，那种快乐的日子一去不复返了。”他还回忆道：

冬天是抽陀螺的最好时节，我小时候没有电脑、游戏机，也没有游乐场可以去，父母也不曾给我们沉重的学习压力，我跟一群孩子整天在外面疯玩，抽陀螺自然成了冬天晴日里最有趣的游戏。

我们的陀螺都是用栗木、松木或者杨木自制而成的，首先将一头削成圆锥的形状，上端则是圆柱形，可以用来缠绕鞭绳。如果做法再讲究一些，在圆锥的顶端还可以装上一个铁滚珠，这样的木陀螺会转动得更快，是木陀螺中的上品。

抽陀螺的鞭子和牛鞭子很像，一般是竹鞭、麻绳，绳子不能太长。晒谷场平整且开阔是我们抽陀螺的最佳场所。冬天的阳光照在脸上暖洋洋的，但不时也有一阵阵冷风吹来。

我们七八个小伙伴相约拿出自己的陀螺，然后用鞭绳紧紧缠上，拉开鞭绳，抛出陀螺，随着一声声的“啪啪”声陀螺飞速旋转起来，就像撒欢的羊儿、盘旋的舞者，既好看、好听又好玩。

我的陀螺是我那个会做木匠活的哑巴二舅用栗木做的，二舅手很巧，给我做的陀螺好玩又漂亮，在陀螺的顶部画了五颜六色的彩圈，加上我抽陀螺的水平较高，技术远远超过和我一起玩的同伴。

抽陀螺看上去好像很简单，其实需要找技巧，要使用均匀的鞭打力度让陀螺在运动中保持平衡，更精彩的是，飞速旋转的木陀螺还能在某一个点上保持很长的时间平稳旋转，如同静止，如果平衡得好，它无力旋转后还能短暂地直立不倒，但是只要你的精力被分散，陀螺就像个醉汉一样倒地。

我们抽陀螺最初是单个抽，一般比赛看谁的陀螺旋转的时间比较长，最后陀螺不倒地的就是胜者；假如技术达到了一定的水准，就可以分成两组，一组一个陀螺，每个组的人数相等，轮流来抽打陀螺，如果一个人有失误，就会连累全体……

抽陀螺既锻炼了身体，又放松了心情，虽然那时候是冬天，却是我心中永远充满诗情画意的春天，抽陀螺就是春天里最灿烂的花朵。

如今很多孩子恐怕已经很少接触抽陀螺这样的游戏了，他们一般被关在家里写作业，或者在幼儿园里玩汽车玩具，但从皓然爸爸的回忆中我们可以看出，对于孩子来说，像抽陀螺这样的游戏更能让孩子“玩转”他们的童年。

教你一手

投掷陀螺法

（1）缠绳子：将陀螺比较尖的部分朝上，右手按照顺时针的方向在陀螺的腰部缠绕，绳子要留一小段然后打结，以便能抓住或者将绳子缠在手指上；

（2）抓陀螺：将陀螺的尖部朝上或者左边，用大拇指、食指和中指轻轻地拿着陀螺的顶端；

（3）向外抛：抛出去的陀螺是远还是近是由绳子加上手臂的长度而决定的，抓着陀螺的手臂要朝着目标的方向抛出去，陀螺抛出去之后，中指指向目标的方向，用力一定要恰到好处。

陀螺打法

（1）平行式：将身子弯下，从身后抓住绳子的一端把陀螺扔到前方，然后快速地将绳子往后一拉，陀螺就会很平稳地沿着地面飞速向前旋转；

（2）竖直式：抓住绳子的一端，将陀螺举过头顶，然后用力向地下抛去，陀螺就会从天而降并飞速旋转起来。

抽打小陀螺

游戏一：爱上陀螺

适合年龄：5个月～2岁

准备用具：发亮且发声的陀螺

游戏玩法：

（1）在孩子面前把陀螺放在地上不断抽打，使陀螺飞速旋转，随着陀螺的旋转，陀螺上的灯会亮起来，并发出彩色的光，陀螺就像一个漂亮的七彩球，还会唱着好听的歌。孩子一定会看着地上旋转的这个小东西高兴得手舞足蹈；

（2）大一些的孩子会对这个小东西产生极大的兴趣：它到底是什么？为什么会转？为什么这么漂亮？为什么会唱歌？此时，父母可以引导孩子，问他：“你看看，陀螺转起来的时候和不转的时候一样吗？”这会激发孩子的探索欲，他非常好奇，明明拿在手上是一个黑黑的，并不好玩的东西，为什么它一转起来就这么好看？父母可以根据孩子的理解程度给孩子做出相应的解释。

游戏二：做陀螺

适合年龄：2～3岁

准备用具：剪刀、用圆规画好的三个圆的卡纸、胶水、牙签、彩笔等

游戏玩法：

（1）让孩子用剪刀剪下卡纸上的圆，并画上他喜欢的图案；

（2）让孩子用胶水将三个圆重叠粘在一起，然后压平整，父母可以在一边给孩子指导；

（3）在圆的中心钻一个洞，用牙签穿过小洞，一个简单又漂亮的纸陀螺就这样做好了；

（4）父母先给孩子做示范，让陀螺的尖头朝下，用大拇指和食指紧紧抓住牙签的顶端，然后轻轻地一捻，迅速放在桌子上，陀螺会很平稳地在桌子上旋转。孩子觉得很有趣，会模仿大人的样子开始旋转陀螺，你可以给孩子做指导，让他慢慢学会把陀螺转起来；

（5）让孩子将牙签向上拔一下，看看陀螺会发生怎样的变化，细心的孩子就会发现，转轴越短，陀螺就转得越稳，转的时间也越长。

TIPS：其实生活中很多东西可以做成陀螺，家长要引导孩子仔细观察和思考，某一天孩子可能会跟你说，电池可以像陀螺一样转，我的皮球也是陀螺……

游戏三：抽陀螺

适合年龄：4～6岁

准备用具：鞭子、木陀螺

游戏玩法：

（1）父母先给孩子做示范，把鞭子上的绳子在陀螺上缠上几圈，然后将陀螺的尖头朝下放在地上，左手扶着陀螺，右手快速抽出鞭子，陀螺就会像个跳

舞的娃娃围着你转起来，还会淘气地向远处奔去，你再用鞭子一抽，逐渐慢下来的陀螺又快速转起来，孩子会在一边高兴地围着陀螺转，还会迫不及待地想大显身手；

（2）手把手教给孩子打陀螺的方法，一开始孩子还不会玩，尝试了多次都以失败而告终，为了防止孩子气馁，要多给孩子鼓励。

游戏四：陀螺大战

适合年龄：6～10岁

准备用具：陀螺

游戏玩法：

（1）找一个平整开阔的场地，让孩子的朋友们和他来一场陀螺大战。

（2）在地上画一个大大的圆圈，并制定游戏规则：

参赛人员同时将陀螺抽打到圆圈中；

陀螺先倒地的就算“死”，就得退出比赛；

谁的陀螺转得最久为最后的胜者。

（3）比赛开始，成人作为裁判监督，在抽打的过程中，一定会有很多人围观，要“煽动”这些人给孩子们加油，做孩子的拉拉队员，这样孩子抽打起来更卖力。

TIPS：抽陀螺的比赛方式有很多种，只要有两个人以上就能举行一场比赛，例如画圈、分边、套圈、打过溪等，可以变着花样让孩子和其他人进行比赛。

另外，在比赛中一定要让孩子注意安全，不要让鞭子抽到自己和别人，也要尽量注意别让别人的鞭子抽到孩子。

爬树：释放孩子的“野”性

登高、爬树，这几乎是所有孩子的梦想与心愿，也是他们天生的“野性”使然，如果孩子爬高的希望被勒令禁止，他们会感到不满。当然，这项活动也会伴随着危险，但对于所有孩子来说，任何新的经验都会有惊险。当他们想着很可能会摔下来，还是小心翼翼地往上爬时，那种瞬间的快感是其他任何一项活动都无法比拟的。

高高的树上结槟榔，谁先爬上谁先尝，谁先爬上我替谁先装呀……

很多人童年的记忆中，伴随着动听的儿歌，出现这样一幅美丽的画面：高高的大树下，小哥哥矫健如飞，“哧溜”一声上了树，小妹妹抬头仰望着树顶上的哥哥，俩人一问一答，妹妹的眼里满是欢喜与崇拜。

爬树是很多乡村孩子最拿手的绝活，乡下小子就像泥猴一样，能上房揭瓦，也能下河摸鱼，可上九天揽月，也可下五洋捉鳖。爬树需要技巧和力气的巧妙配合，很多孩子在树下哈口气，往上一蹿，两手抱树，脸和肚子紧贴树干，两腿夹着树干憋着劲儿向上爬，三两下就到了树顶。最笨手笨脚的，用四肢搂抱着树干，两脚抵住交替移动手脚，虽然弄得灰头土脸，但慢慢腾腾地也能爬上去。

树，对于孩子而言，有着无限的乐趣，站在树上，眺望得更加遥远，仿佛离蓝天更近，花香果香也非常诱人。树是孩子们翻滚的天堂，枝繁叶茂的大树好像专门为了孩子而伸枝展叶，让孩子恣意攀爬。

很多大树上有叽叽喳喳的小鸟在树顶做窝，有些调皮捣蛋的就爬到上面数鸟蛋；夏天，不辞劳苦地爬到树上捉天牛，数着天牛头顶上触角的白花点，猜猜它们的岁数，或者找完整透明的知了壳，据说这种壳能制成中药，大家都找来卖钱……有时候不小心被树枝划破了手臂，也不在乎。

最热闹的时候就是村里有人家结婚放电影，野小子们从不规规矩矩地坐着看，非要爬到树上居高临下，看到小兵张嘎利索地爬树，都发出会心的微笑。还有些贪睡的，看着看着电影居然躺在一根枝丫上睡着了，直到电影散场，家里大人找来，才慌忙溜下来，朝家的方向撒腿跑去。

孩子们的个头就像树长的那么快，当年爬树的野小子进了城，他们的孩子成了城里娃，城里的树不能随便爬，城里的孩子很斯文，也从未曾想过要爬树，他们更喜欢游乐场里的过山车，电脑上的虚拟游戏，这些同样刺激，即便有攀岩也要系上牢牢的安全绳。

在一栋老式的居民楼前，有几棵老树，每每傍晚时分，五六个农民工的孩子在树上爬上爬下，还进行爬树比赛，最先爬上去的孩子做出胜利的手势。而来来往往的被大人牵着手的城里孩子，无不露出羡慕的目光，家长却赶紧将其拉开，还说上一句“别学这些野孩子”。

这是一个80后父亲在某网站上发的帖子，引起了很多在农村长大的同龄人的共鸣，也同时感叹现代城里孩子的无奈和那些随着时间而流逝的童趣。

一位妈妈回帖道：“我小时候放了学，会越过学校的一截矮墙，爬上一棵高高的梨树，让我的同桌帮我放风，可小手刚触到还没成熟的小梨，同桌就喊道‘来人了’，然后他撒腿就跑，我来不及跑，只好爬到更高处听天由命，那个小脚老太太总站在树下双手叉腰吓唬我说‘你这个野丫头，看我不打断你的腿’……”

也有人在帖子中无奈地感叹：“现在的孩子除了沉重的书包和巨大的学习压力之外，哪会体验到这些乐趣？他们仿佛早已没了童年。”

人总喜欢回忆，当那些青涩懵懂的年代渐行渐远，人就靠着欢喜的回忆度过余生。成长会让人越来越寂寞，那些琐碎的记忆是寂寞心灵最好的慰藉。有一个快乐的童年供孩子长大后捡拾，他们也将是幸福的。

六一儿童节时，某小区举办了一些比赛类的活动，其中一项是“掏鸟蛋”，这项比赛吸引了很多孩子的目光，纷纷跃跃欲试，但大多数孩子只爬了一两米就掉了下来。

九岁的渺渺成了其中的佼佼者，只见他一只脚稳稳当当地踩在一根树枝上，另一只脚再找准下脚的地方，两只手不停地寻找可以抓住的目标，不一会儿就爬到了足足有十米高的树上，从而一举拿到了鸟蛋。

渺渺的举动引得在场的大人和孩子发出了连连惊叹，对此渺渺的爸爸说："我就在农村长大，城市的孩子整天不是玩电子游戏就是学习，脱离了大自然，没了野性，这对于孩子的身心都是不利的。所以，我一有机会就带渺渺去乡下或者郊区，让他尽情地爬树，尽情地玩儿。"

达尔文曾论证人类是由古猿进化而来，人类的祖先就像猴子一样生活在树上，只因随着环境的变化，森林大面积消失，人类才不得不从树上下来。所以，人的骨子里有着爬树的本能，很多孩子从小就喜欢爬上爬下。父母要想方设法让孩子多多攀爬，这不仅是一项强身健体的活动，还能锻炼孩子的胆量，释放他们的野性。

爬树游戏

适合年龄：1岁以上

参加人数：2人

游戏玩法：

（1）爸爸充当"大树"，孩子装成小猴子、松鼠或者他喜欢的总是在树上爬来爬去的动物；

（2）爸爸站好，让孩子分别从自己的身体前面、后面或者侧面像爬树一样爬到肩膀上，然后坐在爸爸的肩膀上，驮着他四处走动以示鼓励；

（3）如果孩子不太会爬，爸爸就可以把手放在身体前方或者两手叉腰作为孩子的阶梯，也可以半蹲下身让孩子登在自己的腿上往上爬，这样爬起来难度会小一些；

（4）孩子下"树"时，让他把脚先放下来，抱着爸爸的身体往下滑，也可以转过身，跟爸爸背靠背往下滑，最好玩的下法是，让孩子头朝下，顺着爸爸身体的侧面和腿组成的斜坡往下滑；

（5）爸爸还可以坐在地上，让孩子从背后爬到肩膀上，然后再帮助孩子头朝下，从爸爸的身体前面滑到地上。

TIPS: 爸爸在驮着孩子在房间走动时，注意屋顶的吊灯、门框等，不要碰到孩子。孩子起初做某些难度较大的动作时会感到害怕，要慢慢让孩子做，尤其是对于初试或者年龄较小的孩子，可以让他人协助扶着孩子，然后慢慢放手。这类游戏需要孩子花费的力气较大，不要让孩子玩的时间过长，防止受伤。

给父母的建议

建议之一：

很多孩子喜欢做爬树类的冒险游戏，父母不要着急厉声禁止，应该放手让他去做。你越是制止，孩子的好奇心与叛逆心理就越强，在你看不到的时候，他们就会大胆尝试，这样就会更加危险。当孩子尝试后失败了，这也是无法避免的，这比一个对运动没有任何兴趣，没有自信的孩子要好很多，要多加以鼓励。

父母过分地保护孩子或许对他更加不利，在孩子成长的7至8年的时间中，孩子绝大多数的快乐生活就是来自运动。如果想把孩子教育成思想活跃、体魄健壮的人，就必须放手一搏，需要父母放宽心，如果因为担心孩子发生危险，而放弃磨练孩子的意志和强健身体的机会，往往得不偿失。

建议之二：

与其阻止孩子爬树，倒不如积极主动地教给孩子技巧，如果孩子的动作发生错误，要及时纠正，让孩子知晓增加运动速度和改进动作更加协调的诀窍。孩子在模仿父母动作的过程中，会不知不觉学到很多技巧，再加上几句提醒的话，孩子会学得更好、更快。

TIPS: 爬树与荡秋千、玩滑梯有着本质上的区别，不仅需要手脚并用，还需要调动全身肌肉，是一项很有益的运动，但它的危险系数也很高，父母要随时做好全方位的保护工作。

玩得开心：玩是童年唯一的“任务”

玩得开心、玩到大汗淋漓是一种很好的释放，无论对于孩子身心的发展还是放下沉重的学习包袱都有很大的益处，而且父母在陪孩子玩的过程中，就像回到了自己的童年，那种快乐的感觉是忙忙碌碌的日子中从未有过的。孩童时代是每个人成长过程中的黄金时期，玩是童年的唯一“任务”，只有玩得开心，孩子的童年才能散发光芒，充满喜乐。

作为这一代年轻的父母，大都是在“孩子的任务就是学习”的敦促与鞭策下

长大的，也许是出于善于模仿的天性，也许是对这句话的某种特殊情结，当昔日的孩子成长为今日的家长，就顺理成章地把这句话传承给了下一代。因此，今天的很多孩子尚未成为学生之前，就被剥夺了“玩”的权利，因为父母怕他们输在起跑线上，崇尚学前教育，给孩子报无数个学习班，即便让孩子玩，也有家长的监督，孩子玩得不开心，不快乐。

事实上，对于孩子而言，没有纯粹的学习，也没有纯粹的玩，只有学并玩，玩并学。玩也是孩子学习的最好手段，失去玩的学，也就失去了学的最好效果。因此，著名教育家陈鹤琴先生说：“孩子是以玩游戏为生命的。在游戏中学习，在游戏中工作，在游戏中身心才能获得充分、健康的发展。”所以，父母要让玩成为孩子童年的唯一“任务”，而玩的唯一目的应该是开心、快乐。

冰冰的爸爸是公司的普通职工，只有大专学历，所以冰冰出生后，爸爸就发誓，一定要将儿子培养成才。自打冰冰会说话、会走路后，爸爸就教他学这、学那。随着冰冰年龄的增长，爸爸将每个月并不多的工资全部拿出去，给冰冰报了各种学习班和特长班。

然而，冰冰并不快乐，只有五岁的冰冰比同龄孩子多了一些忧郁，有时候安静、懂事地令人担忧，爸爸却依然给他施压。妈妈曾经多次劝过爸爸：“你不能这样教育冰冰，孩子就要玩，你看冰冰现在根本不像个孩子，他的压力太大了。”但爸爸从来不听。

后来幼儿园老师找到爸爸并劝诫他：“冰冰很聪明，却缺少一个五岁孩子的天真活泼，每个父母都对孩子寄予厚望，但是孩子不是父母的附属品，更不是帮助父母完成未完成的愿望的工具，他们是独立的个体。父母虽然给了孩子生命，但不能剥夺他的任何一项权利，包括玩的权利……”老师的一番话让爸爸深思了很久。

这天，爸爸下班后发现冰冰在看动画片，正要批评孩子，老师的话再次回荡在耳边，爸爸还是忍住了。冰冰见到爸爸进门，吓得立即将电视关掉。爸爸看到孩子的样子居然有些心痛，于是说：“没事，今天不要练琴了，继续看电视。”

冰冰对爸爸的异常举动感到很惊讶，没想到爸爸居然还坐在旁边和自己一起看动画片，还说起自己小时候很喜欢看武侠小说，崇拜那些拿着宝剑的大侠。冰冰小声说：“爸爸，我也喜欢宝剑。”

孩子这样一说，爸爸想起小区后山有很多树木，小时候自己的爸爸就喜欢用树枝给他做一把宝剑，让他拿着耍，他可高兴了。于是爸爸带上冰冰来到后山捡了几根粗细适当的树枝说：“看，这就是爸爸小时候玩过的宝剑，只要咱们稍微加工一下就行，保证比电视上的还酷。”

冰冰露出了从未有过的欣喜与感兴趣的表情，带着木柴回到家后，冰冰就模仿爸爸的样子开始制作属于自己的第一把宝剑。宝剑很快做好了，父子俩一人一把，爸爸还用墨水在冰冰的宝剑上写了四个大字“尚方宝剑”，这让冰冰乐得合不拢嘴。

接着，爸爸建议两个人再次去后山上“比武”，到了之后，父子俩就学着电视上的镜头，开始砍砍杀杀，两个人就这样又砍又跑，直到日落西山，他们才大汗淋漓地回到家。

晚上，爸爸发现冰冰活泼了很多，见到自己不再躲闪，心情很好，不像往常那样郁郁寡欢，而妻子也为儿子的变化感到高兴。经历过这次后，爸爸暗暗下决心：“一定要把快乐还给儿子！”

孩子的玩性都很大，每天他们都希望能够尽情地玩，即便爸爸妈妈喊他们回家吃饭，他们也会玩得忘记了时间，这种玩得异常开心和酣畅淋漓的感觉对于他们来讲是一种莫大的享受。所以，正在准备给孩子报各种学习班和特长班的你，不妨偶尔陪孩子玩一场，玩到失态、尽兴，甚至累得不能动弹，而这将会成为你与孩子共同的美好回忆。

对于长时间居住在城市中的人来说，和孩子一起玩得开心的游戏有很多，比如和孩子一起去踢球，那是很多男孩的最爱；和孩子一起去踢毽子，那是女孩的最爱……在与孩子玩的过程中尽情地嬉戏、你追我赶，在专注的玩耍中享受快乐的亲情。

所以，父母也可以偶尔做一个“老顽童”，一直陪孩子玩到累，不管与孩子玩什么，关键是要玩得开心，玩得痛快，抓住和孩子玩的机会，及时了解孩子的想法。父母也是孩子快乐的最重要角色，如果孩子感到快乐、开心，他们的人格发展也自然会很健全，亲子关系也非常良好，学习情绪也格外高昂，还能进一步促进潜能的充分发挥。

孩子玩时需注意

1~2岁的孩子

这个年龄段的孩子通常喜欢一个人玩，因为他们此时完全以自我为中心，有着极强的占有欲，他们会做连续但毫无目的的动作，已经能看、听和感知，能够把东西拆开、组合、拿出和放入，能够爬、投、跳。而且他们具有非常强烈的好奇心，所以给孩子准备的玩具可以是便于抓握、投掷的较柔软、不容易破损的玩偶、娃娃、积木、蜡笔、可组合的火车等。

2~5岁的孩子

他们喜欢和别人一起玩，此时他们的肢体已经较为灵活，能控制比较精细的动作，喜欢朝一个方向爬、跑、跳，喜欢自己动手，但很难分辨出哪是事实哪是想象，对事情的认识较为模糊。这个年龄段的孩子比较喜欢过家家、爬竿、跳马等游戏和拼图等益智游戏，喜欢养动植物，喜欢望远镜、磁铁、万花筒等科学性玩具。

父母的任务

给孩子充分玩的时间

孩子玩游戏时，或许会需要较多的时间去探索和实验才能学会玩的内容与技巧，比如孩子玩橡皮泥，前期捏的很不像，慢慢地才能捏得像个样子。父母不要期望孩子一下子能玩出什么花样，当孩子玩得尽兴时更不要去干扰他们，给他们充分的时间和机会，还能培养孩子专心的态度。

假如孩子在玩的时候，父母需要孩子做其他事或者需要跟他说话，就要事先给孩子“预告”，孩子就知道应该准备收起玩兴了。假如父母在孩子玩得正开心时横加阻止，往往会引起孩子的反感，原本快乐的心情一扫而光。

给孩子找个玩伴

快乐有人分享，快乐就变成了两份，有人和孩子一起玩，他会感到更加开心，所以，父母要鼓励孩子与他人一起玩，主动找机会让孩子跟其他同伴一起游戏。

孩子在一起时，还会互相学习和模仿，还能提高孩子人际交往的能力。但要注意，当有不良习性的孩子与你的孩子一起游戏时，父母要想方设法帮助孩子纠正。孩子之间发生争执，要让孩子学会自行解决。

给孩子创造良好的玩的环境

如果你能用心地给孩子安排一个自由自在，有着很多有趣事物的玩的环境，孩子会玩得更加尽兴和开心，当然也要注意孩子的安全。

给孩子适当的建议

如果孩子玩得有些过分，或者游戏不太适合他，要给他适当的建议。当孩子玩游戏时，父母还可以给他们以最好的引导，比如孩子玩积木时，问他：“你这是给谁建的小房子呢？”“怎样才能让房子里住更多的人呢？”这样孩子原本无目的的玩乐就会变得有目标，有乐趣。

此外，如果孩子在玩中遇到了自己不能解决的问题，需要父母的提示，你也可以适当地参与到游戏当中来，让孩子知道，当他需要你时，你就会出现在他身边，这样孩子在玩时就会感到欣慰、安全、有助。